复旦大学院系(学科)发展史丛书

复旦大学外国语言文学学院院系史

(1905—2024)

复旦大学外文学院 组织编写

复旦大学出版社

序 言

复旦大学外国语言文学学科与复旦大学同龄,自1905年至今已历经百廿春秋。复旦外文百廿历史上大师云集,曾在外文系任教的著名学者包括余日宣、洪深、余楠秋、戚叔含、伍蠡甫、黄有恒、全增嘏、梁实秋、梁宗岱、林同济、徐燕谋、葛传椝、孙大雨、杨岂深、冒效鲁、潘世兹、董问樵、姚善友、李振麟、杨必、董亚芬、杨烈、程雨民、陆国强、徐烈炯、陆谷孙等。一代代的外文教师凭借他们对教育事业的执着热爱和对学术的崇高追求,为外文学科奠定了坚实的基础。他们以严谨的治学态度、渊博的学识和高尚的师德,培养了一批又一批优秀的外语人才,为中华人民共和国的成立和为国家的外交、教育、文化、商贸、金融等领域输送了宝贵的力量。

外文学院的前身外文系创建于上世纪20年代,自1929年开始招收本科学生,至今已培养了8 000多名毕业生。在这些毕业生中,涌现出大量的优秀校友,他们兢兢业业,乐于奉献,活跃在各行各业,为国家的建设做出了巨大的贡献。中华人民共和国成立前,外文学子中就有投身革命事业的例子,如1955年被授予开国少将的1932级系友黄远和担任中国远征军翻译官的1940级系友曹越华。外文学子中有不少积极投身于国家的外交事业,如过家鼎、唐家璇、陈健、唐国强等。复旦外文同时也培养了大批从事教育事业的优秀学者,在国内外高校担任教授的至少有上百位,如程雨民、杨小石、夏仲翼、卢思源、朱炯强、陆谷孙、郑树棠、潘文国、李维屏、叶扬、陈众议、陆建德等。

回顾复旦外文的历史,我们可以清晰地看到它在发展过程中所经历的几次发展机遇:第一次是1952年的全国高校院系调整;第二次是改革开放后外文学科迎来的前所未有的发展机遇;第三次是2003年原外文系与大英部合并成立外文学院;第四次是2022年年初外国语言文学学科入选国家"双一流"建设学科名单。作为1995年入校的校友兼在职教师,本人亲历了复旦外文学科四分之一的发展历程,感受到过去20年来学院各项事业的蓬勃发展。近年来,外文学科面临较为严峻的挑战,学院力求不断创新,持续改革人才培养模式,优化课程设置,加强师资队伍建设,不断拓展学科领域,提升教学与科研水平,努力培养适应时代需求的高素质外语人才和复合型人才。

时值复旦大学迎来百廿校庆之际,外文学院着手编写院系史为校庆献礼。编撰院系史是一项意义非凡的工作,它不仅是对学院过去发展历程的回顾与总结,更是对未来的展望与期许。通过梳理学院的历史脉络,挖掘其中的宝贵经验和精神财富,我们希望能够为后来者提供有益的借鉴和启示,激励他们继续传承和发扬学院的优良传统。同时,院系史的编撰也将为学院的师生们提供一个了解学院历史、增强归属感和凝聚力的机会,让大家更加深刻地感受到自己肩负的历史使命和责任担当。

这部院系史,是复旦外文人的群像图鉴,亦是百廿年中国外语教育的一个缩影。书中既有大师巨擘的学术足迹,亦有普通师生的鲜活记忆;既有学科发展的理性脉络,亦有时代浪潮下的个体抉择。在编撰这部院系史的过程中,我们努力做到客观、真实、全面地记录学院的发展历程。我们广泛收集了学院各个时期的文献资料、档案、照片、师生回忆录等珍贵素材,力求还原历史的本来面目。同时,我们也充分尊重历史,以严谨的态度对待每一个细节,希望这部院系史能成为一部经得起历史检验的著作。然而,由于时间和资料的限制,书中难免会存在一些疏漏和不足之处,我们真诚地希望广大师生和院友们能够提出宝贵的意见和建议,帮助我们不断完善这部院系史。

高永伟

2025 年 3 月

目 录

第一章 早期的外国语言文学学科（1905—1952年） 1
第一节 外国语言文学系的创设（1905—1937年） 3
第二节 抗日救亡中的外国语言文学系（1937—1945年） 11
第三节 中华人民共和国成立前后的外国语言文学系（1946—1952年） 22
章末小结 28

第二章 外国语言文学系的繁荣与波折（1953—1977年） 31
第一节 外国语言文学系的院系调整与结构变动 33
第二节 英语语言文学专业的建设 35
第三节 俄语语言文学专业的成立与建设 39
第四节 法语语言文学专业的成立与建设 42
第五节 德语语言文学专业的成立与建设 44
第六节 日语语言文学专业的成立与建设 46
第七节 西班牙语言文学专业的成立与调整 49

第八节 其他教研部门与教研辅助机构的设立与发展	50
第九节 研究生教育、非学历教育与专科教育的开展	54
第十节 组织领导	60
第十一节 "文革"十年的挫折与教师的艰辛努力	62
第十二节 师资概况	65
章末小结	94

第三章 改革开放后的外国语言文学学科（1978—2012 年） | 97

第一节 恢复高考后的外国语言文学系	99
第二节 教学改革与人才培养	106
第三节 大学英语教学部的成立与建设	125
第四节 朝鲜语专业的成立与建设	128
第五节 翻译系的成立与建设	130
第六节 组织领导	132
第七节 师资概况	133
章末小结	150

第四章 新时代的外国语言文学学院（2012—2024 年） | 151

第一节 新面貌，新气象	154
第二节 学科建设与"双一流"建设	172
第三节 组织领导	176
第四节 师资概况	177
章末小结	185

第五章 外国语言文学学院的学术传统 | 199

| 后记 | 203 |

附录	207
附录一　大事记	207
附录二　代表性科研成果与学术活动	218
附录三　现任教师简介	228
附录四　1974年以来教师入职一览	254
附录五　1977年以来辅导员名单一览	257
附录六　改革开放后曾在外文系任教的外籍教师名单	260
附录七　毕业生名录	263

第一章

早期的外国语言文学学科
(1905—1952 年)

外国语言文学学院是复旦大学最早建立的系科之一,其前身外文学科与学校同龄,至今已有120年历史。1905至1952年的半个世纪,是外文系发展的初始阶段,亦是外文学院代代相传的师风、学风形成之时,堪称外文系各项事业的开拓期。

第一节　外国语言文学系的创设
（1905—1937年）

1. 本时期简史

复旦公学前身震旦学院的宗旨即为"广延通儒,培成译才",即培养翻译人才和广泛传承儒家思想,外国语言文学在建校之初即占据重要地位。彼时震旦学院将所有课程划分为文学和质学(即科学)两类,文学下又分古文、今文和哲学,外语课程隶属今文。所有文科学生的修业期为两年,第一年必修拉丁文,次年在英文、德文、法文、意大利文中任选其一修习,毕业标准为:能够翻译拉丁文及上述任一文字的文学作品。

复旦公学成立后,延续了重视外文学习的一贯传统。1905年建校伊始,即开设英文班和法文班。此外,复旦公学受清廷资助,遵照清政府高等学堂章程,于1906年将全校近200名学生重新编为7个班级,其中3个为中学部(亦称备斋),4个为高等部(亦称正斋)。除备斋的中国历史课、舆地课和数学课须用中文外,其余课程皆用外语教授。

正斋内部,细分为第一部(政法科、文科、商科大学的预科)和第二部(理科、工科、农科大学的预科)。但是无论学生属于何部,都需至少学习两门外语,一般情况为必修英文,选修法文或德文;已习法语者,选修英文或德文。每周授课三个钟点,第一年以语法和练习为主,第二年则以简易阅读及语法为主。

公学最初仅聘请英、法、德、意教习各一人,以教授相应课程。1906年李登辉至复旦公学担任总教习后,外语教学团队确定为:法文由马相伯、李登辉教授,英文由李登辉、张汝楫、王培元和沙善余教授,德文由李登辉教授(后新增一位德文教员薛仙舟),翻译课教师则由严复担任,意文教师姓名不详。历经数年发展与人员更替,至1914年,复旦公学在职外语教师队伍包括李登辉(教授英文和德文)、何林一(教授英文)、薛仙舟(教授德文)、季英伯(教授英文)、邵闻豫(教授英文)、叶秉孚(教授英文)。后有复旦公学高等部毕业生张晏孙、叶藻庭加入英文教师队伍,高等部一年级学生刘延陵、陈清华担任英文助教。

1917年,上海基督教青年会于1909年创办的上海外国语学校与复旦大学合并,成立复旦大学外语部,其主要任务是为复旦大学的其他系部提供公共外语教学服务。1917年秋,复旦公学设文、理、商三科,增加学年,形成大学体制,并更名为复旦大学,下设大学部和中学部,其中的大学部文科包含了大量外国文学课程。

1919年,复旦大学进一步扩充文科,始设普通文学系,在文科领域占据最主要的地位。1920年代,教授外国语言文学相关课程的教师有余楠秋、洪深、梁实秋等知名学者,教授科目包括英文文学史、戏剧学、英国讽刺文学、文学批评等。教师团队也开始引入西方教育理念和方法,积极推广现代外语教育,招收更多的学生和教师,开设更多的外语专业课程,创办与外国文学相关的社团、报刊。余楠秋教授自1923年春开设商业英文课程并亲自教授,洪深教授于1925年主持创建复旦剧社,是早期外文师生丰富外语课程设置、改良教学体系的生动实践。1927年,复旦学生会还创办了一本校园刊物《复旦旬刊》,编辑顾问由陈望道、余楠秋、孙本文、金通尹、孙锡麒、李权时、洪深等著名教授组成,余楠秋等外国语言文学教师先后在刊物上发表"思想的途径"等论文。

《复旦旬刊》创刊号

同一时期,复旦大学全校层面也在积极推进教学体系改革。1924年,复旦大学大学部文科改组,下设西洋文学系,并细分为普通文学、近世方言、戏剧学3个组别。1929年,根据国民政府教育部的大学组织法,西洋文学系继续改组,并更名为外国文学系(下称外文系),除保留此前3个组别的分类之外,增设外国文学研究室。改组后的外文系与史学系、中国文学系、社会学系、新闻系、教育学系共同组成文学院。外文系教授余楠秋出任文学院首任院长。

文学院内起初并没有专精某语种的"X语专业"一说,以德文教学为例,虽主要面向文学院外文系学生,但是当时复旦大学下设的经济研究所的学生也要学习德文以及德国经济学说。外文系的德文分4年讲授,第一年教授文字,使学生一年内略得文法纲要,学习简单会话,同时练习英文与德文之间的互译。第二年以学习构句法及详细翻译成语为主。第三、四年教授名家诗文,为研究高深文学奠定基础。

1930年,文学院增设首个以外语命名的专业——英语专业,自此文学院开始着重发展英语教学,积极推广对外交流和学术研究。文学院同国外多所大学建立了合作关系,包括哈佛大学、牛津大学、柏林大学等。1931年,余楠秋出任外文系首任系主任。同年,首届复旦大学英文辩论赛顺利举办。此后形成每年举办的传统。

1933年,复旦大学制定了新的章程,外国文学系改设普通文学、戏剧学、语言学三组。必修学程包括:西洋文学通论(3学分)、英国文学史(3学分)、第二外国语(10学分)、哲学大纲(6学分),共22学分。除此之外,章程还将学程分为初级、中级、高级和第二外国语4个层次。

至此,复旦大学外语教学的初期框架正式形成。

2. 师资与教学培养

外国语言文学系在早期发展的30余年间,虽历经动荡与战乱,却始终保留着外语教学与研究的火种,并在与国共患难的过程中逐渐壮大规模、丰富教学框架,不忘家国情怀。此间外文系大师辈出,英才汇聚,奠定了后续学科发展的坚实基础,并陆续培养出伍蠡甫、杨岂深等杰出的外语人才。

本时期名师一览:

马相伯(1840—1939) 男,祖籍江苏丹阳,生于丹阳马家村(今江苏丹阳)。名良,以字行。曾名志德,字斯藏;又曾用明乾、钦善、建常,后改为良,字相伯,或作湘伯、芗伯。曾署笔名为求在我者。晚年自号华封老人。取教名若瑟,故又号若石。近代中国天主教耶稣会神父,政治活动家、教育家,中国近代教育界的重要人物之一,为震旦学院、复旦公学的创办人,也是辅仁大学的创办人之一。

马相伯于1840年出身于书香门第,从小就展现出卓越的才华和对知识的渴

望。他在中国传统文化的熏陶下,对学习和教育有着深刻的认识。马相伯年少时期就已精通儒家经典和文学作品,通过自学掌握了多种外语,包括法语、英语和拉丁语,为他后来的法文教育事业打下坚实的基础。

1905年2月,马相伯与全体爱国师生,因憎恶法国徐家汇天主堂耶稣会帝国主义分子夺取震旦领导权的阴谋,毅然决定另行创办复旦公学。复旦公学成立后,马相伯任首任校长,并在1905—1906年间亲自授课,在外语教学方面主要负责教授法文课程,秉承着复旦公学"广延通儒,培成译才"的宗旨,致力于培养学生的翻译能力和法文水平。他也是复旦公学早期拉丁文教育的奠基者之一。马相伯为复旦公学的拉丁文、法文教育做出了卓越贡献,为培养一代又一代的外语人才奠定了坚实的基础。

严复(1854—1921) 男,福建侯官县人,原名宗光,字又陵,后改名复,字几道,近代极具影响力的资产阶级启蒙思想家、翻译家、教育家、新法家代表人物。

严复在复旦建校及招生教学两方面功不可没。1905年,马相伯决定另行创办公学后,向当时正在法国访问的严复致电,邀请其回国助一臂之力。同年5月,严复归国后抵沪,立即与张謇、熊希龄、萨镇冰、熊元锷等28位社会名流一道受聘为复旦公学校董,与马相伯"共筹新舍",制定"本学教授管理法"。严复领衔诸位复旦校董,一同具名发表《复旦公学集捐公启》,向社会募集资金,后又争取到包括两任两江总督周馥、端方等官、绅、商、学各界人士的资助。同时严复被推荐为总教习,但其本人以"复旦主意之人太多,恐办不下"为由,坚辞未就。

1905年7月23日,《时报》刊登复旦公学启事:"本学教授管理法,由严几道、马相伯两先生评定,并请校董熊季廉、袁观澜两先生分任管理之责,一切续行刊布。前震旦旧生,无论本埠外埠,请亲来或投函报名,以便位置。定七月初六日截止,余额另补新生。"同年,复旦公学发布招生启事后,全国各地学子纷纷来沪报考。报名者达500人之多。第一届招生考试定于1905年8月24日举行,上午8:00—12:00考汉文,下午2:00—5:00考西文,由严复、马相伯亲自主考。8月29日,《时报》登出《复旦公学考取新生全案》,50名学生最终获得录取,成为复旦公学第一届新生。此后,严复担任翻译课教师,为新生亲授翻译课程、批阅学生翻译作品,还邀请美国武官来校教授体操,并提出"德育自强,人格自强,智育自强,强身健体"的教育宗旨和"东西方哲学、中外之历史、舆地、文学理宜兼收并蓄,广纳众流,以成其大"的文科教育理念。

李登辉(1873—1947) 男,字腾飞,福建同安人,出生于荷属爪哇岛(今属印度尼西亚),印尼第七代华裔,近代著名教育家,毕业于美国耶鲁大学。1906年受邀任复旦公学教务长,后升任校长,任期长达23年(1913—1936年),被誉为"人伦师表"。1937年抗日战争爆发后,复旦大学迁往重庆,部分师生因各种原因滞留上海,李登辉在公共租界内开设复旦大学上海补习部,坚持办学,直至1946年复旦大学回迁上海,前后在复旦工作40余年,为维持和发展复旦大学作出了巨大贡献。他为复旦大学所培养的学生多学有所成,其中有20余位后来担任中国的国内高校校长,这在中国近现代教育史上绝无仅有。

作为复旦公学教育事业的把关人,李登辉坚信语言教育对于中国学生的发展至关重要。他以其深厚的英语功底和独特的教学方法,致力于培养学生的英语口语、阅读和写作能力,并注重培养学生的实际应用能力,主张引导学生通过阅读英语文学原著、英国文学史专著、参与英语演讲等活动,培养他们的英语思维和表达能力。在他的教育理念的指导下,复旦大学在整个1910年代的文理课程教学中,除国文课外,大部分课程都以英文为教学语言,教材也多以外文原版为主。在当时全校的63门课程中,总计有56门课程使用英文原版教材①,且自1915年起,经过李登辉领导的教学大纲改革,"英文演说"成为文、理两科学生的必修课,并以"英文、算学二科各满60分(百分制)"作为所有学生升级、毕业的硬性标准。同时,学校又规定文科学生需另外选修德文、法文、拉丁文或希腊文,理科学生需选修德文或法文。李登辉还参与组建了中国英语教师协会,为中国英语教育的改革和发展提出了重要的倡议。

马宗融(1890—1949) 男,四川成都人,回族,教授、文学翻译家。早年留学日本,于1919年留学法国里昂大学,毕业后留校任教。1931年"九·一八事变"后毅然与妻小一同回国,先后在上海复旦大学、广西大学任教。抗战时任四川大学、北碚复旦大学教授,并投身于抗日救亡宣传运动,担任中华全国文艺界抗敌协会理事、文化工作委员会委员以及重庆回教救国协会副会长。抗日胜利后,1947年到台北,受聘于台湾大学文学院任教。后因对现实愤懑,饮酒过量病重,于1949年拖着病体

---

① 参见《复旦公学章程》(1915年版)。

返回上海,于4月10日逝世。

马宗融曾在《文学》《世界文学》《文学丛报》等杂志发表译作。他还用了不少精力译介外国文坛的状况,写了"法国的文艺杂志""法国小说家雨果""现代法国人心中的雨果""巴比塞对雨果的评语"等文章;翻译了雨果的《巴尔扎克之死》、布拉伊的《乔治·桑、巴尔扎克与左拉》、波母(即博马舍)的《左拉的新评》等。他的译介不局限于法国文学,还转译过托尔斯泰以及比利时诗人梅特林克等的作品。1936年6月18日高尔基逝世以后,马宗融翻译了法国作家勃洛克的《一个民族的小说家》来纪念这位无产阶级文学大师。作为回族人,马宗融十分重视阿拉伯文学。1934年他在《文学》月刊上发表了译自法文的阿拉伯传说故事《鸟语》,并作序介绍阿拉伯文学的状况。

余楠秋(1897—1968) 男,湖南长沙人,本名余箕传,号楠秋,教授、文学家、史学家、翻译家,新月社成员。1914年,余楠秋考取清华学校庚子赔款留美预备班,后赴美国伊利诺伊大学学习欧洲近代史,1921年毕业于美国伊利诺伊大学文学院。归国后,于1922年受聘担任复旦大学文科教授,1925年向校方提议设立史学系,提议获准并被任命为史学系主任,成为复旦大学史学系首任系主任。1929年出任新组建的文学院首任院长,1931年出任文学院外文系首任系主任。

在1936年"复旦三·二五事件"中,余楠秋为保护受军警欺压的学生而负伤;"九·一八事变"后,日本帝国主义侵华野心昭然若揭,余楠秋遂于"报仇雪耻"一文中发出呐喊:"从今日起,全国一致准备起来,务必要达到做强国的几个条件。果真都能做到,则十年后,满蒙依然是可以收回的,我国已经丧失的土地和权利,是统统可以恢复的。全国人民,其速醒"。1950年抗美援朝战争打响后,余楠秋得知其子余劭德(彼时就读于武汉大学)有参军志向,毅然支持其子休学报国、报名参军、开赴前线,并全力支持同样有参军志向的复旦学子。

余楠秋将毕生精力献身于教育事业,长期从事英语、西洋史等教学工作。先后于复旦大学、东南大学、暨南大学、湖南大学、湖南商业专科学校等多所国内大学任教或担任行政职务,译著有《美国政治史》《德意志意大利统一小史》《法国革命伟人传》《欧洲近代现代史》《英国史》等共计20余部,并编有《英文精选》《演说学概要》《大学英文选》《演说学ABC》等英文教材,先后培养出谢德风、吴道存等优秀学生。1950年,余楠秋加入中国民主同盟。

第二节 抗日救亡中的外国语言文学系
(1937—1945年)

1. 本时期简史

外文系师生对日本侵略者的反抗可以追溯到1928年5月。当时复旦学生成立"对日外交后援会",坚决反对日本的侵略政策。教职工在李登辉的带领下组织后援会以共同抗日,时任德文教师的吴子敬参与了该组织。

1937年抗日战争全面爆发前夕,复旦大学已经是拥有文、商、理、法4个学院共17个系科的大学,其时复旦在全国的教学质量较好,学校声望高。

1937年8月13日,日军进攻上海,学校沦为战区,校舍多处被炸。9月,复旦与大夏大学按教育部要求组成联合大学(简称联大)。联大分为两部,以复旦为主的称联大第一部,迁往江西庐山,由复旦副校长吴南轩负责,大夏吴泽霖为教务长。以大夏为主的称联大第二部,迁往贵阳,由大夏副校长欧元怀负责,复旦章益为教务长。自此,复旦大学因时势所迫分为"沪校"和"渝校"两个部分,外文系也随之分隔两地。渝校外文教授有伍蠡甫、张沅长、全增嘏、叶君健、梁宗岱、杨宪益、戴乃迭、Wilkie Nelson Collins、Payne等;沪校外文教授有顾仲彝、李白园、张劲公、姚克、王雅征、陆宗九夫人、文曾世容夫人、梅立德夫人等。

1938年2月,渝校择址于重庆北碚东阳镇夏坝,共设有5院22系及2个专修科,师生2400余人。伍蠡甫出任外文系第二任系主任。同年,外文系学生与史地学系、中文系学生联合创办复旦大学文史地学会。6月26日,文史地学会在重庆《时事新报》《西南日报》开辟《文史地专刊》,共计刊载5期。10月29日,学校公布各系必修科目表,科目表自1938年度第一学期入学新生开始实施。此前入学、转学学生和一年级以外的学生,均依照旧章选课。据统计,该年度外国文学系开设科目总数为18种。

1939年,杨岂深加入外文系。8月下旬,新学期即将开始,沪校教师增至64人,校务两级负责人也陆续配齐:名誉校长李登辉(校长缺,以渝校校长为校长)、教务长应成一、训导长孙绳曾、总务长叶秉乎,并确立外文系系主任为顾仲彝。

1940年,伍蠡甫出任文学院院长。9月3日,推举伍蠡甫等7人为起草委员,草拟《教职员服务规程》(修正案)。1941年,梁宗岱、顾仲彝同时出任外文系第三任系主任。梁分管渝校,顾分管沪校。

1942年初,在上海补习部就读的汪伪官吏子女提出要增开第二外语(日语)。李登辉为防复旦跌入汪伪陷阱,提出办学三不原则:不向敌伪注册、不受敌伪津贴、不受敌伪干涉。三不不行,宁可停办。是月,学校经再三考虑,决定开设法语和德语课,直至日寇投降,不曾开设日语课。

1944年1月,复旦学生学术气氛活跃,学生社团纷纷成立,出版壁报。截止是月,共计出版壁报39种,油印刊物13份,其中有《英文复旦新闻》《外文系报》等外文系报刊。1946年12月30日,外文系与其他系会在女生食堂召开反美抗暴大会,有500余名同学参加,当场募得捐款24万元,隔日集会再筹得24万元。

1945年,全增嘏出任外文系第四任系主任。10月19日,沪校师生员工借美琪大戏院欢迎校长章益。章益宣布渝沪两部合并,勉励师生团结合作。

2. 师资与教学培养

抗日战争全面爆发后,学校分上海(沪校)、重庆(渝校)两部,学校办理举步维艰。重庆北碚校区居住条件、卫生条件、教学条件差,而沪校的情况同样不乐观,身处战争的前线,时刻遭受被轰炸占领的危险。在这样的情况下,外文系各位教师仍能坚持不懈,在战火之中认真从事教学活动,为国家培养新兴人才。

两地办学时期,除前文提及的渝校、沪校名师之外,其他教师和外教在这段艰苦岁月中也发挥了重要的作用。抗战时期的沪校学生少,甚至一届的外文系学生只有五六人,沪校英文系的教师更是仅有3人,分别为顾仲彝、周其勋以及一位外教。这位外教姓名已不可考,只知其为复旦其他系部中一位教授的夫人,来自美国,为人直爽,大大促进了学生们的口语学习。

抗日战争胜利后,沪校、渝校合并。据不完全统计,自1930年至1949年,外文系共计培养毕业生至少229人。在这段动荡的年代里,伍蠡甫(1938—1940)、梁宗岱(渝校,1941—1944)、顾仲彝(沪校,1941—1944)、全增嘏(1945—1949)先后担任系主任,外文系全体师生携手同行,砥砺奋进。本时期的复旦外文系人才辈出,在艰难困苦的生活环境中仍然取得了不少的教学科研成果,并在

第一章　早期的外国语言文学学科(1905—1952年)

抗日救国与反抗压迫的斗争中贡献了不可忽视的力量。

本时期名师一览：

洪深(1894—1955)

男，江苏武进人，字潜斋，号伯骏、浅哉，曾用笔名庄正平、乐水、肖振声，洪亮吉的第六世孙，导演、戏剧批评家、教育家、社会活动家、剧作家、文艺理论家，中国现代话剧和电影的奠基人。1916年夏，从清华毕业后赴美留学，至1922年回国，担任复旦大学文科教师。1925年创办复旦剧社。复旦大学改为国立以后，洪深就在复旦大学沪校的英文系任教。除了教学上有丰富成果外，洪深还有着忠贞爱国、一心为民的情怀。抗日战争期间，洪深辗转南京、徐州、开封、郑州、武汉等地参加了话剧《卢沟桥》《九一八以来》《放下你的鞭子》等的演出，揭露日本帝国主义和汉奸的罪恶活动，激发了人民群众的抗日情绪和斗志。抗日战争胜利后，他随复旦大学迁回上海。期间，他热情支持"反饥饿、反迫害、反内战"的进步学生运动，1947年因支持学生运动而遭到校方解雇。在迎接新中国诞生的日子里，他编写了《几番风雨》等4部电影剧本。他有一篇写于1945年但未发表的文章《戏剧官》，文中着重揭露了反动当局的腐化贪污和官僚主义的种种丑态恶行，显示了他为民请命的博大胸怀。1948年，中共地下党安排他到达东北解放区。翌年2月到北平，5月赴苏联参加第一届世界和平代表大会。中华人民共和国成立后，洪深回到复旦大学担任教职，后得到周恩来总理亲自邀请，担任国务院对外文化联络局局长。

周其勋(1897—1982) 男，浙江杭州人，英国文学研究专家、教育家、翻译家。曾与丰子恺一同求学于浙江第一师范学校,1924年留学美国,获哥伦比亚大学英国文学硕士学位,学成后与梁思成、林徽因一同归国,共赴东北大学任教。抗日战争期间,周其勋来到复旦大学沪校的英文系任教。其主要译作包括《英国小说发展史》《英国文学史纲》(合译)、《少奶奶的扇子》和《拜伦》,审校《英国当代四小说家》《英语语法实例辞典》等。提到周其勋,学生回忆:"周其勋先生则是令同学们感到更亲近的教师。他教的课侧重在诗歌和欧洲文学方面。他向往的是诗歌中体现出的诗人的崇高思想境界。他在课上没有什么长篇大论,主要是带领我们念华兹华斯,欣赏称颂简朴的生活、崇高的思想的诗句;带领我们念希腊悲剧,讲希腊人观念里的自由和宿命;带领我们念歌德的《浮士德》,感受浮士德对生活的热爱,体验生活的强烈愿望。他的话不多,但都出自内心,所以我们也就随着他感受到优秀文学的熏陶,心灵得到提高。正是这种心灵的交流,使学生感到周先生亲近。"1952年院系调整后,周其勋调至广西师范学院任教,后成为广西大学外文系首任系主任。

伍蠡甫(1900—1992) 男,广东新会人,翻译家、文艺理论家、西方文论专家、文学家、画家,长期从事高等学校教学工作。早年先后就读于北京汇文附小、圣约翰大学附中、复旦大学预科及文科,随后赴英国伦敦大学学习,并在意大利等国考察艺术,还前往巴黎出席1937年国际笔会年会。回国后,他担任复旦大学教授兼文学院院长、外文系主任、中文系代主任,

中国公学、暨南大学教授,黎明书局总编及该书局出版的《世界文学》双月刊、《西洋文学名著丛书》和《文摘》的主编,故宫博物院顾

问,国际笔会中国分会秘书等职。

中华人民共和国成立后,伍蠡甫担任复旦大学外文系教授、博士生导师、外国文学教研室主任、外国文学研究室主任,兼任圣约翰大学教授,并被聘为上海画院兼职画师,兼任中国外国文学学会顾问、全国高等院校外国文学教学研究会顾问、中华全国美学学会顾问、上海作协主席团顾问、上海比较文学研究会顾问、国际笔会上海中心成员,《辞海》编委及美术学科主编,《中国大百科全书·外国文学》卷和《中国大百科全书·中国文学》卷编委等职务。伍先生融通古今,论贯中西,以其渊博的学识、丰富的经验,为外文系、中文系的本科生和研究生开设英语、翻译、西洋文学批评、艺术论、文艺理论、外国文学史、西方文论等课程。其学术思想影响深远,为我国培养了大批的人才。

从事教学工作之余,伍蠡甫也开展了多方面的研究工作,著作甚丰,成绩卓著。他率先着手西方文论的系统研究。从 1960 年代初开始,他先后主编《西方文论选》《现代西方文论选》《西方古今文论选》《当代外国文艺美学文选》,与他人共同主编《西方文艺理论名著选编》等。他撰写的《欧洲文论简史》由国家教委定为高等学校文科教材。他在西方文论方面的成果,为我国西方文论研究领域填补了空白,具有开创性的意义。伍蠡甫在绘画和美学领域也有很深的造诣。1930 年代他就在重庆、成都、昆明以及香港等地举办个人画展,作品有《伍蠡甫山水画辑》等,饮誉画坛。在翻译领域,伍蠡甫在早年就受到有"翻译界圣手"之称的父亲伍光建潜移默化的影响,父子二人并称为"中国译坛双子星",都曾为书局编译丛书,并翻译了大量文史哲类教科书、读本、辞典、纲要。

章益(1901—1986) 字友三,安徽滁州人。1922 年毕业于复旦大学文科,1924 年自费留学美国,在华盛顿州立大学攻读教育学与心理学,回国后历任复旦大学教育系主任、教务长,1943—

1949年担任复旦大学校长。在此期间,章益一边为抗日救国奔走呼号,一边尽心竭力推动复旦大学的发展,他聘请一系列名师教授,创办子弟学校,与其他机构开展密切合作,提高教学质量和教学水平,应对国民政府的无理要求毫不畏惧、坚持保护学校。1949年5月,上海解放后,章益被陈毅市长委任为复旦校务委员,任外文系教授。1952年后,因院系调整,他被调往山东师范学院。章益曾翻译莎士比亚的《亨利六世》、司各特的《中洛辛郡的心脏》等世界文学名著,后期主要从事普通心理学和心理学史的教学及研究工作。其专著及论文有《心理学讲话》《心理学的回顾与前瞻》《略论冯特创建心理学实验室以来心理学的研究方法》等。

顾仲彝(1903—1965) 男,原名德隆,浙江嘉兴人,祖籍浙江余姚,戏剧理论家、教育家、剧作家。1923年毕业于国立东南大学(现南京大学),1930年秋起受聘任复旦大学兼课教授,讲授戏剧概念、英文等课程。1933年春,任复旦大学专职教授兼注册主任。1937年抗日战争全面爆发后,顾仲彝走出书斋,投入民族救亡的爱国运动,写出了一批充满抗日激情的短文和诗篇。同年10月,上海复旦和大夏两所大学合并内迁,顾仲彝只身随校,任这所联合大学训导主任。次年春,回沪探亲,应留守上海的复旦大学校长李登辉聘请,任复旦上海补习部外文系主任,教授莎士比亚和英国文学。当时就学于复旦的程雨民回忆:"每讲到与戏剧专业有关处,(顾先生)总会自然流露出自己的热爱和丰富的经验和知识,使我们受到忠诚于专业工作的洗礼。"此间,在中共上海地方组织的领导下,顾仲彝积极参加上海孤岛时期的戏剧活动,先后组织和加入上海剧艺社、上海艺术剧团和国剧团,创作、改编了

《孤岛男女》《梁红玉》《八仙外传》《三千金》《水仙花》《恋爱与阴谋》《人之初》《红楼梦》《衣冠禽兽》等剧本,并与费穆、黄佐临改编、导演话剧《秋海棠》。当上海剧艺社第一次演出话剧《梅萝香》时,收到了日伪的恐吓信,信内附一颗手枪子弹。顾仲彝不为所动,仍坚持抗日救亡戏剧活动。抗日战争胜利后,复旦大学迁回上海,顾仲彝续任教授,并参与筹建上海戏剧电影协会和中国文协上海分会。

1947年春,为抗议国民党制造的白色恐怖,顾仲彝与洪深、陈望道、张志让筹备组织复旦教授会,并被推举为筹备会主任,起草章程,发表罢教宣言,与反动当局进行斗争。后在中共上海地方组织指示下,去往香港暂避国民党的迫害。在香港应欧阳予倩、卜万苍邀请,任永华影片公司编剧,热心于当地的进步文化活动,于1948年被选为香港文协监事。1949年2月离开香港赴北平,任中央电影局编剧,参加回野南下,随军至广西。1950年调入上海市文化局,历任电影事业管理处副处长、艺术处副处长,为中华人民共和国戏剧电影事业做了大量除旧布新的工作。1957年转入上海戏剧学院任戏剧文学系教授,著有《编剧自我修养》。

梁实秋(1903—1987) 男,原名梁治华,字实秋,笔名子佳、秋郎、程淑等,浙江省杭县(今杭州)人,中国现当代散文家、学者、文学批评家、翻译家,景星学社社员。1915年考入清华大学,1923年8月赴美留学,取得哈佛大学文学硕士学位。1926年回国后任教于复旦大学,教授外国文学、戏剧等课程。

梁实秋在复旦大学任教的时间不长,却因在《复旦旬刊》创刊号上发表的"卢梭论女子教育"一文,在复旦校内引起轩然大波。梁实秋在文中批驳了法国启蒙思想家卢梭关于男女平等教育和女子经济独立的观点,反对男女平等,招致诸多复旦学子的强烈不满,不少学生对此撰文批评。1927年10月,鲁迅应陈望道邀请到复旦大学演讲,并阅读了"卢梭论女子教育"一文。此后,鲁迅接连在《语丝》周刊上发表"卢梭和胃口""文学和出汗"等文章,驳斥了梁实秋的观念。这也导致二人此后在翻译思想、文学观等诸多方面的论争不断。

风波之后,梁实秋于1929年离开复旦,并离沪北上,先后至青岛大学和北京大学任教。1940年3月,辗转于重庆北碚的梁实秋被聘为复旦(渝校)中国文学系和外国文学系兼任教授,再次回到复旦。1949年梁实秋前往中国台湾,历任台湾师范大学英语系主任、所长、文学院院长。

梁实秋一生给中国文坛留下了2 000多万字的著作,创造了中国现代散文著作出版的最高纪录,同时也是中国翻译《莎士比亚全集》的第一人。

梁宗岱(1903—1983) 男,广东新会人。1917年考入广州培正中学,1923年被保送入岭南大学文科。1924年赴法国留学。留法期间,结识了法国象征派诗歌大师保尔·瓦雷里,并将其诗作译成中文,寄回国内刊在《小说月报》上,使法国大诗人的精品首次与中国读者见面。此后他又前往瑞士、德国学习,归国后于1931—1937年间先后担任北京大学法语系主任、南开大学英文系教授等职位,1938年11月起至1945年7月受聘为复旦大学文学院外国文学系专任教授。

梁宗岱精通英、法、德、意4国语言。1929年,他将我国晋代著名诗人陶渊明的散文和诗歌《归去来辞》《桃花源记》《归园田居》

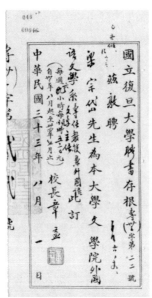

等翻译成法文,后出版《陶潜诗选》,得到罗曼·罗兰的高度评价:"你翻译的陶潜诗使我神往。不独由于你稀有的法文知识,并且由于这些诗歌的单纯动人的美。它们的声调对于一个法国人来说毫不陌生!从我们的土地上升起来的气味居然是同样的。"1936年,梁宗岱翻译了法国人文主义作家蒙田的著名散文,集名《蒙田试笔》(后被编入郑振铎主编的《世界文库》)。1941年,他翻译了罗曼·罗兰的《罗丹》,同年,出版了其于1923—1936年间翻译的大量小说和剧本,取名《交错集》。后又翻译出版了罗曼·罗兰的《歌德与贝多芬》等名作。1943年,梁宗岱翻译了莎士比亚的30首十四行诗,并撰文《莎士比亚的商籁》,为我国翻译莎氏十四行诗的第一人。抗日战争期间,他积极宣传抗日救国的主张,1944年辞职。

梁宗岱身材结实魁梧,总是笑面迎人,无酒不欢,也好打抱不平,生活落拓不羁,且拥有极高的翻译成就,所翻译的《莎士比亚十四行诗》被余光中誉为"莎士比亚十四行诗的最佳翻译"。

全增嘏(1903—1984) 男,浙江绍兴人,出身于书香门第,清代史学家、文学家全祖望的后裔,中国英语四大家之一。1923年毕业于清华学校留美预备班。1925年获斯坦福大学哲学学士学位。1928年获哈佛大学哲学硕士学位。回国后,曾任《天下月刊》(英文)编辑,并先后在中国公学、大同大学、大夏大学、暨南大学等校受聘担任教授,主讲西洋哲学史、哲学概论、英文等课程。自1942年起任复旦大学外文系教授,1945年起兼任系主任和图书馆馆长。1956年,复旦大学创办哲学系,他从外文系转到哲学系工作,历任逻辑学教研室主任、外国哲学史教研室主任、现代西方哲学研究室主任等职。

全增嘏精通西方哲学及西方文学。著有《西洋哲学小史》《不可知论批判》,译有狄更斯的《艰难时世》,主编《西方哲学史》(上、下册)等。他曾与林语堂、邵洵美等人合办《论语》杂志。抗日战争期间,他用英文撰写介绍中国文化的文章,发表在当时颇有国际影响的《中国评论》《天下月刊》等英文期刊上。在治学主张上,其对学生的首要教诲是做学问要有严谨踏实的治学态度与方法。学生回忆:"他本人就是榜样。他讲课总有充分准备好的讲稿,听他的课就是记一篇完整的文章。他写论文精益求精,层层剖析,逻辑性强……"1956年全增嘏调往哲学系工作后,仍然高度重视英语学习,参与学生的专业英语培训。

杨岂深(1909—1996) 男,安徽怀宁人,曾用名杨起森。1931年毕业于复旦大学文学院,1939秋至重庆北碚复旦大学外文系任讲师。1942年升为副教授,后任教授。曾任复旦大学外文系主任,复旦大学外文系英美文学教授、外国文学学会常务理事、中国美国文

学学会副会长、上海外国文学学会副会长、修订版《辞海》编委及外国文学分册主编。1978年受高教部委托主持第一届我国国家公派出国留学生统一选拔考试。

1949年10月以前,曾为复旦《文摘》旬刊译稿近百万字,内容涉及西方文艺、哲学、政治、经济及军事各方面。1949年10月之后,又为周煦良教授主编的《文摘》选译西方重要文章。1970—1980年代,先后与外文系孙铢及龙文佩两位教授分别主编《英国文学选读》《美国文学选读》各3卷。

在西洋文学研究方面,杨岂深主攻方向是19世纪及20世纪的英美文学。曾开设"西洋文学概论""大学英语""当代英美报刊选读"等课程。此外,在北京大学出版社出版的《翻译百家谈》中,杨岂深有专文论译名之翻译。他在《复旦学报》《现代英语研究》等刊物上发表过论莎士比亚及有关现代英语的文章,所撰《哈代评传》一文被收入《外国著名文学家评传》。他在山东大学出版社出版的《美国文学研究》杂志上也有译文发表。主要译作有本涅特的《窃贼》(《文艺新闻》,1940)、韦嘉夫妇的《苏维埃:一种文明》(香港商务印书馆,1941)等。

第三节 中华人民共和国成立前后的外国语言文学系(1946—1952年)

1. 本时期简史

抗日战争结束后,1946年,沪、渝两校即商讨合并事宜。到

1946年9月,复员工作基本结束。沪、渝两校合并,学校规模较前扩大,院系扩充。两校的英文系合并,教师阵容较以往而言更加强大。这段时间内,文学院、理学院、法学院、商学院、农学院各系科都修订了课程大纲。由于并校、并系原因而陆续成立了一些新系,以增强师资力量,活跃学术研究气氛。解放战争时期,上海局势紧张,社会运动频发。如洪深、顾仲彝等英文系的师生们在教学之余,积极参加政治运动,反对美军暴行,投入"反饥饿、反内战、反迫害"斗争,参加了抗议浙江大学学生会主席于子三被害的"反迫害争自由"运动、劝募寒衣运动、支持同济"一·二九"斗争、反对美国扶日等活动,积极配合党组织中央,为上海解放做出了重要贡献。同年,李振麟加入外文系。10月,重庆复旦、上海复旦两处合并完成,开学上课。时有文、理、法、商、农5院25系及商科研究所等附属单位,共有师生员工3 694人。

1947年,复旦外文系教授洪深与其他36位教授发表《正告美国政府的意见书》,指出中国学生的抗暴行动,"按之正义与政治上之需要,均甚正确,应予声援"。5月24日上午,洪深等14名教授联名发表《我们对于此次学生请愿的意见》。同年暑假,洪深教授被解聘。

1948年5月3日,中文系、外文系和"文学窗"社联合举办"五四晚会"。会后,各系纷纷开展"反对美国扶日"的活动。7月4日,各院系均招新生,其中除教育系全部为师范生外,文学院的中文、外文、史地,理学院的数理、化学、生物各系,也招了1/10的师范生。

1949年5月,上海解放。同济大学德文系并入复旦大学,外文系全称定为外国语文系,开设英语语言文学组和德语语言文学组两个专业,另开设有英、法、德、俄、日5个语种的公共外语课程,并确立外文系主任为全增嘏。8月,同济大学文学院并入复旦大学,同济大学文学院德文系的教师及18位学生一同进入复旦大学,其中包括原德文系主任陈铨。建立之初的复旦大学德语语言文学组受同济德文系侧重点的影响,课程组织仍以德国文学为重点。

1950年,孙大雨出任外文系第5任系主任。同年,在向苏联学习的形势下,外文系增设"俄文组",招收第一届俄语专业学生31名。

1952年,全国高校院系调整,上海圣约翰大学、沪江大学、震旦大学及浙江大学等近10所院校的英文专业全部或部分并入复旦大学外文系,其中加入的教师包括张克莱、黄贝德、杨必、蔡葵等,而复旦德文组左任侠、廖尚果、朱白兰在院系调整中调往南京大学任教。10月间,学校公布院系调整后各系主任名单,杨岂深出任外文系第6任系主任。

随着院系调整,复旦大学外文系开始成为长江以南地区师资力量最强的一个英语教育基地。有许多学界著名的英文大家也被聘请至复旦大学从事教学工作。原先担任政治系教授的林同济于1952年调任外文系教授,讲授英国文学史、英美小说、英国戏剧、莎士比亚读评、翻译理论等课程。杨必由震旦大学调入复旦大学外文系,评为副教授。随着陈望道到复旦大学出任校长,其夫人蔡葵也从震旦大学调入复旦,担任英文教师。潘世兹从圣约翰大学调入,担任外文系教授与复旦大学图书馆馆长,其夫人陈韵娟也到复旦外文系担任讲师。而本将被调任复旦大学图书馆馆长的余日宣,因其事先并未被明确告知,向上级要求专门从事英文教学后获准转入外文系。

2. 师资与教学培养

解放战争至中华人民共和国成立初期,复旦大学外文系人才济济,英文组有全增嘏、伍蠡甫、洪深、杨岂深、顾仲彝、孙大雨、章益、杨必、蔡葵、林同济、余日宣、潘世兹等名家任教;俄文组在1950年代初也是师资力量最壮大的时期,整个俄文组有50余名教师。俄文组组长先后由樊英、程雨民担任,教师包括劳修齐、程雨民、陈杰明、冒效鲁等人。整个教师团队英才荟萃,学贯中西。

他们不仅在本专业具有所长,而且有深厚的国学根底,治学严谨,诲人不倦,为中华人民共和国培养了许多外语人才,在外语教学、科研和翻译方面做出了重大贡献。

本时期名师一览:

丁文彪(1891—1953) 男,英语语言文学教授。1948年起任职于复旦大学,长期从事英文教学与诗歌、英文文学研究。曾任金陵大学英文文科主任、大夏大学英文师专科主任、上海持志大学英文系主任、国立上海商学院英文系主任。教授课程包括英美文学史、英文散文与诗歌戏剧、演说学、修辞学、高级作文等。代表性译著有《绿叶常青》,汉译英作品包括《今古奇观·苏小妹三难新郎》。

孙逢祯(1895—?) 男,英语语言文学系教授。1947年8月起任职于复旦大学,曾任北京女子师范大学、武昌师范大学、白沙大学、白沙女子师范学院教授。长期从事英文小说、莎士比亚及修辞学研究,主讲课程包括英文短篇小说等。曾任中国教育工会会员、中苏友好协会会员。

徐宗铎(1898—1966) 男,英语语言文学系教授,1922年毕业于复旦大学文学院,曾在安庆工业学校、复旦实验中学、江苏医学院任教,建国后在复旦大学任教,专长英文写作。

蔡葵(1901—1964) 女,别名蔡慕晖,浙江东阳人,积极倡导妇女解放的社会活动家、教育家和翻译家,1952年以后任教于复旦大学外文系。

蔡葵11岁时,随父母定居杭州。小学毕业后,就读于杭州甲种女子职业学校。为了提高英语水平,蔡葵于1920年

前往上海学习英语,并于1922年顺利考入南京金陵女子大学,在读期间曾担任校学生会会长。1931年,蔡葵与弟弟——著名植物学家蔡希陶合作翻译了《世界文化史》(韦尔斯原著)。1932年起,她开始担任女青年会全国协会《微音月刊》《女青年月刊》等刊物的主编。1935年8月,蔡葵前往美国哥伦比亚大学留学,获得教育学硕士学位后回国,是其家乡东阳的第一位女硕士。1937年,蔡葵撰写的《新道德标准之建立》一书出版。在书中,她积极提倡女性自尊自立,为社会做贡献,同时呼吁男女平等,婚姻自由,同工同酬。

此外,蔡葵还著有《独幕剧 ABC》《新道德标准之建立》等著作,并翻译出版了《艺术的起源》《世界文化史》《强者的力》《梁上君子》等译著。她于1937年翻译出版的格罗赛原著《艺术的起源》,从1984年起商务印书馆曾多次再版,影响深远。

1952年,由于国内高校院系调整,蔡葵从当时的震旦大学外文系调入复旦大学外文系,同时还担任复旦大学校工会副主席,创办了复旦大学幼儿园。蔡葵也是上海市妇联的执行委员、民盟上海市委委员、上海市政协委员和全国文联代表,长期耕耘在有关妇女解放的工作战线上。

孙大雨(1905—1997)　男,原名铭传,字守拙,号子潜,祖籍浙江省诸暨市,出生于上海,中国现代"新月派"诗人、翻译家、莎士比亚学者、民盟成员,与朱湘(字子沅)、饶孟侃(字子离)和杨世恩(字子惠)并称"清华四子"。1925年毕业于清华学校高等科,1926年赴美留学,抗日战争胜利后在复旦大学英文系教学,1950年7月任外文系系主

任。主要译著有《孙大雨诗文选》《中国新诗库·孙大雨卷》《诗·诗论》《英译屈原诗选》《英译唐诗选》《古诗文英译集》《英诗选译集》以及8部莎士比亚剧作——《罕秣莱德》《奥赛罗》《黎琊王》《麦克白斯》《暴风雨》《冬日故事》《罗密欧与琚丽晔》《威尼斯商人》。另著有诗集《自己的写照》《精神与爱的女神》等。

潘世兹（1906—1992） 男，广东南海人，现代藏书家、学者，圣约翰大学最后一任校长，藏书家潘宗周之子。1939年获英国剑桥大学硕士学位。曾任圣约翰大学历史政治系主任、教导长、代理校长。1946年加入上海大学教授联谊会。1949年后任复旦大学外文系英语语言文学教授、图书馆馆长。1950年加入中国民主同盟。历任圣约翰大学政治系教授、政治系主任、校务委员会委员、校务委员会副主任等职。1957年被错划为"右派"，坐牢7年之久。1986年退休。1988年被英国传记中心作为著名老教授收进《远东及澳洲名人录》(1987—1988)。

1939年，其父去世后，潘世兹继承了全部藏书。其中有宋元本110余部，共1 088册，经张元济、徐森玉等版本目录学家鉴定，均为精品。张元济为此还编写了《宝礼堂宋本书录》4卷，附录1卷。张元济在序中称其"继丁日昌持静斋之后的宋本收藏风气，又能与北杨南瞿相颉颃。"潘宗周收藏的宋刊孤本《礼记正义》，原为袁克文藏品，他以10万两银子购得，遂将其藏书处命名为"宝礼堂"。太平洋战争爆发后，潘世兹唯恐藏书落入日寇之手，联系英国驻华机构的朋友，用一艘军舰将藏书运抵香港，存入汇丰银行。1951年，美国、日本等外国收藏家曾开价50万美元购买他的藏书，他不为所动，亲自致书国家文物局局长郑振铎，决定将"宝礼堂"藏书全部捐献给国家。郑振铎着手安排在香港银行任职的徐伯郊先生多方奔走,将这批藏书安然运回上海,并由政务院特批火车专列运至北京,藏于北京图书馆善本室。为了弘扬中国古典文化,潘教授在复旦大学任教期间,曾亲赴香港,将其父以重金购置收藏的《礼记正文》全书100余册取回,捐赠国家保存;又出资用其父生前以巨资刻成的《礼记正文》枣木底版刊印100部,分赠全国各大图书馆,供专家学者研究参考。1958年潘教授又将这套近千块的《礼记正义》枣木书版悉数献给上海文物保管委员会。

潘教授一生致力于中外文化交流,曾先后用英文编写了《英国文化发展史》《美国文化发展史》。晚年与人合作编写了《旅游者的中国》《中国简明历史》等著作;后又与其夫人陈韵娟教授合作,将我国传统启蒙读物《三字经》译成英文,用中英对照形式于1987年在新加坡出版。

黄冠群(1911—?)　男,英语语言文学系教授,1952年8月起任职于复旦大学,曾任国立中山大学、国立同济大学英文教授,长期从事英语语音学、英诗翻译、英国文学研究。教授课程包括英文读本、中等英文教材教法、英语古典小说、英语诗歌等。译有《英语语音学》《弥尔顿诗选》《浪漫诗人选读》,著有《浪漫派诗人约翰·济慈》,发表诗歌《充满阳光的早晨》。

陈韵娟(1916—?)　女,英语语言文学系教授。1952年9月起任职于复旦大学,长期从事英语语言教学与研究,专长口语与写作。代表性汉译英作品有《唐诗选译》,曾在美国麻省史密斯大学进修。

章 末 小 结

作为复旦大学历史最为悠久的系科之一,外国语言文学系在成立之初便与学校在时局动荡的岁月里共同走过了无数的艰难困苦,博雅的传统、爱国的情怀早早地在外文系师生身上刻下鲜明的烙印,传承至今。复旦公学的建立者们在建校初期长达十余年的岁月里,与外语教学保持着紧密的联系。1919年复旦大学扩充文科后,外国语言文学在文科中始终占有重要地位。抗日战争的烽火和风雨飘摇,也没有打倒外文系师生的坚强意志。他们积极参与社会运动,为上海解放做出了非常重要的贡献。

抗日战争胜利后,沪校、渝校合并,分隔两地的外文系重归一体;中华人民共和国成立后,同济大学德文系并入复旦大学,复旦大学外文系再度扩大,开设了英语语言文学和德语语言文学两个专业,随后又增设俄语语言文学专业,并同时开设英、法、德、俄、日5个语种的公共外语课程。1952年,全国高校院系调整,随着上海圣约翰大学、沪江大学、震旦大学及浙江大学等近10所院校的英文专业全部或部分并入,复旦大学外文系开始成为长江以南地区师资力量最强的英语教育基地之一。

至1952年底,复旦外文系已经成为较为完备的外语教育机构,其教学质量和教育理念也逐渐得到了广泛的认可和赞誉。同时,外文系的研究和学术交流活动也不断扩大和深化。自建校伊始的培育译才之所,至解放初期的大师云集之地,几代外文前辈筚路蓝缕,以启山林,广泛吸收来自西方的先进思想文化,为外文系在20世纪下半叶的后续发展构建了科学的基本框架,做好了充分的前期准备。在近代中国的曲折动荡之中,外文系终于立住了脚跟,开启了蓬勃发展的新征程。

第二章

外国语言文学系的繁荣与波折
(1953—1977年)

1952年院系调整后,复旦大学外文系迎来了大批新的师资力量,进入发展新阶段。在这段时间里,各位教师、学生的热情和努力确立了复旦大学外文系的教学特色,在蓬勃发展的浪潮中不断加以完善。

1950年代下半期,一方面由于社会上对外语的不重视,另一方面由于受到历次政治运动的冲击,又因1958年以后支援兄弟院校而调出不少教师,外文系的实力有所削弱。但是由于教学科研紧抓不放,外文系的教学质量始终优异,得到全国外语教育界的公认。

1960年代上半期,在陈毅副总理和周杨同志关于加强外语教育的指示下,全国外语教改蓬勃掀起,形势大好。复旦大学的领导亦十分重视外语教育,陈传纲副校长和吴常铭教务长亲自指导外文系的工作。各类外语培训班纷纷开办,外文系教师意气风发,教学科研欣欣向荣。这一时期毕业留校的青年教师成为日后1980年代外文系复兴的主力。

第一节　外国语言文学系的院系调整与结构变动

整体而言,由于时代的特殊性,本时期是国家时局变动及高校结构变动较多的年段,外文系也身处时代的洪流之中。1952年,随着院系调整的推进,上海圣约翰大学、沪江大学英文系的全体师生并入复旦外文系。同年10月间,学校公布院系调整后各系系主任名单,外文系杨岂深任系主任,一直担任至1966年("文革"时期中断),后又于1978年复任,继续任职至1980年,是外文系任职时间最长的系主任。

1952年,德文组全体师生并入南京大学,以后又有震旦大学、华东师范大学、浙江大学、浙江师范学院、大同大学等高校的英语教师陆续调入复旦。复旦外文系英语专业遂成为华东地区师资力量最强的一个英文教育据点,专家汇集,实力雄厚。1956年开始,俄文专业停办。遵照中央教育部的部署,复旦外文系集中力量办好英文专业。

自上海解放至1950年代末的10年间,外文系经历了大规模的人员变动。徐燕谋、葛传槼、程雨民、黄有恒、董问樵、潘世兹、孙大雨、林同济、杨烈、冒效鲁、董亚芬、索天章、蔡葵、余日宣、杨必、丰华瞻、戚叔含、刘德中、吴辛安、吴杰等优秀教师先后加入复旦外文系,教授英文、俄文、德文等各类外语课程,并从事语言学、文学、文论等方向的研究,加之此前已在外文系任教多年的伍蠡甫、杨岂深、孙大雨等人,教师阵容可谓群星璀璨。同时,林疑今、周其勋、洪深、章益、左任侠、廖尚果、朱白兰、冒效鲁等资深教师因院系调整或其他组织调动离开了学校。

这一时期,教研室是教学与科研的基本组织。1950年代初建立时称为教研组和教学小组。全系教师根据所授课程的类别分属各教研组。院系调整后外文系在1954年设有英语专业一、二年级教研组、英语专业三、四年级教研组、文学教研组、俄语教研组、公共英语教研组,共五个教研组。此后,随外文系专业设置的变迁和教学任务的变化,教研组不断调整、扩大和增加。1980年代初,教研室设置基本稳定。外文系有英语教研室、日语教研室、德语教研室、法语教研室、俄语教研室和外国文学教研室共6个教研室,另西班牙语教研室则因专业停办而于1981年撤销。

本时期,复旦外文系也将洪深等初代外文人开创的演剧传统发扬光大。在老教学大楼(现称第一教学楼)的1237大教室和工会礼堂,学生欣赏过俄文教研室成员演唱《七仙女》,看过英文教研室演出《少奶奶的扇子》等英剧原作,也听过各青年教师自译的《青春之歌》片断。时任外文系教师董亚芬、任治稷、任孟昭、巫漪云、胡美珍、曹又霖等都曾参与戏剧演出,给无数外文学子留下了极为深刻的印象。

此外,外文系有多个专业相继成立或恢复招生,开始初期建设。1970年,法语语言文学专业成立。1971年,日语语言文学专业成立。1972年,为第二批工农兵学员和干校培训班开设德语语言文学专业。1977年,西班牙语专业成立。复旦大学外文系由此走向了多语种全面发展的新局面。为应对1960年代和1970年代纷繁复杂的国际形势,国家政策适时调整,各语系的发展道路也经历了众多跌宕沉浮;尤其是长达10年之久的"文革"对院系发展造成了严重损伤。尽管如此,外文系的教师们也未曾停下教书育人与学术研究的脚步。

第二节　英语语言文学专业的建设

1. 英文专业发展概况

1952至1977年,复旦英文专业经历了诸多磋磨,以其师生的同心努力,展现了独有的品质,培育出了坚韧的人才。全国大学院系调整中,华东地区多所高校文、理院系并入复旦大学。上海圣约翰大学、沪江大学、震旦大学及浙江大学等近10所院校的英文专业全部或部分并入复旦大学外文系,为复旦大学英文专业的发展夯实基础。上海和附近地区许多优秀的英语师资也都合并至此,组建成新的复旦英文专业教师队伍。

2. 英文专业教学特色与人才培养

1955级开始,英文专业本科为5年制,前4年为基础课程,第五年分为语言与文学两个选修方向。课程涉及面极广,学生在学习英语听说读写译等基础课程之外亦需要掌握其他文科的基础知识,例如文艺学概论、中国历史、世界历史、汉语修辞、逻辑学等,均由各院系资深教师任教。"文革"中学制改为3年,"文革"后恢复4年学制。1963年以前每届招生30~40名,分为2个小班,1963年以后每届招生50~60名,分3个小班。1970年第一届工农兵学员多达95人,分6个小班,第二届4个班,以后基本稳定在每届3个班至今。英文专业要求学生掌握专业所必需的基础知识和基本理论;具有熟练运用英语的基本技能;具有一定的英美语言文学的专门知识,了解本专业有关学科的新成就和新发展;受到从事科学研究的初步训练,具有一定的分析问题和解决问题的能力;学习一门第二外语(法语)达到借助词典阅读一般书刊的水平。

1962年6月底7月初,复旦外文系1957—1962届学生用英语成功演出曹禺名剧《雷雨》,引起轰动并赢得赞誉,彰显了外文系师生的英语教学水平和社会影响力。此前,在"调整、巩固、充实、提高"的方针下,外文系课堂开始精读英美原著。受时代氛围影响,学生们敢想敢拼,提议以年级名义搞大型毕业演出,最终决定挑战用英语演绎《雷雨》。此次演出不仅继承了复旦的演剧传统,也是国人直接以外语在话剧舞台上推介国剧精华的尝试。

优秀的师资力量为复旦英文专业培养了众多优秀的学生,这种培养不仅是能力上的发展,更有精神上的锻炼与传承。李荫华、陆谷孙、陆国强、翁义钦、夏仲翼、薛诗绮、杨永荟、周叔彝等多位教授均在1952至1977年间从复旦毕业并留校任教。

1962年外文系学生演出英文版《雷雨》剧照

此外,英文专业教授亦为其他文理科系开设英语课程,如吴辛安教授曾开讲过各不同院系青年教师的英语进修班、提高班,并根据不同专业,编写出十余种英语教材。

3. 英文教研室

1952年院系调整后,外文系建立一、二年级基本英文教研组及三、四年级基本英文教研组,分别承担英文专业各年级的基础课和专业课。前者共有教师11人,其中教授1人,副教授6人,讲师2人,助教2人,负责人李振麟,干事董蔚君;后者共有教师13人,其中教授7人,副教授3人,讲师1人,助教2人,负责人全增嘏,干事董亚芬。

英文教研室即由以上两个教研组在1950年代下半期合并而成。至"文革"前该教研室共有教师35人,其中教授7人,副教授6人,讲师10人,助教12人。主任徐燕谋,副主任孙铢。

1970年代,工宣队为改变外语教师的成分,曾选留大批工农兵学员毕业生。英文教研室一度扩充至 47 名教师,其中教授仅 1 人,副教授 2 人,其余均为讲助。

拨乱反正后,英文教研室得以整顿,此后几年中,教研室教师逐年递减,结构渐趋合理。此外,教研室还接受指导外校来进修教师的任务。1980 年代以后,丁兆敏、朱德逵、吕菊林、华钟尧等外文系教师都曾担任过英文教研室主任或副主任的职务。

4. 英文教研室科研成果

1953 至 1977 年间,复旦英文教研室部分科研成果如下:

1951 至 1953 年,丰华瞻译著《格林童话》(10 册)由上海文化生活出版社出版。

1953 年,杨必译《剥削世家》由平明出版社出版。

1956 年,杨必译《名利场》由人民文学出版社出版。

1961 年,董亚芬主编大学文科统编教材《英语》(1—2 册)由上海教育出版社出版。同年周叔彝译著《中国古代发明(医学)》由外文出版社出版。

1975 年,上海人民出版社出版《新英汉词典》,葛传槼、陆谷孙、吴辛安、薛诗绮、周叔彝等多位复旦外文教师参与编纂(1976 年起缩印本出版,由上海译文出版社连年再版;1979 年获上海市优秀图书奖,1986 年获上海市哲学社会科学优秀成果一等奖)。此外,杨永荟还编写了供复旦大学校内使用的教材,包括《研究生英语泛读》《教师培训班英语》《英语构词》等,具体时间不详。

1970 年至 1976 年间,周叔彝参与译审联合国文件多种以及《国际事务概览》等书,联合国出版《联合国文件(大会、安理会、教科文组织)》。

另外,1961 年 2 月,全国高校组织力量编写一批高校文科学生用教材。其中与复旦英文教研室相关的有:伍蠡甫主编的《西方文论选》,徐燕谋编写的四年级上学期英语课本,徐燕谋、孙铢编写的一年级上学期英语课本,杨岂深、方重编写的《外国文学作品原著选注(英文本)》。

除出版书籍外,外文系教师另有众多文章发表于各类学术刊物及在各类学术会议上的发言、报告等,此处不详细列出。

第三节 俄语语言文学专业的成立与建设

1. 俄文专业发展概况

1950年代初,随着中苏关系进入蜜月期,俄语语言文学专业开始飞速发展,俄语学科研究在复旦大学全校范围内迎来了黄金时代。

复旦大学外文系于1950年增设俄语语言文学专业,成立俄语教研组,首次招收俄语专业本科生。而到了1953年,第一届俄语专业本科生毕业并分配工作。当时国家发展急需外语人才,所以这一届学生都提前一年毕业,由国家分配到需要外语人才的外交、教育等领域。其中一些留在母校外文系担任教职(如袁晚禾)。

1950年代中期之前,俄语一直属于热门外语,成为复旦大学各个院系学生首选的第一外语,甚至学生从其他专业改学俄语专业(如夏仲翼),因此俄语专业教师不仅要承担专业教学任务,还要面向全校学生开设公共俄语课程。当时也是复旦大学俄语师资力量最壮大的时期,整个俄语教研组有超过50名教师。除此之外,这一时期有不少苏联专家到中国各个领域支援建设,一些苏联专家甚至被派到中国高校各个院系任教。因此,那时俄语专业的很多学生都有机会直接受教于苏联专家,这类学生毕业后也直接活跃在中国外交、教育等各个领域(例如,袁晚禾于1954年初到北大攻读俄罗斯文学研究生期间,受教于苏联专家。1956年从北大毕业后,袁晚禾回到外文系外国文学教研室担任教师)。

2. 俄文专业教学特色与人才培养

在人才培养方面,1950年代的大学教育比较突出政治教育,因此学生的个人素质很高,毕业后不仅是各行各业的专业人才,而且特别遵守纪律,懂得如何做人。尤其是在外交领域的工作者,他们表现出高度自律的优秀品质与热爱祖国的高尚情怀。

当时的俄语教学除了语言和翻译实践,还特别注重文学素养的培养。一些俄语老师给全校各院系开设的俄苏文学课颇受欢迎。如当时由外文系教师教授的世界文学课,就是给中文系学生开设的课程。

从1950年代后半期开始,中苏关系不复从前,学习俄语的学生越来越少。1956年,复旦大学外文系俄语专业停办。1960年代初,随着中苏关系恶化,学习俄语的学生越来越少,俄语教师也逐渐转岗。卫懿和曹洁秋调至复旦附中教授俄语,夏仲翼调至解放军外国语学院教授俄语。也有部分教师留在本校外文系教授大学公共俄语课程的同时兼任学生指导员、团支部书记、党支部书记、学校教学科研管理等职务,负责学生的政治思想教育。1950年代的外语教学已经开始采用小班化教学的模式。学生在课外,也会经常在一起表演外语话剧、小品等活动。

整个1950年代的俄语本科教育都采取5年制,这种状况一直持续到1960年代"文革"开始才被中止。1950年代的俄语学科主要是为中华人民共和国培养急需的翻译和外交人才,学生毕业后完全服从国家分配,到祖国最需要的地方去工作。学生在校期间的学习氛围浓厚,不仅热爱自己的专业,而且博学广学,积极吸收各个学科的知识,最后都成为中华人民共和国首批各个领域的领军人才,其中不乏教授、博导和全国政协委员。

从 1970 年代初开始,复旦大学外文系开始招收工农兵学员。俄语教研组也于 1971 年逐渐恢复,并在随后招收过三届工农兵学员俄语班和一届培训班专业学生,不少俄语教师开始回归教研组担任俄语教学工作。比如,卫懿和曹洁秋两位教师从复旦附中调回,刘骧从部队转业。但后来停止招收工农兵学员,俄语组教师的工作又改为负责全校的俄语公共教学,不少教师又陆续调到本系其他专业或外校。

1973 年,刘松筠从北京外国语大学俄语专业毕业后进入复旦大学外文系俄语教研组工作。她的到来,不仅补充了日渐衰微的俄语师资力量,而且为随后俄语教研室的成立奠定了基础。

3. 俄语教研室

解放初期,全国掀起学习俄语的热潮。1950 年外文系开始创办俄语专业,1951 年建立"俄文教学小组",负责人初为冒效鲁,后为樊英,负责俄语专业及全校公共外语俄语的教学任务。1953 年,全校公共外语课全部改学俄语,俄语教学任务猛增,不少文科其他专业的教师凡懂俄语的都调入俄语教研组改教俄语课,如来自英语专业的丰华瞻、徐仁、刘德中、程雨民、孙铁、吴经训,来自法律专业的刘家骥、张企泰、杨兆龙、彭先捷等。教研组分成"俄语专业教研组"和"非俄语专业俄语教研组"两个。前者负责人为刘德中,后者负责人为樊英。

1956 年,第四届俄语专业学生毕业,俄语专业停办,又恢复统一的俄语教研组,负责全校各系各年级的公共俄语课程,有教师 26 人。此时其他专业来的教师均已纷纷离去,从本校俄语专业毕业生中留校的有 8 人(第一届袁晚禾,第二届夏仲翼,第四届张介眉、翁义钦、郭重梅、屈炳贤、俞爱珍、仲梅芳)。1957 年,校苏联专家组解散,翻译室严源等 7 人调入外文系俄语教研组。此后,每年有上海外国语学院俄语专业的毕业生分配来俄语教研室。1960年代,俄语教研室的规模保持在30人左右,教研室主任为黄有恒,副主任为程雨民。

"文革"结束后,由于公共俄语课程的大量削减,俄语教研室相应紧缩。改革开放后,教研室开始承担各系本科生和研究生第一外语和第二外语俄语课程的教学任务。1980年代以后,劳修齐、方子汉、裴粹民、李霞芬等教师都曾担任过俄语教研室主任或副主任的职务。

4. 俄语教研室科研成果

此阶段俄语教研室的科研成果主要是按照国家需求提供俄译中的翻译任务,向有关方面提供有关当时苏联的政策、国情等方面的信息等,例如俄语教研室部分教师参与翻译并出版了《勃列日涅夫言论集》。

第四节　法语语言文学专业的成立与建设

1. 法文专业发展概况

法语语言文学作为专业在复旦的设置始于1970年,教学机构原始名称为法语教研室。初创阶段的师资为范立湧、徐和瑾两位老师。

首届学生于1970年11月入学,时称"工农兵学员"。以后每两年(1972年、1974年、1976年)招收一届,共四届"工农兵学员",每届15名学生。林秀清老师是1952年回国参加中华人民共和国建设的海归资深教授,深谙法国文学、法国戏剧、法国电影、法国文艺。她的加入极大提升和丰富了法文专业的教学水平和课程设置。

1973年前后,毕业于北京外国语学院的朱静老师入职法语教研室。此后每一年,法文专业都有优秀的本系毕业生留校任教,与他们曾经的老师共同组成了法文专业师资的中坚力量。1974年，法文专业首届毕业生沈兰芳（后任复旦大学人事处处长）、黄昌利、吴惠如留校任教；1975年，法文专业第二届毕业生陈良明、程晓岚、谢永平留校任教；1976年，法文专业第三届毕生陈伟丰、姜依群留校任教；1978年，上海市原定向培养的复旦外语培训班毕业生蔡槐鑫、黄建民、章鸿康留校任教。之后，法文专业还从光明中学和外交部分别引进张海龙和张庚祥两位老教师，二人为法文专业翻译课程的发展和提升作出了不可磨灭的贡献。

2. 法文专业教学特色与人才培养

建专业初期阶段的教材以自编为主，也采用了一些不会产生版权争议的法语原版老教材，如 *Vive voix* 和 *Voix et images*。1980年代初，在公派赴法留学归来老师的力荐下，亦借助于法国驻沪总领馆的帮助，开始使用当时最新版本的法语原版教材 *La France en direct*（《直面法国》）。这一举措在当年国内高校法语专业的教学中可谓是于无声处的开创之举，教学效果提升明显。

自1970年代初开始，教学模式按照专业教学结合社会发展和对外语人才的需求，突出课堂教学与社会实践相结合，着力培养学生的语言运用能力，通过时称"开门办学"的方式，积极参与国家的援外项目（如赴东海舰队担任对非洲学员培训的翻译）和不同产业的生产活动，用生动的实践丰富和拓宽学生对法语的认知，解决难点，提升学生的法语应用能力。这是其一。

其二，以小组活动的形式，有效组织学生，尤其是低年级学生的课后学习。通常每4～5个学生组成一个小组，根据教学内容每天定时、定主题进行语言训练（讨论或演讲）。每个小组派有一位青年教师参与训练，给予指导。紧张的学习和紧凑的节奏有效提高了学生们的语言使用能力。

法文专业第一批老师无私奉献的敬业精神和全身心助力学生

成功的教育热忱,不仅是法文专业教学质量的保证,也为学生树立了优秀的榜样,帮助一届又一届法文专业学子在精神和学业上确立了崇高的追求。

3. 法语教研室

法语教研室成立于 1970 年,当时仅两名教师范立湧和徐和瑾,由范立湧负责。1972 年,上海科技大学调来法语教师林秀清、吴慧玲、李杰,1973 年分配来北京外语学院毕业生朱静,由此教研室逐年扩大,至 1970 年代下半期共有教师 16 人,主任为林秀清。此外,法语教研室从 1973 年起就有了法国官方派遣的外教,直至改革开放后的 1990 年代。

改革开放以后,教研室承担法文专业本科 2～3 个教学班以及英文专业第二外语法语课、全校研究生第二外语法语课的教学任务。1980 年代后,范立湧、黄昌利、徐和瑾、陈良明、陈伟丰、姜依群等教师都曾担任过法语教研室主任或副主任的职务。

第五节　德语语言文学专业的成立与建设

1. 德文专业发展概况

复旦大学在建立初期就有德文教学,在复旦公学成立后,德文主要作为第二外语供学生辅修。1917 年,复旦大学设立本科后,德文学科教学逐渐走向系统化、体系化,根据阶段性的培养重点和目标形成了课程体系。此后由于战事连绵,时局动荡,外文系的德语教学时断时续,在 1949 年 10 月之前一直没有形成正式的系部。

中华人民共和国成立后,对旧的教育制度进行了大幅度改造。在全面学习苏联模式的过程中,单一的外语学院得到了长足的发展,原本外语院系均设于综合大学内的局面不复存在,不少综合型大学的德语专业在1950年初院系调整时被合并。1952年全国院系大调整期间,复旦德文组调出,并入南京大学西语系德文组。复旦德文组左任侠、廖尚果、朱白兰教授等师生10多人于9月24日离开复旦前往南京大学。南京大学西语系德文组由来自南大、复旦、同济的师资组成,有教授7人,副教授1人,讲师2人,助教2人,在校学生36人。当时,调离复旦的教师普遍以国家工业化建设为重,绝大多数克服个人困难,服从分配,奔赴新的工作岗位。

1970年代初,随着中国外交事业的推进与政策调整,全国许多外语院系相继恢复招生,复旦大学外文系也恢复了德语语言文学专业,并持续加强师资力量,逐步重建德文学科。在10年间,德语语言文学专业培养了700多名学生,教师力量也得到了很大的充实和加强。此外,复旦大学于1972年起连续举办三届五七干校外语培训班,由德文专业教师教授包含德语在内的多门外语,以培养外交人才。

2. 德文专业教学特色及科研成果

在1949年正式建立复旦大学德语语言文学专业后,专业师资力量逐渐得到增强。中国著名的歌德研究专家、德文翻译家董问樵于1958年起任外文专业教授,除承担教学任务外,还翻译了包括《浮士德》在内的大量德文书籍,其对于歌德和席勒的研究在国内日耳曼学界产生了深远的影响,联邦德国总统曾授予其德国一级十字勋章。

当时在德语语言文学专业任教的还有1962年毕业于北京大学西语专业的袁志英教授,他发表了"论文学理论的德译汉""二十世纪中国文学中的德国形象"等论文,并翻译了《水妖的苦恋》《马克思的历史、社会和国家学说》等多部作品。

此外,德文专业还聘请了德籍教师为学生授课。犹太裔女诗人朱白兰(Klara Blum)于1950年代初被聘任为复旦大学德语文学教授，后于 1954 年加入中国籍，著有长篇小说《牛郎织女》《命运的征服者》，中篇小说集《香港海员大罢工》《香港之歌》，诗集《回答》《更加如此》《我们决定一切》等。她还翻译过毛泽东诗词，李季的《王贵与李香香》等。此外，当时的德籍教师还有汪小玲（Ottilie Katharina Frankel），她于 1970 年从上海科技大学调到复旦外文系任教，被师生亲切地称呼为"德国老太太"，曾与外文系同事一起翻译了德国哲学家恩斯特·海克尔的《宇宙之谜》一书。

3. 德语教研室

外文系在解放前即设有德文专业，在 1949 年、1950 年和 1951 年招过三届学生，1951 年已建有德文教学小组，负责人廖尚果，有教授 2 人，聘外校兼任教授 5 人，共 7 人组成。1952 年院系调整时，德文专业撤销，德语师生全部并入南京大学外文系。此后在 1950 年代和 1960 年代屡屡计划重建德文专业，终因师资不足而未成。1964 年，由北京外语学院分配来 3 名毕业生米尚志、蒋永康、沈光瑜，组成德语教学小组。负责人为米尚志，一边开设全校公共外语德语课，一边筹备恢复德文专业。1972 年，由上海科技大学调来德语教师汪小玲、陈少新、袁志英、马静珠。

改革开放后，德语教研室逐年扩大，开始主要承担德语专业本科生 2—3 个教学班以及全校研究生第二外语德语课的教学任务。1980 年代初共有教师 13 人，其中教授 1 人，讲师 6 人，助教 6 人。此后，袁志英等教师曾担任过德语教研室主任的职务。

第六节　日语语言文学专业的成立与建设

1. 日文专业发展概况

1970 年，在苏步青校长的支持和帮助下，外文系日文专业初步建立。日文专业的招生开始于复旦大学招收的第一批工农兵大学生,于1970年12月11日入学。日文专业从上海10个郊县各选拔1名,市区选拔3名,共13名工农兵大学生成为复旦大学日语专业的第一批学生,学制3年。

当时,日文专业有王延平和仰文渊两位老师。王延平原本主修俄语,由于国家需要培养更多日语人才适应中日交往需要而前往上海外国语大学进修日语;仰文渊解放前是党的地下工作者,有日语基础。学生入校后主要由这两位老师授课。

不久之后,苏德昌和郭华江也调任外文系日文专业。苏德昌是苏步青校长的儿子,母亲是日本人,出生在日本,高中时回到国内。北大数学系毕业后,考入复旦大学攻读数学系研究生,毕业后留校。郭华江是日本人,与郭沫若先生的长子结婚后来到中国,调入复旦前在上海科技大学教授日语。与郭华江一起从上海科技大学调入的还有吴俗夫、朱金和两位老师。

到1972年,复旦大学日文专业有了6位专职教师,初具专业规模。1972年9月29日,中日邦交恢复正常,中日交往进一步密切。直到1977年底正式恢复高考之前,日语专业每年招收1个班,15名学生,学制3年,培养教师、翻译及日语工作者。这一时期日文专业培养的优秀学生,他们中的一部分人毕业后留校工作,充实了复旦大学日文专业的师资。

1970年代,学生在校期间除了上课,还密集地学工、学农。1972年中日邦交正常化后,日本有大量大学生、知识分子来华访问、参观、学习。复旦日文专业的学生在校期间被派往石化总厂、宝钢、广交会等实习,还时常接到外事任务,接待、陪同日本大学生访问工人新村、市民家庭,在实践中语言能力提高很快。

2. 日文专业教学特色与人才培养

1970年代初,社会上收录机尚未普及,外文系却已开始尝试导入电化教学。日文专业在建立初期也紧跟这一教学前沿,充分利用当时的技术和设备资源,推出了独具创新意识的"广播日语教学"。

1972年中日邦交恢复正常后,各行各业都需要日语人才。复旦大学除了招收工农兵学员、举办外事培训班培养专业人才,还承担上海人民广播电台日语广播教学的工作,以满足社会对日语人才的需要。复旦大学日文专业受托开设广播日语课程"时间紧,任务急",外文系把任务交给了苏德昌和郭华江。

接到任务后,苏德昌在很短时间里编写完成了第一册教材。当时上海没有日语铅字,苏德昌飞到北京编排印制样本,再将原稿带回上海由出版社出版发行。

1973年,上海人民广播电台日语节目开播,由苏德昌和郭华江主讲并在广播电台录制教学节目。广播日语课程每节课30分钟,每周一、三、五更新,二、四、六重播。

中日邦交正常化后,很多大型企业酝酿引进日本技术和设备,工厂的技术人员都在积极学习日语。广播日语课程的开播及时满足了这一需求。当时,很多工厂设有集体学习点,每个学习点有超过10名学生一起收听广播。在学习中遇到问题时,学员通过写信到节目组请求答疑。

面对不断扩大的学习需求,日文专业成立了广播日语教学组,除了苏德昌、郭华江,第一届工农兵大学生留校的项杏林也加入广播日语教学组。项杏林除了编写教材、录制节目,还阅读听众来信、回答问题,并一周一次到"广播学习点"进行线下辅导。

广播日语节目成为复旦外文系日文专业服务社会的一个窗口,而服务社会也成了日语专业的一个传统。上海人民广播电台的日语节目,不仅在上海播出,也被其他地方广播电台转录播出。广播日语的教材根据现实变化的需要,先后更新了3版,辐射的函授生不计其数。

复旦日语不仅成立广播日语组,进行函授教学,还先后服务金山石化总厂、宝钢等大型重要项目。宝钢项目在宝钢和复旦同时展开。徐祖琼、石国权在此期间调入复旦,进一步增强了复旦的师资力量。

3. 日语教研室

日语教研室成立于1970年,当时仅王延平和仰文渊两名教师,由王延平负责。1972年,由上海科技大学调来郭华江、吴俗夫、朱金和3人,后又从中学调入谢宜鹏、石国权、林敏3人。至1970年代下半期,日语教研室已扩大到17名教师,教研室主任为郭华江,副主任为王延平。日语教研室自1973年起,和上海市人民广播电台合作,联合举办日语广播讲座。郭华江、苏德昌、王延平、徐祖琼、张丽华、项杏林、王建康、邱银娥等教师都先后参与工作。1977年日语教研室曾荣获"上海市教育战线先进集体"的称号,1979年获"复旦大学先进集体"的光荣称号。

改革开放后,日语教研室主要承担日文专业本科一至四年级4个教学班及全校研究生第一外语、第二外语日语的教学工作。1980年代后,苏德昌、徐祖琼、朱一星等教师都曾担任过日语教研室主任或副主任的职务。

第七节　西班牙语言文学专业的成立与调整

1960年,也是古巴革命胜利一年后,中华人民共和国与古巴建立了外交关系。古巴成为拉丁美洲最早与中华人民共和国建交的国家,随即便拉开了国内西语教学发展的序幕。1970年起,又因中国与西班牙及拉美多个西语国家(秘鲁、墨西哥、阿根廷等)建交,再次出现开设西班牙语专业点的小高潮。1975年3月20日,经复旦大学党委讨论,决定增加4个新专业,其中就包括西班牙语专业。西班牙语专业正式始创于1977年。1978年的首批学生在苏步青校长的支持下赴墨西哥留学。他们中一部分校友已成为今天中国西班牙语文学研究界的中流砥柱,如77级校友、中国社会科学院学部委员陈众议。

此外,外文系曾于1973年建立西班牙语教研组,有教师3人,1976年增加到12人,负责人为王留栓。1977年西班牙语专业招生,该教研室负责专业课程的教学工作。

然而,到1970年代后期,国内西语人才数量已大体满足当时的需求。此外,改革开放初期我国亟需国外投资、技术和现代企业管理经验,而这些皆不是大部分西语国家的强项,因而中国与西语国家的交往停滞不前,导致对西语人才的需求急剧下降。教育部高教司于1982年在上海外国语学院召开全国高校西班牙语教育座谈会,提出了"控制招生规模,压缩专业点,提高培养质量,加强研究工作,加强师资培训"的调整改革方案,确定将西班牙语专业每年招生规模维持在全国30—40名,专业点由11个压缩至7个。由此,随着全国院系调整,复旦大学西班牙语专业停招,西班牙语教学陷入发展停滞期。由于专业停办,原有的西班牙语教研室撤销,相关教师调往其他工作岗位。

第八节　其他教研部门与教研辅助机构的设立与发展

1. 外国文学教研室

1952年院系调整后,外文系在英国文学教学小组的基础上建立外国文学教研组,组长为索天章,当时有教授4人,副教授2人,助教1人,共7名教师。1953年后,索天章调去解放军外语学院,林疑今继任教研组主任。1958年林疑今调去厦门大学,伍蠡甫接任教研组主任。

1960年代,外国文学教研组共有教师13人,其中教授4人,讲师5人,助教4人,承担外文系、中文系和新闻系的外国文学史课程及外文系的英美文学史、西方文论等专业课程的教学任务。"文革"初期,教研组被撤销。1972年恢复为"外国文学教研组"。1972—1975年翁义钦担任组长,1975—1978年林骧华担任组长,1979年伍蠡甫重新担任组长,当时已称"外国文学教研室"。1980年代后,教研室得以恢复,龙文佩、夏仲翼、张廷琛等教师都曾担任过外国文学教研室主任或副主任的职务。

2. 三大研究室的创立

1970年代末,在"文革"期间被迫停顿的科学研究工作重新蓬勃开展起来。外文系率先建立起3个专题研究室。

第一为现代英语研究室,成立于1978年,研究室主任为陆国强,成员有葛传槼、程雨民、徐烈炯、周叔彝、诸炳云。该室以研究现代英语的语言学、词汇学、语义学和语法文体等为宗旨。编辑出版刊物《现代英语研究》,1978年10月出版第一辑,时任校长苏步青为创刊号写了发刊词。该刊物不定期出版,共出版15期。程雨民曾担任研究室主任,成员陆国强(兼)、徐烈炯、孙骊、吕菊林(兼)。

第二为外国文学研究室,成立于1981年,研究室主任为伍蠡甫,副主任为龙文佩,成员包括外国文学教研室全体教师以及日、德、法教研室中讲授国别文学史课的教师,均为兼职。该室从事外国文学理论、外国文学史、国别文学、比较文学、文学体裁以及外国作家作品等的专题研究,编辑出版《外国文学》刊物。

第三为莎士比亚研究室,成立于 1982 年,负责人为陆谷孙,成员有索天章、杨烈、陈雄尚、朱涌协、孙建、刘厚玲,均为兼职。该室设有莎士比亚图书室,收藏莎士比亚著作的各类版本及莎氏研究的图书、杂志、音像资料等。该研究室成员在从事莎士比亚研究的基础上,开设莎士比亚课程,指导研究生,出席国际莎学会议并多次在会上宣读论文,与国内外莎士比亚研究机构有广泛联系。

3. 教研辅助机构

3.1 系办公室

1950 年代初,外文系设有教学秘书及行政秘书协助系主任工作。1957 年底,刘宝兰调来外文系任系主任助理,负责系办公室的工作。办公室下设系务员、教务员及工务员,负责本系的总务、财务、文书档案、教材分发、成绩管理、打字印刷及收发和清洁等工作。1960年,刘宝兰提任副系主任兼办公室主任,办公室共4名职工。1970年代增至6名。

3.2 系资料室

外文系资料室最早创建于1950年代中期,当时外文系址在复旦新村。资料室占一室,工作人员仅胡美珍一人。

1958年系资料室迁址校本部500号二楼,扩充为两室,约50~60平方米,藏书近1万册,以英、俄语书刊为主,工作人员3名。

1959年,外文系又迁址校本部200号二楼,资料室进一步扩充,设书库、教师阅览室、学生阅览室,特设莎士比亚专架,藏书约1.5万册,资料室总面积约120~150平方米,订购俄文、英文期刊约数10种,工作人员5名。

1963年,外文系搬至1000号楼,资料室面积扩大至250 m^2左右,设书库、教师阅览室、学生阅览室、期刊室、莎士比亚图书室,订购中外期刊200多种,藏书约5万~6万册,工作人员最多时有12人。该资料室持续使用至1987年邯郸校区文科楼落成。

外文系历来十分重视资料室的建设,林同济、翁义钦、杨岂深、孙骊等教授、系主任均曾先后兼任资料室主任。1980年代后,高健民等教师曾担任过资料室主任的职务,馆员大多为原教师调任。

3.3 系语音实验室

1958年,为了加强英语专业的语音教学,外文系开始建设语音实验室。起初只有从事语音教学的2名教师董蔚君和曹又霖兼顾,1960年调入专职管理人员徐淑群。当时语音设备仅有一架钟声牌的磁带录音机和一架进口的英国产磁带录音机。1960年代几经搬迁,增加了工作人员,添置了设备,到"文革"前夕,语音实验室已初具规模。副系主任孙铢兼任该室负责人。

1970年代恢复招生后,由于专业的增加和学生人数的猛增,电教组一度扩充到17名工作人员,其中4名教师,8名职员,5名工人编制的员工。语音实验室规模扩大,设有录音室、听音室、机房和我校自行设计装备的大型电化教室。负责人为裴粹民,后为杨建成。

附表　本时期外文系电化教学设备情况表

年　代	设　　备
1950年代	盘式钢丝录音机1台、英国产开盘录音机1台、单速单声道电唱机1台、幻灯机1台
1960年代	钟声810型开盘录音机20台、上海牌601型开盘录音机10台、上海牌602型开盘录音机2台、本校自制放音控制台1台、学生整音室1间、录音室1间、磁带复制系统1套、简易幻灯机5台
1970年代	自制24座位语言实验室1套、有线放音系统2套、上海牌601型开盘录音机90台、上海牌602型开盘录音机8台、16毫米电影放映机2套、60座有线听音室1套、30座学生听音室1套、短波收录系统2套、磁带复制系统2套、录音室1间、自制幻灯机10台、海鸥牌DF照相机2台、幻灯片制作系统1套

第九节　研究生教育、非学历教育与专科教育的开展

1. 研究生教育

外文系于1957年开始招收培养研究生。担任指导教师的有英语语言方面的教授葛传槼、徐燕谋,文学方面的教授伍蠡甫、戚叔含、杨岂深等。培养方式主要以导师个别指导、研究生自学为

主。1950—1960年代共招收研究生17名(包括在职生1名),毕业15名。招生来源主要在应届本科毕业生中动员报考,择优录取。1960年代下半期研究生培养中止。

附表 "文革"前外文系所有研究生名录

招生年份	导 师	研 究 方 向	学 生
1957	葛传槼	英语惯用法	周叔彝
1959	葛传槼	英语语法	朱伯良
1959	徐燕谋	实用英语	王炘娀
1960	杨岂深	实用英语	丁德芳
1960	陈华庚	英汉翻译	林秀清
1960	戚叔含	莎士比亚研究	张永忠
1960	伍蠡甫	欧洲文学	粟美娟
1961	葛传槼	英语语法	吕菊林
1961	戚叔含	莎士比亚研究	赵守垠
1962	徐燕谋	英语语言文学	陆谷孙
1962	葛传槼	现代英语	陆国强(本校在职)
1963	戚叔含	莎士比亚研究	周仲安
1963	徐燕谋	现代英语趋势	夏孝川
1963	杨岂深	现代英语趋势	翟象俊
1964	葛传槼	英语语法与词典	黄关福
1964	葛传槼	英语语法与词典	汪榕培
1964	葛传槼	英语语法与词典	陆仁铭

2. 进修生教育

外文系自 1956 年开始,历年接受全国各地高校派来进修的青年教师,根据各人的外语程度分别安排在本科生或研究生班级学习,并为他们安排指导教师。进修年限一般为 1—2 年。每个进修生在指导教师的帮助下制定进修计划,并分别参加相应的教研室活动,与本系教师在学术上相互切磋,相得益彰。进修生通过在本系学习,一般在业务水平和科研能力方面都有显著提高,回原校后成为业务上的骨干,在工作中取得卓越成就,如胡斐佩、孙骊、任绍曾等学生,都成为后来本领域内的著名学者。

外文系除接受较长期来校学习的进修教师外,还曾在暑假中为高等院校的外语教师举办短期进修班,使更多教师得以在不脱产的情况下利用假期前来学习,得到业务上的提高。如 1965 年暑期,外文系受高教部委托,在莫干山举办了"全国英语教学暑期进修班(高级班)",共有学员约 50 名。外文系委派教师刘德中、董亚芬、巫漪云、龙文佩、徐增同等负责该班的教学和组织工作,取得良好的办班效果。

3. 专科教育

外文系除正常的本科生和研究生教育外,在1960—1970年代曾因培养英语师资的特殊需要,举办过几期专科性质的师资训练班。主要有以下几期:

(1) 援外师资培训班。1963年,国家教育部为了支援亚非拉各国发展教育事业,从应届高校毕业生中选调部分文理各类专业的毕业生,派往指定的高校学习外语,待其学成后,派往有关国家用外语讲授专业课程。教育部指定复旦外文系承担数学专业的毕业生学习英语的任务,为此举办师资培训班。此类培训班共办了两届,1963年第一届学员12人,1964年第二届学员14人。计划学习2~3年。学员来自全国各高等师范院校和综合性大学,都是数学专业的本科毕业生,政治思想素质优良,学习刻苦努力,生活艰苦朴素,在外文系起到了模范班级的作用。为办好这两届援外师资培训班,外文系投入了很强的师资力量,曾任课的教师有林同济、陈韵娟、巫漪云、陆国强、任孟昭、魏元良、翟象俊、黄绍勋等。学习的课程除政治理论课外主要是英语,在英语教学中又根据培养目标的要求强调听说能力的培养。1966年"文革"开始,打破了这两届师训班的原订计划。1967年,高教部将大部分学员安排到各高校工作,以备需要时抽调援外,小部分学员根据当时交通部的需要,被分配到外轮公司担任涉外工作。这两届师训班学员曾有不少人赴亚非拉第三世界各国担任过援外师资的工作。据反映,复旦外文系出去的师资外语水平较强,证明师训班的教学是富有成效的。学员中有不少人在各自的工作岗位上担负着重要职务,例如第一届师训班党支部书记伍富良曾任解放军广州通信学院基础教研室主任,第二届学员于富增曾任国家教委对外联络司司长,张启峰曾任国家教委对外联络司欧洲处处长。

（2）上海市英语师资培训班

1964年，根据上海市委教委办主任杨西光同志（当时兼任复旦大学党委书记）与邹剑秋副校长商议决定，外文系举办一期英语师资培训班，以解决上海市重点中学英语师资严重缺乏的问题。该班招收学员40名，由市教委办拨给招生名额，其中20名为市教育局培训，另20名留给复旦。生源来自1964年度全国高考统考中本科落选的考生，经甄选并加试外语口试后择优录取。该班原订计划学习3～4年，要求达到外文系本科毕业生的水平。课程设置基本上与本科生相同。外文系党总支为该班配备了专职政治指导员杨建成，对该班的业务学习也抓得很紧，免除了本科生正规班级遵照高教部指示必须参加的农村社教运动等活动。曾任课的教师有庄和玲、胡润松、丁兆敏、谢珏、董亚芬、李荫华、张瑜英、任孟昭等。1966年"文革"开始后，该班被诬为非法举办的"黑班"。1968年7月，全部学员被分配离校，基本上分配在市、县各中学任教。

（3）本校公共英语教师培训班

1965年春，由于本校公共英语教学任务不断增加，师资严重短缺，经高教部同意，外文系在本校文理科各系二、三年级学生中（个别系选自一年级）选拔了14名英语成绩优良、本人又自愿转系的学生转入外文系。该班被称为公共英语教师培训班。该班计划学习2年，以本科资格毕业，毕业后全部分配高校任公共英语教师。由于"文革"开始，该班原订学习计划中止。1967年全班学员分配离校。该班在第一年学习期间曾作为外文系英语教学法改革的试点班，由副系主任龙文佩负责试行听说领先的教学方法，取得成效。该班任课教师有任治稷、陆谷孙、杨永荟、王炘娥等。

该班学员后来在各种工作岗位上多为骨干，有的担负着重要领导职务，包括上海市宝山区前区委书记包信宝、上海师范大学基础英语教学部前主任周忠杰等。

(4) 干校外语培训班

1972年,上海市委决定在复旦、上外、华师大三校举办外语培训班,培养一批"无产阶级的外事干部"。考虑到外语学习最好年龄小的特点,决定学员直接从应届中学毕业生中选拔,又考虑中学生未经过劳动锻炼,为培养学员的工农思想感情,决定把班办到农村五七干校,要求学员一半时间劳动,一半时间学习外语,学制3年(1975年"市革会"决定改为四年)。

遵照市委的决定,复旦在崇明的五七干校内开办了外语培训班。该班在干校党总支的领导下由方宗坚、周振汉、袁晚禾组成培训班的领导小组负责具体工作。第一届学员来自本市卢湾、黄浦、杨浦三区及崇明、川沙、南汇三县的重点中学。由中学推荐与复旦派人审核面试相结合,在每个中学选拔1名,共200名。200名学员分为6个小班,其中英语4个班,德语1个班,日语1个班。每班配备1名政治指导员,如一班为政治课教师李冰(女),二班为校机关干部潘宝根,三班由袁晚禾兼,四班为物理系教师方小敏,五班为物理二系教师侯惠奇,六班为历史系教师张瑞德。指导员负责各班学员的政治思想工作和劳动安排。外语学习各小班分为2组进行,教师由外文系分赴五七干校劳动锻炼的教师兼任,如第一届任课的英语教师有丰华瞻、吴经训、胡润松、陈雄尚、华钟尧、胡忠茂、任孟昭等,还有日语教师仰文渊、德语教师米尚志等。

干校外语培训班共招收3届学员。1973年第二届200名学员,分英语3个班、日语1个班、法语1个班、俄语1个班,共6个班。1974年第三届200名学员,分英语4个班、日语1个班、法语1个班。自1973年开始,调来专职政治指导员曹士勋、谭德忠、张仁金、浦虹、刘新康、张金芳、陆增国等。

1976年"文革"结束,干校外语培训班的学员回校本部学习。3届学员学习期满后相继分配工作离校。毕业生中有不少学员以后又报考高校研究生继续深造。部分留校工作的毕业生也都得到派赴国内外进修的机会,业务上得到进一步提高,成为教学工作中的骨干。外文系后来的多位优秀教师,如余建中、夏正标、蔡槐鑫、劳锦德、孙建等,都是干校外语培训班的毕业生。

第十节　组织领导

中华人民共和国成立初期,复旦大学校务委员会为全校最高领导,各系则相应成立系务委员会领导全系工作。

1949年9月21日,外国语文系系务委员会成立大会召开。出席者有全增嘏、伍蠡甫、余楠秋、朱复、杨岂深、孙大雨、李健吾、章益、何孟范、胡寄南、索天章、李振麟、程雨民等27名全系教授、讲师和助教。主席为全增嘏,记录为程雨民。这次大会宣告了中华人民共和国成立后复旦外文系第一届领导机构——系务委员会的成立,讨论通过了《外国语文系系务委员会组织规程》。这一份有关外文系组织领导的第一个文件规定:系务委员会全体大会由本系全体教授、讲师、助教及5名同学代表组成,以系主任为主席;大会闭幕期间设常务委员会处理经常系务工作。常委会由教授代表4人、讲助代表1人、同学代表5人(英文组各年级1人,德文组1人)组成,系主任为当然成员;常委任期1年,连选得连任。《规程》并规定系务委员会全体大会的任务为:商讨本系课程设置、教材选用及教学方法等事项;商讨本系编制预算原则;商讨关于本系人事原则;其他事项。常务委员会的任务为:协助推动大会决议;协助处理本系临时发生的事项;其他。全体大会每学期召开1—2次,必要时得由主席或三分之一以上委员提议临时召开;常务委员会每半月举行1次,遇有急事得由主席或常委建议临时召集。

第一次全体大会产生了第一届常务委员会,由系主任全增嘏及孙贵堡、杨岂深、孙大雨、伍蠡甫共5人为教授代表,夏照滨为讲助代表,林祥铭、郗如格、王沛雯、陈景喜为学生代表,并请程雨民任常委会书记列席会议。

1950年7月,系主任全增嘏辞职,由孙大雨继任外文系主任。

1952年9月,复旦行政领导体制改为校长制。校长任命各系系主任。1952年12月,校长任命杨岂深为外文系代理主任。系主任领导全系工作,设系教学秘书协助系主任处理教务工作,系行政秘书协助系主任处理日常行政事务。系主任领导下建立系工作会议制度,由系主任、系教学秘书、系各教学组织负责人及干事(后称秘书)、教师代表、学生代表组成。系工作会议(1960年代改称系务会议)讨论并决定本系和各教学组织的工作计划和总结报告;研究并讨论教学方法、学生学习中的问题,综合各教学组织的工作经验;检查各教学组织工作计划的执行情况。系工作会议每两周召开一次。

1960年,杨岂深正式提任为外文系系主任。同年,学校为提拔新生力量,加强各系的领导班子,在各系任命了一批青年教师担任副系主任的职务。任命袁晚禾、孙铢、刘宝兰3人为外文系副主任,协助系主任开展工作:由袁晚禾分管全系日常教学行政工作及公共外语,孙铢分管英语专业教学,刘宝兰分管师资人事并兼办公室主任。

自1950年复旦大学中国共产党组织宣布公开活动以后,确立了党对学校工作的领导。1952年复旦大学党委成立。外文系于1953年建立党支部,共有4名党员,陆庆壬任外文系支部书记。1955年建立外文系党总支,谢受康任党总支书记。1956年,党委调原外文系毕业的干部郝孚逸继任外文系党总支书记,嵇书佩任党总支副书记,加强了党对全系工作的领导,党的领导深入教学科研各个方面。党委和党总支的意见通过教师党支部以及担任行政各级领导职务的党员层层贯彻。党总支书记在必要时出席系务会议指导工作。1957年反右斗争前后,为了加强学生的政治思想工作,在学生各年级建立了党支部,支部书记或由学生党员半脱产担任(如1961届徐磊),或由党总支派党员骨干教师担任年级政治辅导员兼党支部书记(如派袁晚禾担任1960届政治辅导员,孙铢担任1962届政治辅导员)。

以上系行政和党的领导体制一直延续到1966年"文化大革命"开始。其间除人员职务有变动外,各组织机构及其职能基本稳定。

1978年上半年,学校恢复校长、系主任的行政领导体制,并对各系领导班子进行全面调整。外文系杨岂深再任系主任,袁晚禾、孙铢、龙文佩、程雨民任副系主任。

第十一节 "文革"十年的挫折与教师的艰辛努力

早在"文革"爆发之前的1957年,声势浩大的"反右"运动已使部分无辜师生遭到不公正的对待,孙大雨、余日宣、林疑今等多位外文教师被划为右派,更有部分教师因此被捕,遭受数年至数十年不等的牢狱之灾,外文教学受到严重影响。同年年末,由于"教育必须与生产劳动相结合"教育方针的提出,学生需要进行大量重体力劳动,难以进行正常学习。

1966年"文革"开始,我国外语教育遭到了严重干扰,这一时期的外文系被改名为外语系(外国语言系),明确只要外国语言,否定外国文学。

"文革"期间,复旦外文系的许多老师因为翻译过外国文学,被认定为修正主义分子,成为革命的对象,饱受折磨。"文革"期间,外文系受到严重冲击。1966年6月,外文系造反派首先将矛头指向党总支的所谓"资反路线"和当时的总支书记袁晚禾。不久党总支陷于瘫痪。

1966年年底,造反派夺取了全校和各系的党政领导大权。外文系党总支副书记吴敬澄被迫害致死。1967年军宣队进校,外文系成立领导全系运动的"勤务组"。负责人为1968届学生袁瑾,成员有教师胡忠茂、米尚志、林相荣,学生许伟明、徐福根等。"勤务组"在军宣队员郑玉龙的领导下进行工作。1968年初,"勤务组"上升为"革委会",主要成员基本不变。1968年8月,在"工人阶级领导一切"的口号下,工宣队进驻学校。由苗丰鑫、陈财带队的国棉十六厂的工人30余人进驻外文系。

1970年,全校党组织在整党后恢复活动,外文系建立党支部,工宣队员苗丰鑫任支部书记,军宣队员郑玉龙任支部副书记。

1970年年底,恢复建立党总支。苗丰鑫担任外文党总支书记兼系革委会主任。总支副书记为军宣队员郑玉龙及原外文系干部张运藩;系革委会副主任为陈财及张运藩。系革委会[①]下设政宣组和教革组。政宣组负责全系的政治学习和宣传阵地,教革组负责全系的教育革命和日常的教学行政工作。事实上,这些年间全系的一切工作,包括外语教学的内容和方法,都由工宣队领导。工宣队队员深入组室,起到领导和监督作用。1970年恢复招生后,在工农兵学员"上、管、改"(上大学、管大学、改造大学)的口号下,广大教师也成了被管、被改的对象。

1976年10月,"四人帮"被粉碎,"文革"结束。

1977年年底,工、军宣队全部撤离学校。

十年浩劫对外文系是一场严重的灾难。外文系被定罪为封资

---

① 参见《复旦大学组织变动情况》。

修的大染缸,老教师被打成牛鬼蛇神,无一例外;中青年业务骨干被批判为"白专"典型,系领导被定性为包庇牛鬼蛇神的大黑伞、走资本主义道路的当权派。复旦大学"造反派"批斗10名教授,戚叔含被包含在内;葛传槼、陆谷孙被"发配"去编《新英汉词典》;杨岂深教授被大字报攻击独霸订书大权与垄断新书;外文系演剧传统被迫中断。在纷繁复杂的政治运动中,余楠秋、刘德中、杨必等备受学生尊敬的外文师长相继含冤去世,动辄得咎的恐惧长期笼罩在师生心头,外文系的教学科研也陷入瘫痪,被各种政治运动取代,外语教育也被引向要学"中国式外语"的歧途。外文系所有学生暂时中断在校学业,到乡下当知青劳动,教师们也跟随学生一起上山下乡劳动。此外,俄语、德语专业也遭遇了发展史中的"冷宫"期。俄语学科停止招生,德语教学也处于停顿状态,直到1970年代重新开始俄语专业和德语专业的招生,教学工作才逐步恢复。

  但正如前述,外文系在1970年代我国外交关系大发展的形势推动下也有了新的发展:新建了日语专业、法语专业和西班牙语专业。此外,"文革"时期亦催生了"工农兵学员"这一特殊的时代产物。1970年5月,北大、清华两所大学向中共中央提交了招生的请示报告,中央予以批转,同意两校试点招生。一声令下,群起响应。各地开始按照上级分配的学校入学名额,对那些政治思想好、身体健康,具有初中及以上文化程度的工人、农民、解放军战士进行初步推荐,上报当地县乡"革命委员会"批准,学校对其审查复核后,即可上大学。后根据沪委办(72)第99号文件精神,包括复旦大学在内的上海3所高校从1972年起在凤阳等地开设五七干校外语培训班,每所高校招收学生200名,教授的语言包括德语、日语等。学生边学外语,边参加劳动,学制4年。外语培训班共举办3届,至1977年下半年中国恢复高考制度,第二、第三届外语培训班学员先后返回上海继续学业,共计培养了700余名外语工农兵学员,为教师队伍增加了大批新生力量。

不仅如此,"文革"期间,教师们依然不断努力进行学术研究,部分教师在被剥夺了上讲台的教学权利后,群策群力编出了饮誉中外的《新英汉词典》(1975年初版);德语教师集体翻译的《宇宙之谜》(1974年出版)曾受到毛泽东主席的批阅,专印成大字本,当时的中央政治局委员人手一册。"文革"结束后,外文系师生也没有片刻耽搁,又都投身于原先被迫中断的教研学工作中,推动外文系走向新生。

第十二节 师资概况

"文化大革命"开始之前,外文系就有一批经验丰富的教授和学者担任教学工作,其中不少是享誉学界、泽被后世的著名教授,在外语教学与外国语言文学研究领域留下了让后世享用不尽的宝贵学术财富。他们与外文系后来的一批批新进教师薪火相传,培养了一代又一代熟练掌握外语、心怀家国责任、驰骋外交外贸等领域的杰出人才,让青春热血与知识创新在为国奉献的宏丽事业中交相辉映。

这一时期,外文系每年留校或调入的新教师经常是全校各系中数量最大的。因此,青年教师的比例大、师资队伍的更新快是外文系师资的特点。自1952至1978年以来,外文系一贯十分重视对青年教师的培养工作,师资培养的途径主要分为以下几种:

(1) 青老挂钩,在教学科研工作中边干边进修。在20世纪五六十年代,这是师资培养的主要途径。外文系的教师一般教学任务都十分繁重,公共外语和本科低年级精读课的教师每周授课约12学时。系和教研室领导安排老教师深入协助青年教师修改教材,讨论教案,帮助解决教学中的具体难题,使青年教师的进修与教学科研结合在一起,通过工作实践在业务上得到提高。

(2) 重点突出,培养骨干教师。1958年开始,根据校领导的计划,在全面安排的基础上重点培养一批骨干教师。例如,1959年外文系明确9名青年教师为重点培养的对象,要求订出具体进修计划,定期检查。当时的重点培养对象有陆国强、孙铢、巫漪云、夏仲翼、龙文佩、翁义钦等人。在以后外文系的教学科研工作中都发挥了很大作用,并先后均晋升为教授。

(3) 安排中老年教师为青年教师开设进修课程。自1950年代至1970年代末,不同时期都有本系的中老年教师或外校教授、外籍专家为外文系的青年教师进修开设各种不同类型的课程。例如,1950年代有苏联专家(复旦大学校长顾问)柯西切夫的夫人为俄语教师开设俄语课,有美国友人耿丽淑女士和谈宁邦先生为英语教师开设英语讲座;1960年代初有本系教授林同济为研究生和青年教师开设的"英国戏剧",杨必开设的"英国小说",徐燕谋开设的"英国散文",杨岂深开设的"英国诗歌",戚叔含开设的"莎士比亚";1970年代末有伍蠡甫开设的"西方文学批评",杨烈为全系青年教师开的"世界文学",陈韵娟、陆谷孙为英语青年教师开的英语选读课,程雨民、朱翠英为俄语青年教师开的俄语选读课以及改革开放以后聘请来外文系工作的各语种外籍教师都曾为青年教师开设外语提高班和各类文化课程。这些进修课为外文系青年教师在不脱产的情况下得以提高业务水平起了很大的作用。

(4) 选送青年教师赴外校进修或学习新的学科专业。在1950年代和1960年代,外文系为建设新专业、新课程,曾陆续派出青年教师去外校学习。例如,1950年代初派程雨民去北京外语学院学习俄语,1954年派袁晚禾去北京大学研究生班学习俄罗斯文学史,1959年派夏仲翼去北京外语学院进修俄语,1962年派龙文佩去南京大学进修英国文学史,1964年派范立勇、徐和瑾去上海外语学院学习法语,派王延平去学习日语,派经少英去北京外语学院学习世界语,等等。这些教师回系后,均成为新专业、新课程建设的骨干力量。

另一方面,外文系在校党委的领导下,充分利用教师力量较强的优势,在不同时期为社会服务作出了应有的贡献:

1950年代末,为适应社会需要,外文系与上海人民广播电台创办了英语广播教学。英语教研室选派董蔚君、孙嘉谟、董亚芬等教师编写教材和播音,在上海有一定的影响。

1960年代上半期,外国文学教研室应上海人民广播电台、上海图书馆、青年文化宫等单位邀请,曾派出教师袁晚禾、翁义钦、张秉真、张介眉、赵守垠、任孟昭等举行普及性的欧洲文学及苏联文学系列讲座。

1970年代初,由于国际形势的发展,中日两国交往日益增多,社会对日语需要迫切。为此,外文系于1972年与上海人民广播电台合作,首次在国内创办日语广播教学。日语教研室先后派出教师郭华江、郭昭烈、王延平、张丽华、项杏林、王建康、徐祖琼、邱银娥、苏德昌等担任主讲,先后由石国权、仰文渊、郭华江、郭昭烈、苏德昌、王延平、项杏林、徐祖琼、邱银娥等编写日语广播教材,以及回答学员的质疑和各种问题。广播教学一直延续到1988年(此后由日语教研室的个别教师采用日本教材,继续广播教学)。上海的日语广播在国内外均有很大影响并受到好评。日语广播教材和录音也为一些省市所采用。

"文革"期间,大批知识青年上山下乡。当时由于"反修"的需要,复旦外文系与华东师大外语系合作,为扎根黑龙江的知青开展俄语函授教学。俄语教研室于1974—1976年选派教师盛曾安、曹素华先后赴黑龙江黑河地区巡回辅导,同时派出牟惠萍、刘松筠参加编写俄语函授教材。他们为参加学习的知青提高俄语和安心扎根边疆做了一定的工作。

"文革"结束后,党的工作重点转向发展经济。我国特大型企业宝山钢铁总厂在上海筹建,主要设备将从日本引进。1978年外文系为宝钢开设了3个日语培训班,学员100人,学制一年,培养工程技术安装的现场翻译。日语教研室选派王延平、仰文渊、徐祖琼、吴俗夫等教师编选教材和授课。学员结业后能胜任工作,获得了厂方的好评。

同时,外文系的教师队伍在改革开放前的历次政治运动中,特别是在"文化大革命"中,也经受了严峻的考验与锻炼。

1950年至1953年,在轰轰烈烈的抗美援朝运动中,外文系教师接受了一次深刻的爱国主义教育,批判了"洋奴"思想,消除了"崇美""恐美"思想,人人积极投身宣传工作,并纷纷捐款购置飞机大炮支援前方。外文系教师孙铢、吴经训于1953年先后奉调参加朝鲜板门店停战谈判,任翻译工作。学生武稚鸿、白芝明(俄文组)投笔从戎,奔赴军事干校。

1951年下半年,外文系师生百余人响应号召参加全国农村土地改革运动,与苏北农村工作团干部配合组成土改工作队奔赴皖北五河县、灵璧县等地,进行了两期土改工作。外文系教授伍蠡甫、全增嘏、杨烈、杨岂深、李振麟等与全系学生一起深入农村,参加了全国范围内最后一批乡村的土地改革运动。

1952年,复旦大学在教师中进行了一场思想改造运动。校党委派干部徐在彬深入外文系负责,引导教师以自我教育、相互帮助,开展批评与自我批评的方式批判资产阶级世界观,要求教师树立马列主义世界观和为人民服务的人生观。

1955年肃反运动,外文系教师林同济受到立案审查。

1956年在公私合营社会主义改造高潮中,俄文组教师郭重梅因将自己名下家传的股票上缴团组织受表扬为优秀团员。

1957年反右斗争开始,外文系教师孙大雨被指攻击大批党员干部和党的工作,遭全国范围的点名批判,被定为右派分子。随后,在反右斗争扩大化的影响下,外文系教师中相继有潘世兹、余日宣、林同济、林疑今、西门宗华、杨烈、吴辛安、黄冠群、黄有斐、马士刚等11人被定为"右派"分子。这些教师个人在政治上、业务上都遭受到不公平的对待,受到严重伤害,外文系的工作也因这场冲击而受到极"左"思潮的损害,师资队伍遭到很大削弱。

反右斗争以后,强调知识分子走与工农相结合的道路。教师开始参加工农业生产劳动。1957年底,外文系派出第一批教师赴宝山县葑溪乡参加为期一年的劳动锻炼。参加的教师有严源、张介眉、夏仲翼、周叔彝、谢延光、容再光等11人,包括1957年毕业留系任教的全部青年教师,由党员教师严源负责领队。1960年,第二批下放到罗店公社陆家村生产队参加为期半年的劳动锻炼。参加的教职员有袁晚禾、程雨民、曹又霖、孙嘉谟、周惠麟、蒋鼎国、谢纪青、俞爱珍、朱翠英9人,由袁晚禾领队。自1958年开始,每年三夏、三秋农忙季节,教师均随同学生一起下乡参加农业劳动。教师个人的进修计划中都规定每年一个月参加工农业生产劳动。这一措施持续到"文革"开始。

1964年至1966年,全国范围开展农村社会主义教育运动。1964年,外文系部分教师参加宝山县的"小四清"工作队。1965年,外文系大部分中青年教师及全系本科学生赴上海县龙华公社参加社教工作队,由总支书记袁晚禾、副书记吴敬澄、总支委员王沂清、张秉真、吴经训以及学生指导员牟惠萍、裴粹民、杨洪兰等带领200余名师生分布在7个生产队开展社教"四清"运动。在此期间,教学停顿,直至1966年7月,社教工作队解散,全体师生返校投入"文化大革命"。

"文革"期间,极"左"思潮泛滥,知识分子工农化的方针被引向极端。外文系的教师因出身、经历和所从事的专业外国语言文学等特点而遭受严重冲击。在"清队"中成立专案组受审查的教师有30余人,其中受隔离审查和办"学习班"的有任孟昭、董亚芬、陈梅贞、谢纪青、黄有斐、周惠麟、钟桂芬、周叔彝、程雨民、严源、王沂清、袁晚禾、郭兆琦、任治稷、陆谷孙、孙嘉谟、王慧玲、马士刚、周邦新等。老教师伍蠡甫、戚叔含、黄有恒等遭游斗。在"文革"中因遭批斗或受审查而致自杀死亡的有6人之多,包括总支副书记吴敬澄、教师余楠秋(及妻子)、刘德中(及妻子)、杨必、樊英、张儒秀。外文系是全校的重灾区。

1969年11月,外文系全体教师,包括老弱病残者,奉令"战备疏散"到宝山县罗店公社参加劳动,历时3个多月。

1971年2月,外文系全部中青年教师随同第一届工农兵学员进行徒步拉练军训,自学校出发,途径江苏、浙江、安徽、上海三省一市,行程千里,历时37天。1970年起,教师分批轮流下放"五七干校"劳动锻炼(1970—1972年在奉贤县,1972—1976年在崇明县),每期为时半年或一年,部分教师曾二下干校。

"文革"中,外文系的教师大部分被认为不可信任。一些教师被认为"资产阶级思想严重",不能上讲台教育学生,因此被剥夺了执教的权利。在极"左"路线统治下,广大教师惶惶不可终日,专业才能和积极性都受到极大的压抑。

1976年10月,"四人帮"被粉碎,"文革"结束。外文系的教师在精神压抑下重获解放。冤、假、错案得以平反。十一届三中全会以后,改革开放的形势更使外文教师有了用武之地。外文系的师资队伍经过1980年代初的调整,提高了素质,结构亦渐趋合理,由此保证了外文系教学与科研工作自1980年代至今所取得的有目共睹的成就。

以下为本时期名师一览：

余日宣（1890—1958） 男，湖北蒲圻人，政治学家、历史学家、外文系英语语言文学教授。历任武昌文华大学教授、南开大学教务长、清华学校政治学系主任等职，曾任沪江大学政治与历史系主任、文学院院长、教务长。1951年加入九三学社。1911年毕业于武昌文华大学。1917年获美国普林斯顿大学政治学硕士学位。

1917—1918年留美期间任《中国留美学生月报》第十三卷总编辑。曾任沪江大学政治系主任、文学院院长、校务委员会主任委员、行政委员会主席。长期从事西洋近代史、英文演说学的教学研究。主要著作有《基督徒与集权国家》。

陈杰民（1895—?） 男，曾用名骏声、宇诸，吉林永吉人，俄语语言文学副教授。1914年毕业于北京国立俄文专修馆。1915—1917年就读于苏联托木斯克电技专科学校。1949年10月前曾在哈尔滨中东铁路局、上海第二特区高等法院任俄文翻译。中华人民共和国成立后在华东人民革命大学附设俄文学校任教。1950年调入复旦大学外文系俄语教研室，从事教学与研究工作。

戚叔含（1898—1978） 男，浙江上虞人，外文系英语语言文学教授。青年时代参加过爱国学生运动，1956年加入中国农工民主党，曾任上海市政协第三、四、五届委员。

戚叔含教授毕业于东南大学。1923—1926年在美国斯坦福大学求学，先后获学士学位、硕士学位。1926年回国,翌年起先后在大夏大学、安徽大学、浙江大学、暨南大学、浙江师范学院等校外文系任教,并且兼任大夏大学外文系主任、安徽大学外文系主任、浙江大学外文系主任、暨南大学文学院院长兼外文系主任等职务。1953年起,任复旦大学外文系教授。

戚叔含教授回国后,一直从事高等学校教育工作。曾为学生开设普通英语、文学史、文艺学、文艺批评、诗论、戏剧选、希腊悲剧、诗歌选、莎士比亚等课程,指导研究生,为培养外国语言文学人才作出了有益的贡献。戚叔含教授还积极开展科学研究工作,解放前曾与他人合编《初中英语读本》等;解放后,他结合教学工作,认真进行有关莎士比亚的研究,常为学生作关于莎士比亚创作的学术报告,并在报刊上发表了"莎士比亚悲剧人物个性塑造和他的现实主义""莎士比亚最早的两首故事诗"等论文。"文革"结束后,他不顾年迈体衰,从病休期间的居住地杭州返回学校,继续开展科研工作。每天阅读书籍,整理资料,在很短的时间里整理了不少关于莎士比亚创作的评论资料。逝世前数月,他离沪赴杭度暑假时,还随身携带参考书和研究资料,以便利用假期继续整理研究心得。临终前几天,他还念念不忘有关资料、研究心得的整理工作,表现出他对学术工作的一片热忱。他的一些研究成果在他逝世后被整理、发表。

黄有恒(1901—1981) 男,别名黄国佐、黄思明、黄文治、黄平,湖北汉口人,外文系俄语语言文学教授。1918年从上海沪江大学附中毕业后,任职北京《英文导报》英文翻译。1920年转至苏联塔斯社远东通讯社,1923年赴苏留学,1924年从莫斯科东方共产主义劳动大学毕业,随后参与和领导多项革命活动。1934年后在上海、苏州等地,以教英语、翻译书籍为业。1949年,被安排到复旦大学外语系俄语教研室担任教授。1962年,应邀到广州撰写回忆录。"文化大革命"中遭到冲击,后被中央接到北京进行保护性隔离。1975年返回复旦大学工作,1981年因病逝世。著有《殖民地与半殖民地的职工运动及其当前任务》,译有《政治经济学》等。

樊英(1904—1968) 女,曾用名警吾,浙江镇海人,俄语语言文学教授。1926年毕业于上海大学社会学专业。1930年毕业于苏联中山大学政治经济学专业。曾在中华女子职业中学任教,在读书生活社、时代出版社、苏联对外文化协会任翻译。1949年10月后历任沪江商学院教员、复旦大学外文系俄语教研室主任。译有《苏联知识分子》《苏联妇女》《资本主义国家的经济地理》等,著有《苏联妇女与儿童》。

西门宗华(1905—1984) 男,上海松江县人,翻译家,曾任驻苏联大使馆官员、俄国语言文学教授。1916年考入上海龙门书院(后改称江苏省立第二师范),思想进步,倾向革命,后被选送到莫斯科中山大学学习,在那里加入共产主义青年团,并任莫斯科中山大学团委宣传部部长。他致力于中苏文化交流工作,曾在南京创办《中国与苏俄》杂志,是我国早期介绍苏联社会主义革命和建设的主要刊物。

1949年10月前,西门宗华先后在重庆和南京担任中苏文化协会常务理事兼编译委员会主任委员,编撰、出版了许多有关苏联政治、经济、历史等方面的专著,如《苏联(上、下册)》《俄国革命史概论》《苏联建国史》《苏联经济发展》等,并在报刊上发表不少介绍苏联的文章。第二次世界大战期间,在重庆主要报刊上所发表的

关于苏联政治、军事和卫国战争的评论文章,曾经产生过广泛影响,被称为研究苏联问题的专家。1949年10月后入职复旦大学外文系。

1957年被错划为"右派"。之后,又被戴上"反革命"帽子,判处3年管制。"文革"中更遭受迫害,身陷囹圄。1979年得到彻底平反,恢复工作。不顾年迈多病,常为复旦大学、世界经济研究所和有关单位校审书稿。主要译作包括《论儿童新教育》《列宁夫人的一生及其教育事业》《俄国伟大思想家别林斯基论教育》《苏联社会主义的建成》等。

林同济(1906—1980) 男,福建福州人,笔名耕青、独及、望沧,著名莎士比亚学者。1926年毕业于清华学校。1926至1928年在美国密歇根大学学习政治、历史、哲学,获学士学位。1928年入威斯康星大学研究院,学习研究班的政治、历史、哲学课程。同年至1934年在加利福尼亚大学研究院攻读政治、历史、哲学课程,先后获政治学硕士学位、博士学位。在此期间,他还兼任加利福尼亚大学东方语文系助教、密勒大学历史讲师职务。回国后任南开大学政治系、云南大学政经系、复旦大学政治系教授,兼任云南大学文法院院长、政经系主任等职。1945年应邀赴美,在密勒大学、密歇根大学、斯坦福大学等校讲学。1952年起,任复旦大学外文系教授。

林同济教授1950年代曾被错划为"右派","文革"期间又遭受迫害。粉碎"四人帮"以后,他积极投身祖国的建设事业,并为中西文化交流做了有益的工作。他长期从事高等学校教育工作,曾为学生开设中国文化史、中国边疆史、政治学概论、中国政治思想史、西洋政治思想史、文学史、英国戏剧、莎士比亚等课程,为培养文化史、思想史、外国语言文学人才作出了有益的贡献。林同济教授还积极开展科学研究工作,曾致力于中西文化、思想、历史的研究,并于1931年和1945年分别出版《日本对东三省的铁路侵略》《形态历史观》等著作。他还悉心研究莎士比亚的创作,并且认真探讨莎剧翻译问题。1950年代后期开始,他的研究集中在莎士比亚的校勘方面。他曾提出以散韵办法处理莎士比亚戏剧素韵体的主张,认为莎剧汉译既应忠实于原作,又要富于中国气派,并把这二者融为一体。他所译的《丹麦王子哈姆雷的悲剧》,于1982年由中国戏剧出版社出版。1980年8月他赴英国出席第19届国际莎士比亚学会并作报告。同年10月他前往美国为复旦大学收集有关的资料、筹建复旦大学莎士比亚图书室。他还在加利福尼亚大学艺术、文学委员会和各学术研究机构作题为"莎士比亚在中国"的讲演,很受欢迎。

徐燕谋(1906—1986) 男,江苏昆山人,名承谟,以字行。1924年毕业于苏州桃坞中学;1924至1925年求学于上海圣约翰大学,后转入光华大学,1929年毕业。求学期间,潜心磨砺,成绩卓著。同校不同级的"同学如弟"钱锺书称徐燕谋"冠冕侪辈",自觉"仰之弥高"。1930年起,先后在无锡中学、光华大学附中、湖南国立师范学院、光华大学、华东师范大学  和复旦大学执教。1945年提升为教授。在复旦大学执教期间担任过教研室主任和工会部门委员会主席。1952年加入中国民主同盟。1974年退休。

徐燕谋长期从事英国语言文学的教学和研究,编著英国散文精选多种。1950年代,在多年从事大学英语专业高年级精读课的基础上,受命主编国家统一教材《高等学校英语专业四年级英语(7—8册)》。徐燕谋主编的这部教材,选文精当,注释详尽,旁征博引,探赜索隐,钩深致远,兼具学术性、知识性、实用性和趣味性,深受欢迎。

徐燕谋除担任本科高年级英语精读课教学外,还为英国语言文学专业的研究生开设必修课"英国散文",精选各历史时期英国散文大家的名篇范文,理解和欣赏于一体,透彻讲解,尤注重与我国随笔、札记等散文章法的比较研究,被认为是交融了语言课和文学课内容的精彩课程,除研究生外,青年教师亦纷纷踊跃旁听。徐燕谋对教学工作极端负责,十数年如一日,几乎总是先于学生从市区远道赶至课堂,即使前一天通宵失眠,亦不例外;徐燕谋讲课生动活泼,课堂气氛热烈,师生应答交流,欢声笑语不断;徐燕谋批改作业一丝不苟,针对学生各自的修辞个性,或力戒藻绘,或鼓励恣肆,从微观与宏观的结合上,逐人逐篇讲评,使受业学生终生得益。徐燕谋工诗词,作品无计。徐诗意境或伟岸奇崛,或婉约深沉,亦庄亦谐,各有韵致,其中缅怀丧于"十年浩劫"故旧的深情作品尤为感人。徐燕谋逝世后,由家属搜辑遗诗一部,自费印成《徐燕谋诗钞》,由钱锺书作序,分赠诸亲好友留念。今日的青年偶借得一册,便争相传阅甚至传抄,爱不释手。

徐燕谋有诗云:好向渊明学率真。徐一生淡泊自居,不求闻达。

徐燕谋门生曾有诗悼恩师:

> 留得孤危劫后身
> 旧游多半委沙尘
> 相怜唯有楼头月
> 磊落光明永照人

葛传椝(1906—1992) 男,上海市嘉定县人,外文系英国语言文学教授。1956年加入中国民主同盟。1949年10月前曾任商务印书馆编译所英文部编辑、世界书局编辑所英文部编辑、竞文书局总编辑、《竞文英文杂志》主编、大同大学文学院和商学院英语教授。中华人民共和国成立之初曾任大同大学文学系主任和英语教授、华东师范大学外文系英语教授。
1954年秋始任复旦大学外文系英语教授,曾兼任系工会主席,1986年退休。生前享受国家级有特殊贡献的老专家待遇。

葛传椝从未上过大学,甚至连中学也未学完,论学历只是"私塾、初小、高小、中学二年级上学期"而已,但对于葛先生来说,"学历"结束了,学习却永无止境,"学历"的终止并不意味着学习的终止。葛先生从1917年秋季进入嘉定县立高等小学一年级开始学习英语。1920年秋季,葛先生升入位于太仓县的江苏省立第四中学一年级,继续学习英语,但读完二年级上学期后便辍学,考取了交通部当时在上海办的电报传习所,一年后被派到崇明无线电台工作。从此,葛传椝出于对英语的爱好,开始自学英语。凭着对英语知识的执著追求,他一生中不断地自学,刻苦地钻研,蜗居斗室,兢兢业业,终于自学成材,成了英语语法词汇方面尤其是现代英语惯用法研究的权威和英汉辞书编纂的泰斗。

葛传椝从1941年秋起在上海大同大学文学院和商学院担任英语教学工作,到1986年在复旦大学外文系退休为止,从教45载,其间培养了大批优秀的本科生和研究生。作为我国英语界的先驱之一,葛传椝先生几十年如一日,致力于高校的英语教学和英汉词典编纂事业,为党和人民做了不少有益的工作。

葛传椝1949年10月前的主要著作有《葛传椝文集》（共三册）、《致友人书》和《英文用法大字典》等，另有大量文章在商务印书馆出版的《英文杂志》和《英语周刊》，中华书局出版的《中华英文周报》以及英国出版的 Pal 等杂志上发表。1949年10月之后的主要著作有《向学习英语者讲话》《英语惯用法词典》《英语写作》《新英汉词典》，另有许多文章散见于复旦大学外文系的《现代英语研究》、上海外国语学院的《外国语》、北京外国语学院的《英语学习》、商务印书馆的《英语世界》等国内刊物上。

冒效鲁（1909—1988） 男，江苏如皋人，字景璠，又名孝鲁，别号叔子。明末清初"四公子"之一冒辟疆的后人，民国大儒冒鹤亭第三子。1925年，进入北京俄文专修馆学习。1930年以第一名的学绩毕业，即入读哈尔滨法政大学。1933—1938年，担任中国驻苏联大使馆秘书兼大使的翻译。1938年，奉调取道欧洲回国。1940年代，担任商务印书馆俄文特约编辑、上海商专俄文教师。1950年经陈毅介绍，到复旦大学外文系俄语组任教。1958年为支援安徽教育事业，来到安徽大学教授俄语，并兼任中华诗词学会顾问、省文学学会顾问、省考古学会理事、太白楼诗词学会会长等职。任课之余，他校阅了数百万字俄文译稿，比如《顿巴斯》《成吉思汗》《人生》《屠格涅夫》《列宁文选》《列宁与高尔基通信集》《智勇的战士》。他一生钟情于俄罗斯文学，对托尔斯泰、屠格涅夫、果戈理、普希金、莱蒙托夫等文学家有较深的研究并写多篇论文评介，比如长论"屠格涅夫论"、短论"浅谈屠格涅夫""漫画雄狮——托尔斯泰""列夫·托尔斯泰庄园博物馆"。此外，他在中国古典文学、古代诗词、近代文化领域都颇有造诣,写过不少名人回忆文章,如"梅兰芳""徐悲鸿""辜鸿铭""傅雷""悼念谢国桢""我的父亲冒鹤亭"等。他的诗词被选入《上海近百年诗词选》《当代学者诗词手迹》《当代名人诗词选》等,出版诗选《叔子诗稿》。

董问樵(1909—1993) 男,上海人,著名歌德研究专家、德文翻译家、德国一级十字勋章(1988年)获得者,外文系教授。上海同济中学毕业后即赴德国留学,1932年获汉堡大学政治经济系博士学位,与联邦德国的施密特总理当年是同学,文学是他的副科。他留德时,与廖承志、章文晋一起,由四川同乡谢唯进介绍加入共产国际纵队。1932年赴美游学,1935年回国后入职国立四川大学教授。

1938年由商务印书馆为其出版专著《国防经济论》,同时担任重庆大学金融系主任兼四川银行经理。1945年发起民主建国会。1950年到复旦大学外文系任教授,教授德国语言文学,直到1993年去世。翻译《浮士德》等德国文学名著数百万字。

杨烈(1912—2001) 男,四川自贡人,曾用名陛奎,笔名深夔,著名翻译家、教授。1934年毕业于国立四川大学外文系,翌年赴日本留学,就读于东京帝国大学研究生院。1937年"卢沟桥事变"后回国,在大后方各高校任教。抗日战争胜利后随同济大学迁至上海。1949年5月后由上海军管会主任任命为同济大学校务委员兼秘书长。1952年院系调整时调至复旦外文系任教直至离休。长期从事世界文学教学研究工作,曾任复旦大学外文系教授。其译著包括《莎士比亚精华》《古今和歌集》《万叶集》等。

李振麟(1914—1993) 男,山东济南人,语言学家。毕业于清华大学外国语文系,曾任西南联合大学外语系助教、大夏大学社会学研究部语言组讲师及研究员、东方语文专科学校副教授、贵州大学外语系副教授、同济大学德国语文系教授、复旦大学外文系和中文系教授、上海语文学会常务副会长、上海市文字改革委员会委员、中国人民对外友好协会上海分会理事、上海市民族事务委员会委员、全国政协委员、上海市政协常委、农工民主党上海市委副主任、复旦大学校务委员会委员等。主要从事语言学理论和语音学的研究与教学、汉字改革及少数民族语言的研究方面。著有《语言学概论》(主编)、《英语理论语法》(主编)、《新英汉词典》(编者之一)、《发音基础知识》《语音学基础知识讲话》等。

李振麟在语言文字领域的贡献主要体现在语言学理论的研究与教学、语音学的研究与教学、教学法的研究、汉字改革及少数民族语言的研究方面。其语言学理论造诣颇深,语言知识涉及拉丁语、古英语、中古英语、德语等,还包括我国多种少数民族语言和汉语方言,并能用上述多种语言进行交流。

索天章(1914—1998) 男,北京人,语言学家、教授。1936年毕业于清华大学西方语言文学系。长于英国语言学、英国文学史和莎士比亚研究。曾任洛阳解放军外语学院教授、复旦大学外文系教授、解放军国际关系学院名誉教授，中国莎士比亚研究会理事、中国劳伦斯研究会顾问、中国犹太文学研究会顾问、中国语言学会会员、中国语言学会河南省分会副会长、上海大学教师话剧研究社顾问、上海比较文学研究会会员。撰有"略论美国英语的发展趋向""莎士比亚——他的作品及其时代"等论文，在国内外刊物上发表过论文约60篇。

索天章教授专长语言学和英国文学（重点为莎士比亚）教学。曾参加1984年在英国举行的国际莎士比亚大会，此后该会的历次大会均受到邀请，并参加过1986年在西柏林举行的国际莎士比亚协会大会。有关莎士比亚研究论文曾发表于英国、日本、印度的莎士比亚研究刊物上。在国内致力于将莎士比亚研究结合我国实际来推动对于莎剧的理论探讨和改编工作。为此，曾为上海的话剧、越剧等团体做过多次学术报告。

1985年获得上海市颁发的"最佳论文"奖。在洛阳外国语学院期间立过三等功，受到嘉奖。他的小传被载入英国剑桥传记中心出版的《远东及大洋洲名人传》第一版(1990)、《卓越的男女人物》(1991)、《国际名人录》(1990、1991)、《有成就的人》(1992)、《世界5000名人录》(1991)等，以及美国传记中心出版的《世界卓越领袖人物录》(1991)、《世界5000名人录》(1992)和《500有影响的领袖人物》(1993)。

索天章曾在1945年至1953年任教于复旦外文系，后离任，又在1981年回归。曾在复旦外文系开设的课程涉及英国文学史、欧美文学史、西方戏剧、修辞与作文、大学英语、歌德、但丁、莎士比亚等。共计指导硕士研究生40余名。

劳修齐(1916—?) 男，生于浙江余姚。俄语语言文学教授、教研室主任。1938年毕业于上海俄国正教协会商业学校会计专业。

曾任上海俄文夜校校长、上海苏联商学院教务长。1949年起,任职复旦大学外文系俄语教研组教师,兼任中国保险学会理事、上海外语教育出版社俄语丛书编委会副主任等职。长期从事俄语教学与翻译。讲授过俄语语法、俄语词汇等课程。合编《广播俄语参考资料》《高校文科外国语教学用书·俄语》(一、二册)《新编俄语读本》等。译有《他在争取什么》《苏联国家保险》《奥斯基人》《长寿的奥秘》《日本金融业》等。发表论文有"苏联保险系统的一次社会调查"等。

吴辛安(1916—?) 男,江苏无锡人,外文系教授。1953年加入复旦外文系,此前曾先后任职于燕京大学法学院、上海师承中学英文部、之江大学外文系和杭州浙江师范学院外文系,擅长英国语言文学和英语语法,在各大学英语专业教授英语精读、英语语法以及三、四年级英语写作等课程。到复旦大学后,除教授专业英语课程以外,其他文理系科也纷纷要求吴辛安教授前去开设英语课程,因此曾先后教过全校青年教师英语进修班、文理科研究生必修英语班、技术物理研究所英语提高班、物理系青年教师英语进修班、数学系结合数学专业英语学习班,并编写数学专业英语等十余种教材以适应不同的英语班级,教学和科研都颇具成果。

林秀清(1919—2001) 女,广东顺德人,著名翻译家、教授。曾任上海市第六、七届政协委员、上海市致公党市委常委兼妇委会主任、上海市高级职称评审委员会法语组组长、全国法国文学研究会常务理事、全国比较文学协会理事、上海比较文学协会顾问、上海翻译家协会理事、复旦大学外文系法国语言文学教授、北京外交学院法语教研室副教授等。

1943年毕业于昆明西南联大外文

系,曾为西南联大女子篮球校队队员。毕业后在重庆北碚复旦大学外文系任助教至1947年出国进修。1948年至1955年先后在比利时布鲁塞尔圣路易学院、法国巴黎大学比较文学研究院、英国布里斯托大学戏剧系进修法国文学、英国文学与比较文学。1955年5月通过博士论文答辩,获得巴黎大学文学博士学位。1955年7月回到北京,在北京外交学院法语教研室任副教授。

1973年秋回复旦大学法语教研室任副教授并兼任教研组副组长。1978年提升为教授,兼任法语教研室主任并任硕士研究生导师。1989年秋至1990年夏应巴黎妇女出版社社长的邀请,赴法参加该社编纂的《世界妇女大辞典》中文部分的编纂工作,并领取法国文化部颁发的文学翻译奖。

林秀清教授在复旦外文系主要讲授的课程是法国文学史、法国现当代著名作家与作品、法国当代短篇小说等。指导硕士研究生的研究内容包括19世纪和20世纪初的法国作家与文学理论。代表性的论文有"两次世界大战间欧洲的文学传记"(法文)、"伊丽莎白时代戏剧与中国传统戏剧的比较"(英文)、"法国社会主义现实主义作家路易·阿拉贡的创作道路"(中文)、"法国新小说派"(中文)等。著作包括《新小说派》《论法国的短篇小说》等,主要译作有《弗拉德公路》《怀疑时代》《小王子》等。

杨必(1922—1968) 女,上海人,祖籍江苏无锡,著名翻译家,杨绛之妹。毕业于震旦女子文理学院,毕业留校任助教,兼任震旦附中英文教师,曾任傅雷之子傅聪的英文老师,并在傅雷的鼓励和钱锺书的指导下开始翻译文学作品。1952年院系大调整,由震旦大学调入复旦大学外文系,评为副教授。译著有《剥削世家》

《名利场》。

董亚芬(1924—2011) 女,浙江慈溪人,教授,英语教育专家。1948年毕业于沪江大学英文系,1949年返校工作。1952年全国院系调整,她随母校并入复旦大学外文系任教,1952年加入中国民主同盟,1956年任复旦大学外文系讲师,1978年任副教授,1982年加入中国共产党,1985年晋升为教授,并于1992年3月退休。

董亚芬教授长期从事英语教学和研究工作,历任复旦大学外文系英语教研室主任、外文系副主任等职。先后担任第一届全国高等学校大学外语教学指导委员会副主任委员,兼综合大学组组长;大学英语四、六级考试委员会副主任委员。董亚芬1977年荣获复旦大学先进工作者和上海市教育战线先进工作者称号,1978年和1982年两度获评上海市三八红旗手,1979年、1981年和1983年三度当选上海市劳动模范。

1980年代中期,受国家教委委托,董亚芬领衔起草《大学英语教学大纲(文理科本科用)》,随后出任根据这一大纲编写的《大学英语》系列教材总主编。《大学英语》系列教材于1986年出版试用本,1992年正式本问世,同年获得全国高等学校第二届优秀教材特等奖和国家教委高等学校第二届优秀教材一等奖,1997年出版第二版(即修订本),2006年出版第三版,前后历时超过四分之一个世纪,使用学生以千万计,总发行量逾亿册,至今销售总量仍保持在每年百万册以上。1980年代中期至1990年代的10多年间,全国近千所院校采用了这套教材,它在我国的大学英语教学中发挥了重大作用。为了表彰董亚芬为我国高等教育事业所做出的突出贡献,国家于1992年起为她颁发国务院特殊津贴。

丰华瞻(1924—2005)　男,浙江绍兴人,丰子恺之子,翻译家,作家,民盟盟员,中国作协会员。1945年毕业于中央大学外文系。1948—1951年在美国加利福尼亚大学伯克莱分校研究院攻读英国文学。毕业后,即响应父亲号召回到祖国,加入复旦大学外文系。曾任复旦大学外文系教授、上海外文学会副秘书长、常务理事。1983年赴美国加州大学洛杉矶分校讲学。

在教学之余,丰华瞻专注于比较诗学的研究,主要著作有《中西诗歌比较》(获中国比较文学学会"比较文学奖")、《世界神话传说选》,和妻子戚志蓉合著《我的父亲丰子恺》,合编《丰子恺散文选集》《丰子恺论艺术》《丰子恺漫画选》。丰华瞻也是翻译《格林童话全集》中文版的第一人,其父丰子恺不仅为该书题写了书名,还为其画了400多幅插画。

程雨民(1926—2014)　男,生于上海,俄语语言文学教授,曾任外文系俄语教研室主任、外文系主任、博士生导师,兼任中国外语教学研究会常务理事,上海翻译家协会理事,上海外文学会副会长。1947年毕业于复旦大学英文系。自1949年起在复旦大学外文系任教。1985年晋升为教授。1986年起任英语语言文学专业博士生导师。1982年开始招收研究生,已毕业有6名硕士生,3名博士生。程雨民教授长期从事英语、俄语教学与研究,曾为本科生和研究生开设语言学导论、普通语言学、语言学论文选读、英语语体学、超语言研究等课程。著有《俄语动词命令式》《俄语动词假定式》《英语语体学》《语言系统及其运作》,主编《英语语体学和文体学论文集》。译有《赫尔岑中短篇小说集》《喜鹊贼》《权利的走廊》《新人》等。发表"语体分析的一种试探"等语言理论和英语语体分析方面的论文10余篇。

龙文佩(1926—2007) 女,湖南长沙人,英语语言文学教授,曾任外文系外国文学教研室主任、外文系副主任、外文系党总支副书记。1952年毕业于南京大学外文系,随后分配到复旦大学外文系任教。1952年至1958年担任外文系秘书及党务工作,1959年起开设英国文学史课程。1962年被派往南京大学协助陈嘉教授编写英美文学史教材。1964年回校后,开设美国文学史课。发表作品有:《美国文学选读》第一册、第二册(与杨岂深先生合作主编)、《尤金·奥尼尔评论集》《德莱塞评论集》,撰写有关奥尼尔的论文多篇。1978年以来,教授美国文学史、英语翻译、阅读与翻译、奥尼尔与现代美国戏剧等课程,深受学生欢迎。龙文佩教授博学多识,具有很高的学术造诣,曾经担任中国美国文学研究会理事、中国奥尼尔研究会副会长、上海高校教师话剧研究会副会长、北京中央戏剧学院奥尼尔研究中心顾问等学术职务。

周邦新(1927—2000) 男,生于浙江绍兴,俄语语言文学副教授。1960年毕业于上海外国语学院俄语系。长期从事俄语教学与翻译工作。合编有《俄语辅导读本》。编有《俄语简单句》。主译《苏联社会主义经济史》(第五、六、七卷)。合译《勃列日涅夫回忆录》《科研管理与组织——理论和实践》《工程心理学入门》。

黄有斐(1929—1996) 男,生于江苏海门,俄语语言文学副教授。1950年上海大同大学文学院毕业。1952年上海中苏友好协会俄文学校结业,同年起在复旦大学外文系俄语教研室任教。讲授过俄语、英语等课程。参与《国际概览——远东》的译校工作,编译其附录文件。译有电影剧本《罗宾汉》《雄狮与宝石剧评》《梦》《竞赛心理学——夺标》等。

丁兆敏(1929—2024) 女,外文系教授。1951年毕业于圣约翰大学,1964年进入复旦大学外文系任教,先后教授过英语专业各年级的精读、泛读、作文、翻译等英语基础课。1983年后主编英语专业一、二年级综合英语教材,开设研究生的19世纪英国小说课及本科高年级的作文课,指导过研究英国作家哈代的研究生2名、在复旦进修的兄弟院校英语教师多名,以及写英美文学方面的毕业论文的本科生若干名。

牟惠萍(1930—) 女,生于天津武清。俄语语言文学副教授、副主任。1949—1951年,就读于北京外国语学院俄语专业本科。1951—1953年,任职中华人民共和国外交部驻外使馆翻译。1953—1954年,继续在北京外国语学院俄语系进修。1954年进入复旦大学担任苏联专家翻译,之后任外文系俄语教研室教师,其间兼任过外文系学生指导员等工作。长期从事俄语教学和翻译工作,讲授过俄语精读、俄语听力等课程。译有《马列主义基础》《社会主义政治经济学史纲》《苏联社会主义经济理论形成史》。合译《苏联社会主义经济史》(第一、二、五卷)和《勃列日涅夫言论集》(第十四卷)。

夏仲翼(1931—2023) 男,上海人,外文系俄语语言文学教授,外国文学方向博士生导师,曾任复旦大学外国文学教研室主任、外文系副系主任、中国社会科学院俄罗斯苏联文学兼聘博士生导师、国务院学科评议组成员、国家社科基金评委、中国外国文学学会副会长、上海翻译家协会会长、上海市文联副主席,《辞海》外国文学分科主编以及《外国文学研究

资料丛书》《二十世纪欧美文学理论丛书》编委等职务。1951年，进入沪江大学攻读英文专业。1952年，转入复旦大学改读俄语专业。1955年毕业留校，担任外文系俄语教师，一直工作到1963年，其间于1955—1956年在上海船舶设计院担任翻译工作。1963年，应国家国防人才培养需要调入中国人民解放军外语学院（总字793部队）担任俄文教员。1969年复员转业回到上海。1970—1978年，在上海探伤机厂当工人。1978年高校恢复全国高考招生后，调回复旦外文系任教，主要进行俄罗斯和西方文学、文论的教学与研究。1985年晋升教授。

夏仲翼从1978年回复旦任教起，结合课程教学开展专题研究，着重在文化思想发展史背景上，考察欧美文学具体的历史时期、文学现象以及作家和作品，对文学发展的内在机制，比如小说艺术形式的自身发展，进行了深入研究。撰写发表了一系列俄罗斯作家研究的论文，如《托尔斯泰长篇艺术的发展》《陀思妥耶夫斯基创作——窥探心灵奥秘的艺术》以及为初版《中国大百科全书》撰写的"费·米·陀思妥耶夫斯基"等。夏仲翼关于外国文学总体研究的思想还反映在他所撰写的作家作品研究以及文学思潮、文学现象研究的系列论文中。

夏仲翼在教学科研之余，还从事文学作品以及文学理论著作的翻译工作。译有苏联当代作家维·阿斯塔菲耶夫的《鱼王》（1978年获苏联国家奖金）和《牧童和牧女》，以及叶·扎米亚金的《小城轶事》、雷巴柯夫的《阿尔巴特街的儿女们》等长篇和中篇小说。1982年8月25日，夏先生翻译的巴赫金的"陀思妥耶夫斯基的复调小说和评论界对它的阐述"在《世界文学》上发表，开启了我国翻译、研究巴赫金的先河。

杨永荟（1931—2017） 男，教授，生于上海，祖籍浙江诸暨，上海外文学会会员、上海研究生教育学会会员、全国理工院校研究生外国语教学研究会常务理事。1955年毕业于复旦大学外文系，1956年起在复旦大学担任英语、德语教学工作。

杨永荟教授多次参与外国语学习和考试相关研究工作并出席相关会议，如1982年至1989年国家教委研究生英语命题工作与1983年国家教委召开的研究生外语教学研讨会等。此外，改革开放以来，杨永荟教授为上海市对外文化交流完成了多项译介工作，如为上海影像资料馆译配"我们的黄金时代"等。

杨永荟教授编写的校内使用教材有《研究生英语泛读》《教师培训班英语》《英语构词》《研究生德语》《青年教师德语》等。编译德国文学参考资料，翻译苏联俄文版《外国文学史》的德国文学部分。公开出版论著有"试论英语动词的时制划分和将来时问题""硕士研究生英语入学考试成绩简析"以及《新编英语语法》（上、下册）《全国硕士研究生英语入学试题汇编》《复旦大学研究生英语精读》等。

袁晚禾(1932—) 女，浙江上虞人，俄语语言文学教授，曾任复旦大学外文系副主任(1960)、外文系党总支书记(1963)、研究生处处长(1982)、复旦大学研究生院副院长(1983)，中国苏联文学研究会常务理事、上海市研究生教育学会常务理事兼秘书长。1950—1953年就读于复旦大学外文系俄语专业，1953年毕业留校于外文系外国文学教研室担任教师。1954—1956年就读于北京大学俄语系俄罗斯文学史专业研究生。1956—1993年，任复旦外国文学教研室教师，在复旦度过了整整40年。长期从事俄苏文学和欧洲文学的教学、研究及高教管理工作，曾于1987年到莫斯科访学。合作主编《果戈里评论集》。参编的《俄国文学史》获1992年全国高校教材国家级特等奖。发表"论托尔斯泰的现实主义"等论文。

卫懿(1932—) 女，生于江苏吴县，俄语语言文学副教授。1947—1949年就读上海培明女子中学。1950年考入华东军区军事政治大学。1951—1952年就读于三野政治部外语学院俄语专业。1953年就读于上海俄语专科学校俄语专业。1953—1954年任上海同济大学铁路系苏联专家翻译员。1954—1955年任复旦大学马列主义基础教研组苏联专家翻译员。1960年任复旦大学附中俄语教师。1964—1987年任复旦大学外文系俄语教研组教师，长期从事俄语教学和翻译工作。合作翻译著作有《十字路口》《勃列日涅夫言论集》(第13、15集)。译文有"105公里工务点""马克思主义理论中的迫切问题"等。校对译著《列宁全集》(第24、25卷)和《勃列日涅夫言论集》部分章节。

刘骧(1932—2024) 男,生于江苏南京,俄语语言文学副教授。1951年就读河南焦作燃料部干部学校。1952—1955年,就读北京外国语学院俄语专业本科。1955—1957年,任北京中央燃料部专家工作室翻译员。1957—1962年,任北京国防部五院翻译员。1962—1972年,任第二军医大学外语教研室俄语教师。1972—1992年,任复旦大学外文系俄语教研室教师。合译有《勃列日涅夫言论集》(第14集)。编有《俄语语法》(1987年)。合编有《俄语课本》。

曹洁秋(1932—2020) 女,生于江苏南通,俄语语言文学副教授。1954年毕业于上海外国语学院俄语专业。长期从事俄语教学与翻译工作,讲授过基础俄语、高级俄语、当代苏联文学等课程。汉译俄科教片《蝴蝶》《以螨治螨》。合译《科学的探索》《勃列日涅夫言论》(第14集)。

曹素华(1932—2005) 女,生于上海崇明,俄语语言文学副教授。1960年毕业于上海外国语学院俄语系。长期从事俄语教学工作。发表"开设公外视听课,挺高听说能力""俄语'形动词'"等论文。合编《新编俄语读本》《俄语最常用4000词——基本用法手册》。

马文奇(1932—) 男,生于上海川沙,俄语语言文学副教授。1953年毕业于上海外国语学院俄语系。曾在同济大学、上海交通大学、复旦大学外文系俄语教研室、复旦大学经济系任教。长期从事俄语翻译、教学与苏联东欧经济研究工作,讲授过经济学专业俄语选读与翻译技巧课程。著有"社会主义条件下价值规律新理论的形成""试论社会主义社会的基本矛盾"等论文。译校《苏联社会主义经济史》(七卷集)、《社会主义经济辩证法》。合著有高等学校理科统一教材《俄语》(一至三册)。

方子汉(1932—2017) 男,生于浙江温岭,俄语语言文学副教授、副主任。1957年毕业于华东师范大学外文系俄语语言文学专业。长期从事俄语教学工作,讲授过俄语精读、苏联报刊选读等课程。校译《勃列日涅夫言论集》(第1—4集)、《勃列日涅夫回忆录》和《俄共十大文件汇编》,合译《从少女到母亲》,翻译《科伦大爷和他的儿子》《萨普桑研究所》等小说,发表"俄语句法"等论文。主译《俄共第十次代表大会会议报告及文件汇编》《勃列日涅夫言论集》第4集。合译《关于托勒密和哥白尼两大世界体系的对话》。

翁义钦(1934—) 男,福建福州人,俄语语言文学教授,历任复旦大学外文系副主任、外国文学教研室主任,全国高等院校外国文学教学研究会副会长。1956年加入中国共产党,同年毕业于复旦大学外文系。发表论文有"评阿·尔斯泰的小说《蝮蛇》"等80余篇,其中"卫国战争题材小说创作倾向的变迁"获上海市(1979—1985)哲学社会科学论文奖。合著有《欧洲文论简史》等,其参编的《俄国文学史》1992年获全国高等学校优秀教材特等奖。译有《列·尼·托尔斯泰传略》等。

裴粹民(1934—) 女,俄语语言文学副教授。1952年进入上海外国语大学俄语系攻读学士学位,1955年本科毕业后留校任教。1956—1992年,于复旦大学外文系俄语室任教师,兼任过外文系指导员。编有《新编俄语读本》，译有《奥尼尔评论集》《列宁书信研究》，发表论文"苏联高校专业目录和教学计划、大纲的修订"等。

马言芳(1934—) 女，生于上海，俄语语言文学副教授。1956年本科毕业于上海外国语学院俄语系。1958年硕士毕业于上海外国语学院俄语系。长期从事俄语教学和科研工作。主编教材《公共俄语》(4册)，以及《研究生第一外语》《研究生第二外语》等。译有《苏联共产党中央马列研究院概况》《苏联科学技术进步》，"社会主义革命在中国的胜利和国际改良主义"等。合作译著《苏联科学管理》。

仲梅芳(1934—) 女，生于上海，俄语语言文学副教授。1956年毕业于复旦大学外文系俄语专业，后留校，先后在复旦外文系俄语教研室和国际文化交流学院任职，长期从事俄语和对外汉语的教学与研究。讲授过俄语、对外汉语等课程。有"俄语教学法"等论文。合译有《勃列日涅夫言论集》(第13、16集)。

李霞芬(1934—2018) 女，生于浙江宁波，俄语语言文学副教授、俄语教研室主任。1958年毕业于上海外国语学院俄语系。长期从事俄语教学工作。合译有《第二次世界大战史》(第二卷)、《苏联社会主义经济史》(第四、七卷)。合编《俄语最常用4000词——基本用法手册》。论文有"俄语副动词"。

苏德昌(1935—2025) 男，1935年生于日本仙台市。1962年考入复旦大学数学系研究生，师从谷超豪教授。1966年毕业后留校任教。历任外文系日语教研室主任、复旦大学日本研究中心副主任、上海市日本研究会常务理事、中国日语教学研究会副会长、教育部日语教材编审委员会副主任等职。研究领域包括流体力学、日本语言学、中日语言比较研究、中国现代社会论等。著有《日语语法研究》《日中敬语表达形式》《中国现代社会论》等专著，译有

《可压缩流体理论》《我的经营理念》《革新的企业战略》等书,编有《日汉大辞典》《汉语基本词汇 5000 词》《新日语会话》《急救与护理问答》等,发表论文 80 余篇。

龚世芳(1935—2020) 女,生于江苏太仓,俄语语言文学副教授。1956 年毕业于哈尔滨外国语学院俄语系。曾在南京工学院任教。长期从事英语、俄语教学。讲授过基础英语、基础俄语课程。合编《全国高校无线电专业俄语教材》。合译"甜炼乳变黑原因之研究""鼓形麦芽桶设计之改进"等文章。

张介眉(1936—2019) 女,生于江苏常州,俄语语言文学副教授。1956 年毕业于复旦大学外文系俄语专业,同年留校任职俄语教研室教师。讲授过欧美文学、外国文学史、当代西方文学流派、欧美名著选讲等课程。论文有《高尔基论十九世纪欧洲文学》《当代欧美文学流派》《古希腊罗马文学概况》等。译有《论文学批评的自我觉醒》《论文学批评中历史角度与理论角度的相互关系》等文章。参加《辞海》的编写和修订。

朱翠英(1937—) 女,生于上海,俄语语言文学副教授。1960 年毕业于上海外国语学院俄语系。长期从事俄语教学和研究工作。讲授过俄语词汇学、苏联报刊选读、苏联当代文学作品选读等课程。译有《勃列日涅夫回忆录》中的"荒地"。合译《俄共第十次代表大会会议报告及文件汇编》。合编《公共俄语》(4 册)。发表"前置词及前置词短语在句中的作用"等论文。

米尚志(1937—) 男,德语语言文学副教授。1982 年,米尚志与王焕英将西德海恩出版社(Heyne Verlag)所出版的汤姆·维尔内克(Tom Werneck)的《魔方》一书译成中文后引入国内,由此成为将魔方传入中国的第一人。1986 年,由米尚志编译并与罗特曼(Rothmann)夫妇合作审稿和录音、国内首部德语语音速成教材由上海有声读物公司出版,并配有磁带朗读。1988 年,米尚志编译了《动荡中的繁荣——魏玛时期的德国文化》。此外,还与李文俊合作编译卡夫卡的《变形记·城堡》,成为国内卡夫卡译著中的经典译本。2000年,与德文系硕士研究生谭渊共同翻译茨威格的《巴尔扎克》。

邹洪志(1939—) 女,生于广东大埔,俄语语言文学副教授。1962年毕业于上海外国语学院俄语系。长期从事俄语教学与研究工作。合编有《文理科俄语教材》(第一至四册)、《俄语提高班教材》(第一至三册)。译有"俄罗斯田野"一文。合译《苏联社会主义经济史》《苏联社会主义经济理论形成史》。

袁志英(1939—) 男,教授,中国德语文学研究会理事,上海比较文学学会理事,上海翻译家协会会员。1972年开始任教于复旦大学外文系德语语言文学专业。主要教授文学课,后调入同济大学外语学院,任德语学院教授至退休。主要翻译作品有《马克思的历史·社会和国家学说》《歌德长诗》《歌德文集》(第3卷)、《文明的进程》Ⅱ、《水妖的苦恋》,主译《宇宙之迷》《伯尔文论》《德国浪漫派名著》《智谋》等,审校《世界遗产》(6卷本)、《智谋》(下册)等。发表德文论文"20世纪中国文学中的德国形象"等。另有数百万字文学、哲学、社会学等译著。

章 末 小 结

1953—1978年是外文系历史上的一个黄金时代。教师队伍群星璀璨,大师云集,诸位师长学养深厚,才华横溢,又高风亮节,爱生如子,既常有年高德劭之前辈,又不乏德才兼备之新秀。随着外文系声望、师资、教学质量的节节攀升,生源质量也在不断提高。于是,几代师生合力,教学相长,共同攻克了一个又一个的学术难关,产出了丰富的高质量学术成果。这一阶段也是外文系历史上的一个波折时代,磨难与动荡并存,变革与唏嘘交织。在"反右倾""文革"等政治运动中,外文系的教师大部分被认为不可信任,不少教师被认为"资产阶级思想严重",不能上讲台教育学生,因此被剥夺了执教的权利。在极"左"路线统治下,广大教师惶惶不可终日,身心受到极大的折磨,专业、才能和积极性都受到极大的压抑。几代师生就是在如此特殊的时代环境下,经受住了重重考验,顽强前行。

这一时期,外文系在育人方面最显著的进步,在于学生培养工作的日趋完善和日趋现代化。各专业在培养工作中注意理论与实际的结合,注意学科发展的新动向,要求学生掌握扎实的基础理论,具有较广的专业知识面,在学习过程中不断拓宽学术视野,掌握研究方法。经过几代教师的共同努力,我校各语种都得以始终保持优异的教学质量,为1980年代、1990年代的持续进步打下了坚实的基础。在长期教学实践中,教师们勇于探索、善于创新,十分重视本语种教学法的改革,不断提高教学效果和质量。自1950年代至1980年代末,大部分毕业生都是国内各高校和研究机构的骨干,在外语教学、科研和涉外工作中发挥良好的作用,也有不少分配在高等院校任教,一部分在研究单位、出版社和其他外事单位,此间毕业的许多优秀学子已成长为全国知名的专家学者。

第三章

改革开放后的外国语言文学学科
(1978—2012 年)

1977年,中国恢复了全国统一的高考制度,标志着中国高等教育逐渐回归正常轨道,进入了一个新时期。外文系紧跟时代发展潮流,加强师资队伍建设,改革教学内容和课程体系,为高等外语教育的发展做出了积极的贡献。

改革开放后的30多年间,复旦外文系为祖国社会主义建设的各个领域以及我国的外交工作培养输送了一批又一批优秀的外语工作者。他们在各自工作中的表现和贡献使复旦外文系在国内外享有良好的声誉。

第一节 恢复高考后的外国语言文学系

1977年恢复高考后,校长办公会议讨论《复旦大学1978年招生专业介绍》,决定1978年招收本专科生、研究生等2 250人,其中本专科生1 200人,研究生200人。1978年9月,学校恢复招收研究生,并逐步恢复教师职称评定与晋升。恢复招生后外文系招收的第一届研究生有7名,其中5名属现代英语及惯用法研究方向,导师为葛传椝、陆国强;2名属美国文学研究方向,导师为杨岂深。此后,外文系培养研究生的专业、研究方向及指导教师逐年增加。1982年,自1978年恢复研究生教育制度以来复旦大学首批授予学位的研究生顺利毕业。

改革开放后,外文系获得新生,系名重又恢复为"外国语言文学系"(简称外文系)。经过调整充实,外文系在1980年代有英、日、德、法、俄和外国文学6个教研室,现代英语、外国文学和莎士比亚3个研究室,系图书资料室、外语语音实验室和系办公室3个教学科研辅助机构,以及教学和行政管理相对独立的大学英语教学部。共有教职员工近200名,其中博士指导教师3人,正、副教授50人。1979年年底,日本松下电器公司赠送我校64座位全套电教设备和录制设备一套,更加现代化的外语教学逐渐成为常态。

这一时期,派送教师赴所学语言国家访问、学习,成了外文系师资培养的新方法和主要途径。在改革开放以前,外文系只有一名教师孙铢曾派往英国进修2年(1964—1966)。改革开放以后,外文系教师赴所学语言国家访问、学习已成为业务进修提高的主要途径。外文系日语、法语、德语专业的教师出国进修已达百分之百。如日语教师项杏林、余月仙在日本获得硕士学位,回系后均为专业教学中的骨干;法语教师朱静在巴黎获得博士学位;德语教师徐龙顺、夏正标等均在国外进修回来后成为本专业的骨干力量。英语专业和公共英语的教师绝大部分也都曾出国访问或学习。当年的青年教师们通过国外学习扩展了学术视野,增长了对所学语言国家文化的感性认识,尤其是提高了外语的实用能力。资深教师通过出国访问和学术交流,也开阔了视野并开拓了新的研究领域,取得新的研究成果,并且与国外学术界建立起广泛的联系,大大扩展了复旦外文系在国外的影响。例如,程雨民于1980—1981年赴美国哥伦比亚大学语言学系从事语体研究工作,摸索出对语体进行计量分析的途径,建立起新的分析语体的方法;徐烈炯于1981—1983年赴美国纽约市立大学和麻省理工学院进修语言学,取得优异成绩,他较早系统地为我国引进了美国乔姆斯基的生成语法的理论;陆谷孙于1984—1985年以高级"富布赖特"学者的身份在美国加州大学伯克莱分校和华盛顿富尔嘉莎士比亚图书馆进行研究和讲学,扩大了中国文化在美国学术界的影响,并争取到国外同行对我系莎士比亚图书室数以百计的赠书和音像资料。

在学生培养放面,1981年我国实行学位制度以后,外文系英语语言文学和法语语言文学两专业首批获得硕士学位授予权。1984年,英语语言文学专业成为国务院学位办首批设立的博士学位点之一,时任博士生导师为伍蠡甫。这一系列举措使得外文系在人才培养方面得到了进一步的提升。英、日、德、法4个专业每年招收本科生约80名,招收研究生10余名。外文系的教学质量提高到新的水平,在全国英语专业水平测试中,屡屡获得总分第一和个人第一的优异成绩。在大学公共英语定级的全国统测中,复旦的成绩也连续名列前茅。党中央、国务院、中央军委决定北京大学和复旦大学新生于1989年和1990年开始到解放军陆军学院进行一年军政训练,参加军训的毕业生在参加工作后,不再实行见习期,实际工作时间可向前推移一年。外文系新生也赴南昌陆军学院和大连陆军学院受训。许征任学生指导员。这项政策持续三年,到1992年结束。

从1996年9月开始,在陆谷孙老师倡议下,外文系开始举办

"白菜与国王"系列讲座,诸多国内外文化界知名学者登上讲台为复旦学生开设讲座。2002年底由学院与爱尔兰驻沪总领馆共同发起"萧伯纳英语写作比赛",面向全校各院系学生,以推动复旦全校学生的英语写作水平。以上活动都持续举办了10多年,在校内外都产生了比较大的影响。

科研方面,1980年代的外文系可谓硕果累累:1984年修订了《新英汉词典》,并在此基础上着手编纂《英汉大词典》(由陆谷孙教授任主编)。此辞书收词20万条,是我国建国以来编写的规模最大的一部英汉双语词典,是国家哲学社会科学"七五"(1986—1990)规划的重点项目之一,于1989年出版上卷,1991年出版下卷。教材方面除修订了旧教材外,新的《文科英语》《理工科英语》《大学英语》系列教材等相继编成出版,其中由董亚芬教授主持、翟象俊、李荫华教授主编的《大学英语》出版后,全国有近700所院校纷纷采用,影响十分深远。外文系教师的专著、译著发表络绎不断,成果丰硕,其中《名利场》(杨必译)、《浮士德》(董问樵译)等在1980年代一版再版。改革开放后,外文系与英国、美国、加拿大、日本、德国、法国、苏联等国的许多大学或研究机构有了学术和人员的交往。外文系每年聘请一定数量的各语种外籍教师来系任教,更有众多外国语言文学方面的专家学者来作短期访问和讲学。外文系的教师90%以上均曾赴所学语言国家访问或进修,扩大了我校在国际学术界的影响,为中外文化交流作出了贡献。

随着改革开放的不断深化,学校也要求各系、所面向社会,适应形势,为生产服务。外文系根据社会需要,举办各类培训班、短训班、进修班等。系里建立领导小组,由吴延迪、周邦新、蒋鼎国等组成,成立系外语培训部,具体负责此项工作。自1984年开始,每年举办2个英语培训班(有几年增加到3个)、1个日语培训班,并按需要举办德语班、法语班和俄语班。常州市和镇江市的学员,在入学前须经过考试选拔。几年下来所举办的各类培训班获得了较好的社会效益,并取得了颇为可观的经济效益。特别是在常州、镇江、南通3市,经复旦外文系培训的外语人才发挥了较好的作用。他们为企业外向型发展,为企业引进外资,起了桥梁作用。外资企业和合资企业竞相聘用,有的被调往涉外部门,少数人还被派往国外开设窗口。这一举措后来由各语种教师不断效法、完善,在1980、1990年代举办了日语、德语、法语、俄语等多个语种、多个项目的短训班,各语种教师也更多地参与到为企业、国际会议进行口译服务的工作中,与社会合作日益紧密。进入21世纪,国家急需口译、笔译人才,国家人事部推出"全国翻译专业资格(水平)考试"。外文系急国家所急,面向社会开办了全国口笔译认证考试辅导班,一共举办了10多期,取得了良好的社会影响和经济效益。

另外,外文系的各类教学设施也在这一时期获得了明显的改善。1987年,邯郸校区文科大楼建成,外文系占用四楼全层及三楼半层。系资料室面积扩大至约340平方米,设资料办公室、英文书库、小语种书库、教师阅览室、学生阅览室、莎士比亚图书室、期刊室、辞典室等。1987年,日本万国博览会还赠送外文系松下7700型语音实验室(24座)设备一套,美国驻沪总领馆曾向外文系赠送200多部根据著名文学作品改编和反映美国历史的电影,丰富了英语和美国历史、美国文学的教学内容,外文系语音实验室从而拥有了当时较为先进的教学手段。

1994年,外文系与中文系、大学英语教学部、历史系、哲学系等单位共同组建为人文学院。1996年至1999年,由陆谷孙担任复旦大学外文系主任。2003年,外文系迎来了新的发展契机,现代英语研究室、外国语言学及应用语言学博士点和外国语言文学博士后流动站相继设立。同年9月,外文系与大学英语教学部合并,成立全新的外国语言文学学院(简称外文学院),陆谷孙担任外文学院首任院长。

自1970年代末以来,外文系已有5个教研室的建设都取得了长足的进步。英文系师生积极参与国内外学术交流,不断开展创新研究,发表了大量高质量的学术著作和论文,为中国外语教育和文学研究做出了重要贡献,涉及语言学、辞典编纂、文学研究、翻译等多个领域;俄文专业响应学校开始招收工农兵学员和培训班学员的号召,逐渐复兴,"文革"期间被解散的俄语教研组得到恢复,一些转岗的俄语教师重回俄语教研组担任教学工作;法文系、德文系、日文系同样在教学科研领域取得了许多成就,积极组织和参与国内外学术会议、研讨会和学科竞赛,促进了学科交流和合作,拓展了系内师生的学术视野。另一方面,复旦大学外文系积极响应国家政策,扩展院系规模,陆续开设了朝鲜语专业和翻译专业,大学英语教学部和原上海医科大学外文教研室也先后并入。

2006年,学院确定新一届各系(部)负责人。截至2006年年底,学院已形成7个系、1个部和多个学术研究机构的格局。各系部时任负责人名单如下:

英文系:系主任孙建,副系主任朱建新、卢丽安

日文系:系主任庞志春,副系主任邹波

德文系:系主任魏育青,副系主任刘炜

法文系:系主任陈良明,副系主任袁莉

俄文系:系主任姜宏

韩文系:系主任姜宝有

翻译系:系主任何刚强,副系主任王建开

大英部:主任邱东林,副主任梁正溜、姜新荣,第一分部主任程寅,第二分部主任徐欣,第三分部主任梁正溜,第四分部主任曾道明

现代英语研究所:所长熊学亮,副所长蔡基刚

北欧文学研究所:所长孙建

外国文学研究所:所长谈峥,副所长汪洪章

中韩文化对比研究所:主任姜银国

第二节　教学改革与人才培养

1. 学位制度的建立

1981年,我国建立学位制度。校建立相应的领导机构学位评定委员会。外文系于1982年始建立学位评定分委员会。自第二届开始学位评定分委员会主席为校学位评定委员会的委员。系学位评定分委员会负责审核通过本系学士、硕士、博士学位的申请,并有权授予学士学位。硕士及博士学位经审核上报校学位评定委员会复审通过后授予。系学位评定分委员会并负责本系申请硕士、博士授予权的专业和指导教师的资格审查及提出申请,上报校学位评定委员会。

外文系1980年代的学位评定分委员会历届主席及委员名单如下：

第一届(1982年2月成立)

主席：杨岂深

委员：夏仲翼、陆国强、杨烈、翁义钦、劳修齐、苏德昌、董问樵、林秀清

第二届(1984年10月成立)

主席：董亚芬

委员：苏德昌、杨岂深、程雨民、夏仲翼、劳修齐、林秀清、陆国强、孙骊、陆谷孙、杨永荟

第三届(1988年6月成立)

主席：程雨民

委员：苏德昌、董亚芬、孙骊、陆谷孙、夏仲翼、陆国强、林秀清

此外,1984年,为适应教师职称评定工作的需要,建立外文系

学术委员会,由9—11个委员组成。委员由讲师以上教师选举产生,系学术委员会主席参加校学术委员会。系学术委员会根据工作需要不定期召开会议,审核、讨论、通过本系教职工的职称申请。系学术委员会有权通过讲师的职称,高级职称审核上报校学科评审组通过并经校学术委员会批准后授予。

外文系1980年代的学术委员会历届主席及委员名单如下:

第一届(1984年8月成立)

主席:董亚芬

委员:伍蠡甫、葛传槼、董问樵、林秀清、苏德昌、程雨民、陆国强、夏仲翼、杨永荟、劳修齐

第二届(1987年成立)

主席:董亚芬

委员:陆国强、陆谷孙、程雨民、孙骊、苏德昌、夏仲翼、林秀清、杨永荟

1996年10月,经校办及科研处批准,外文系及大学英语教学部经过民意测试、酝酿候选人及无记名差额选举,新的一届外文系学术委员会由下列同志组成:陆谷孙、夏仲翼、徐祖琼、翟象俊、朱永生、王德明、徐和瑾、陆效用、黄关福。

2004年3月9日,外文学院首届学术委员会经差额选举正式产生11名委员。3月17日院学术委员会召开第一次全体会议,并选举产生主席和副主席。首届学术委员会主席:陆谷孙;副主席:黄勇民;委员:朱永生、曲卫国、熊学亮、邱东林、陆效用、余建中、梁正溜、蔡基刚、褚孝泉。

2007年,外文学院第二届学术委员会由以下人员组成:

主席:陆谷孙   副主席:黄勇民

委员:蔡基刚、褚孝泉、何刚强、姜银国、梁正溜、陆效用、邱东林、曲卫国、魏育青、熊学亮、余建中、张冲、朱永生

学位委员会由以下人员组成：

主席：褚孝泉　副主席：曲卫国

委员：何刚强、黄勇民、姜宏、金钟太、陆谷孙、陆效用、邱东林、魏育青、项杏林、熊学亮、余建中、张冲、朱永生

2. 各系部的跨越式发展

1977年恢复高考后，外文系迅速调整师资结构，加强师资队伍建设，广泛吸纳、选拔优秀的专家学者加入教学团队，对教学内容和课程体系进行了全面改革。而到了改革开放之后，为顺应国家经济发展和外交、外贸的需要，外语教学以应用型人才培养为主要方向，也赋予了外语教学不可替代的服务社会的使命。外文系已有系部的人才培养也经历了重大的变革，下文以系部为单位作简要介绍。

（1）英文专业

在教学内容上，英文专业的教学重点从语言技能训练转向了语言、文学、文化等多方面的综合培养；在课程体系上，设立了英美文学、语言学、翻译学等多个专业方向，并不断调整课程设置，以适应社会需求和学科发展。

英文专业注重学生的综合素质和专业素养的培养。除了严格把关教学质量和课程设置外，还开展丰富多样的课外活动，以拓宽学生的国际视野、提高跨文化交际能力。1978年，南京大学外文系的陈嘉教授在复旦大学讲授了一系列关于英语研究、英语教学以及英美文学等方面的课程。此外，学院还与国内外知名高校建立了合作关系，为学生提供了交换等多种发展机会。为了响应"四个现代化"和世界新技术革命对高等教育的需求，经教育部批准，复旦大学从1984年起每年派遣15名英语专业三年级学生赴英国利兹大学进行为期一年的学习。此外，1985年开始，学院每年还向美国贝洛伊特学院派遣学生和教师，该项目由谢希德校长联系

洽谈成功,持续多年,英文专业师生收益颇大。在1980年代中期,复旦大学的外语教育取得了巨大的进展。外文系英文专业连续四次获得全国英语水平测试的冠军,成为"四连冠"。1992年,外文书库向全校教师和学生开放,为外语专业的学习提供了极大的支持。1996年,上海译文出版社和外文系签约,由译文出版社向外文系捐赠10万元教育基金,共同为培养跨世纪的外语人才创造有利条件。

英文专业学子在各种全国性测试和比赛中表现出色:英文专业87级全体学生47人,参加国家教委组织的全国高年级专业英语水平测试,总评分获全国第一名;在1993年的全国高校英语专业八级测试中,外文系89级英文专业学生成绩荣登综合大学榜首;外文系90级49名学生在1993年专业英语四级统测中的成绩荣登全国高校榜首;1994年全国高校英语专业四级统测揭晓,本校外文系91级学生以高出全国平均分26分的成绩(84分)夺冠,通过率100%;1996年,我校外文系英文专业91级学生在全国英语专业八级统测中,以78.23的平均分再次名列全国综合性大学榜首(全国综合性大学平均分为63.08);1997年外文系92、93级学生在全国高校英语八级统测中再次名列全国综合性大学榜首,通过率为96.67%;在1999年全国英语专业八级测试中,本校外文系95级英文专业学生以75.91的平均成绩,再次名列全国综合性大学第一名,通过率为100%;外文系98级英文专业学生在全国英语专业四级笔试、口试中分获综合性大学全国第一,通过率均为100%;英文系04级本科生在专业四级考试中通过率达到100%,优秀率高达60%。此外,外文系学生还积极参与志愿活动。尤其是在2010年上海世博会期间,外文学院共有近300名本科及研究生学生担任了特殊岗位世博志愿者,服务时间最长的达6个月。学院将世博志愿者组织管理与日常教育工作结合,有效促进了学生专业素质的提升和综合能力的提高,学生语言水平和专业能力得到校内外高度评价,先后有20多人次获市级以上奖励,外文学院党委被中共上海市教育卫生工作委员会授予"世博先锋行动先进基层党组织"称号。

(2) 法文专业

法语教研室在改革开放前便积极发展与法国驻沪总领馆的联系和合作,借用他力助我教学。这一举措成效显著,不久后法文专业(以下简称法专)图书资料库的问世便是明证之一,也为日后广泛开展的校际交流积累了经验,打下了基础。从1980年代开始,随着师资力量的充实和提升,尤其是公派留学法国和加拿大的教师的回归,法专的教学理念、教学手段和教学质量,以及对外交流得到了长足的进步和发展。这些进步和发展,源于教师们思变创新、勇于开拓的精神,善于交流、发掘资源为我所用的能力,以及为培养高质量法语人才所付出的不懈努力。

改革开放以后,法文专业敢为人先,使用原版教材。为使法语教学贴近语言现实,让学生在学习过程中通过对语言国社会文化、历史演变和百姓生活的认知来夯实语言基础,使之毕业后能尽快适应工作。法专在法国驻沪总领馆教育处的支持和帮助下,以非商业用途的小胶印方式来规避版权难题,从1980年代初开始使用留法教师带回的法语原版教材《直面法国》(*La France en direct*)。此举在国门尚未打开的年代可谓创全国之首。原版教材鲜活的语言不仅丰富了教学内容,也极大地激发和提升了学生们的学习动力和语言能力。得益于张庚祥老师的亲自辅导,法专多名学生被外交部录取。以83级学生为例,他们在1985年参加了教育部在当年举行的探索性的法语四级全国统考,全体学生成绩名列前茅;曾任中国驻毛里求斯大使朱立英是该届学生,求学时成绩更是出类拔萃。而最早被外交部录用为高级翻译的两位学生也毕业于这一时期。

1982年，恢复高考后的首届毕业生钱培鑫留校任教，为法专的再发展增添了新鲜血液。1980年代后期，法文专业承接了一项里程碑式的语言培训任务。当时我国与法国合作的第一个核电项目广东大亚湾核电站立项。开建伊始，首先需要对工程技术人员进行法语强化培训，且要求这些学员结业后去国外核电站学习和考察，回国后与外方工程技术人员进行安装和调试，语言要求达到不用翻译的水平。受核电站委托，法文专业承担了对41名从全国各电站选拔出来的技术骨干进行法语强化训练的任务。这些骨干半年后就将被派往法国学习，而他们的年龄从28岁到50多岁不等，且年长的带有浓烈的方言口音，培训难度不言而喻。

当时的复旦外文系法语教研室高度重视，各位任教老师全力以赴，确定培训计划后，认真施教，对每一位学员遇到的困难和难点，采取"一人一方案"的原则，逐一解决。其间外文系还指派法语教师陈良明、英语教师孙骊、吕菊林、黄勇民、何刚强，以及培训部的吴延迪、周邦新、高汝河（政治指导员）专程赴深圳授课、选拔学员和出国人员。半年后，41位学员全部通过法方组织的笔试和面试。此次培训是对法文专业教学的一次实战检验。获得的成效是对法文专业深耕教学园地的鞭策，激励着同仁们更有效地去提升教学质量。其次，这也为缓解彼时外文系的经费困境、增加老师们的收入做出了贡献。

随着建设研究性大学的战略转移，应用性学科需要有质的提升。法文专业同样经历了从教学型到研究型的转变。1990年代末，法文专业与巴黎第七大学合作翻译了多部鲁迅作品并成功出版。教学资料建设也是一步一个脚印，稳步向前发展。专业建立初期，法语资料极其匮乏，当时的外文系资料室只有法语版的《中国建设》、新华社通讯稿和《中国文学》等几本国内期刊，远不能满足教和学的需要，更无学术基础可言。由于当年的外文系经费有限,这一短板始终存在,但法文专业还是努力推进图书和影像资料库的建设。1980年代中期,缘于法文专业同法领馆的友好关系和有效合作,也基于法方对法文专业教学质量和成果的认可,法领馆在上海高校同类专业中遴选法语教研室,批量馈赠复旦外文系图书300余册,内容涵括文学、文化、历史等诸多人文学科,法文专业图书资料库从此问世。之后,伴随着法国官方定期外派教师的到来,每年都有不等数量的新书入库。2007年后,比利时瓦隆大区与法文专业建立了合作关系,在每年派遣外教的同时,还提供6 000欧元(另附书单)购买图书资料的专款支持;加之老师们的捐助,法语图书资料库不断扩容,藏书愈加丰富,尤其因为拥有Robert等几大百科全书而在同行中遥遥领先,为师生们的学术研究提供了不可多得的帮助。

从1980年代初至2012年,随着师资力量的充实和提升,尤其是公派留学法国和加拿大的教师的回归,法专的教学理念、教学手

段和教学质量以及对外交流得到了长足的进步和发展。这些进步和发展源于教师们思变创新、勇于开拓的精神,善于交流、发掘资源为我所用的能力,以及为培养高质量法语人才所付出的不懈努力。经过几代人的持续耕耘,法文专业收获了它引以为豪的硕果。毕业生遍布世界各地,活跃在各行各业,成功者如群星闪耀。法文专业更有4位教师先后获得法兰西棕榈教育骑士勋章,分别是朱静老师、蔡槐鑫老师、陈良明老师和褚孝泉老师。

(3)俄文专业

1970年代初,俄语教研组主要为复旦大学培养俄语工农兵学员、培训班学员、公共俄语人才。1970年代中期到1990年代初,俄语教研组主要为复旦大学培养公共俄语人才,以及全校本科生和研究生的俄罗斯文学素质教育(比如夏仲翼老师开设的一系列课程)。但俄语教研组一直没有俄语专业本科生和研究生。改革开放后,全国盛行向英美学习的风气,俄语很难恢复到1950年代时在中国的热度。因此,一些俄语教师改行到其他学科担任教职,或者直接改行到其他领域。

到了1990年代中期,在前后几任外文系领导赵正康、陆国强、朱永生、沈志宏等的关心下,开始筹备恢复复旦大学于1956年中止的俄语语言文学专业,主要由当时的教研组组长刘松筠负责。1994年,俄文专业恢复招收本科生(此时距离1956年俄文专业中止已过去了整整38年),但采取隔年招生的制度,每两年只招收一届本科生,且一直到1990年代末都没有俄文专业研究生。此时期的人才培养重点在于向全校各院系学生介绍和梳理俄罗斯文学和文论。由于当时中国大学生对包括俄罗斯和欧美文学充满向往和求知欲,因此这方面的课程在全校各个院系的学生中引起较大反响和兴趣。例如,夏仲翼老师开设的"欧美文学史""二十世纪西方文学潮流""当代苏联文学进程""俄罗斯长篇小说""外国文学理论及文艺学方法论问题""欧美小说艺术研究"等一系列课程,注重清理文学史材料,并加以理论归纳,观察细致,见解独到,因而深得好评。

此外,在1980年代,俄语教研室的师资力量出现较大分化。一些俄语教师改行到本校外语系教授英语:程雨民调至英文专业,黄有斐调至公共英语教学部。另一些俄语教师改行到本校其他院系担任教职或管理:仲梅芳调到本校国际交流学院负责接收留学生,马文奇调到本校经济系担任教职。还有部分俄语教师调至他校或直接出国。例如,潘天虹调到刚组建的上海大学,盛曾安离开复旦后至其他单位赴任,范凯蒂则去了美国。留在俄语教研室的也大都是"文革"前就开始从事俄语教学或翻译工作的老教师,诸如劳修齐、方子汉、周邦新、马言芳、李霞芬、朱翠英、曹素华、邹洪志、余爱珍、裴粹民、牟惠平、卫懿、刘骧(1980年代自第二军医大学专业调入复旦俄文专业)、曹洁秋(1980年代自复旦附中调入复旦俄文专业)、谢纪青等。此时期俄语教研组组长先后由程雨民、劳修齐、方子汉、李霞芬、刘松筠担任。

在1980年代末,随着对苏贸易日益增加,外文系于1989年9月在校成人教育学院的配合下,首次为黑龙江举办了对苏贸易大专班2个。由俄语教研室选派教师李霞芬、刘松筠、方子汉、高汝河、曹素华、裴粹民等,并聘请兄弟系、所的有关教师执教。这些学生毕业后,大部分为当地的外贸企业聘用,少数去俄罗斯进一步深造。这对发展黑龙江省与独联体的贸易起到了一定的促进作用。

1990年代,随着许多老教师相继退休或离世,俄语教研室只剩下4名中国教师:刘松筠(组长)、朱翠英、殷桂香(华师大硕士毕业生,后因病去世)、李静(1995年从中国人民解放军空军政治学院转业到复旦俄文系),以及1名俄罗斯外教。由于师资力量严重不足,故又聘请了个别退休教师和上海外国语大学的教师兼课。

(4) 日文专业

日语教研室 1976 年试办研究生班,共招收 3 名学员,与 7 名英专学员组成一个大班。恢复高考后,日文专业每年招收一个班,定员 16—18 名,并从 1978 年开始正式恢复招收研究生。随着师资队伍的充实,教学体系逐步完善,课程日益系统化和科学化。日文专业自建立之初起,不仅重视培养学生扎实的语言基本功,更注重开拓学生广阔的视野,激发他们在语言学、文学、文化研究、译学研究等方面的兴趣,以培养在各行各业起到中日交流桥梁作用的知日型人才为己任。

当时,日文专业的苏德昌和郭华江不仅具有母语教学的优势,数学出身的苏德昌格外重视逻辑和准确性,郭华江对敬语、拟声词拟态词有基于丰富语言经验的系统研究。两位老师用示范、分析、讲授的方法,不仅将纯正的口音、高雅的用词、生动地道的表达传授给复旦学子,也将这一传统注入复旦日语的基因。

随着师资的充实,彭应中开设了"古语文法"、徐祖琼开设了"日本文学",邀请上海师范大学专家开设了"日本教育"。系主任苏德昌为了培养学生更全面兴趣,还邀请战前在东京帝国大学留学的杨烈教授开设了"万叶集",邀请经济系郑励志开设了"日本经济"等课程。

1978 年,中日两国签署《中日和平友好条约》。为增进两国人民的相互理解,于 1980—1985 年举办了数期全国日语教师培训班。此项目由时任日本首相大平正芳 1979 年访华时提出设立,日语教学界亲切地称之为"大平班"。设立后的 5 年间,日方先后派遣 91 名专家来华任教,共计 600 名中方日语教师参加了该培训班。"大平班"一共举办了 5 期,由日方派出最强的师资,大大提升了高校日语教学的专业水平。日文专业第一届毕业生、留校任教的项杏林和余月仙老师参加了第一期大平班,将最新的语言学研究成果和教学法带回了教学一线，迈出了课程系统化、专业化的重要一步。

时任系主任苏德昌非常重视师资培养和队伍建设，从1980年代初开始有计划地派出青年教师赴日留学。项杏林和余月仙前往庆应大学修读硕士课程。他们回国后，周昭孝前往大阪外国语大学和龙谷大学攻读硕士和博士学位，施小炜前往早稻田大学、吴冬青前往一桥大学深造。他们取得优秀的研究成绩后回国任教，成为提升新世纪日语专业教学水平的重要力量。

此外，日文专业继续将1970年代推出的电化教学作为主要的教学方式之一，并随着时代进步不断推陈出新。据余月仙回忆，日文专业在1980年代的语言教学上一贯重视听说；项杏林则回忆说，当时上课用的是大盘的磁带，但由于当时设备尚不充足，为了保证语音输入的量和准确性，老师们上课总是先带领朗读，等学生们对词汇、课文朗朗上口后再逐词、逐句分析讲评。1988年，中日合作编写了《中日交流标准日本语》教材，日文专业徐祖琼录制了这套教材的电视教学节目，在CCTV滚动播出。

后来，复旦大学的学分制改革从1990年代开始进入深化期，从第一阶段的学年学分制转入第二阶段的完全学分制。1994年，复旦大学提出了"宽口径、厚基础、重能力、求创新"的教育理念，体现本科阶段贯彻"通才"教学的思想。外文系根据这一人才培养原则重新设计了培养方案，日文专业的课程调整为基础课程和专业课程两大课程群。基础课程群以语言能力为主，专业课程群分为语言学、文学、文化研究和翻译研究等4个方向，增开了大量的选修课以满足学生多样的专业兴趣。

进入新世纪，日文专业引进了一批高水平青年教师。他们在专业方面各有所长，将最新的研究成果和教学理念引入课堂。庞志春于1986年获得复旦大学硕士学位后留校任教，后任日文专业主任。近年来,日文专业根据学校本科生教育学程制改革,推出了两个日文专业进阶学程,向全校开放,同时还推出了一门由日文专业所有在职教师讲授的"日语语言文学十五讲"。

(5) 德文专业

高考恢复后,1977级德语语言文学专业招生人数为18人。担任德文专业1977级精读与泛读课程的是钱晶、彭道升、蒋敏华、米尚志、朱虹、马静珠、马庆发、夏正标、徐龙顺,其中数位老师后调离外文系德文专业。另有3位外教,分别为德籍犹太裔外教汪小玲以及外教Uta和Wolfgang。1977级德专学生至1981年本科毕业时,共有张宽、卫文珂两位同学留校继续攻读德语语言文学专业硕士学位,硕士生导师是董问樵教授。董问樵老师一直担任德文专业的教职直到1993年。董问樵老师去世后,米尚志任德文专业教授,夏正标老师也于1996年晋升副教授,德文专业进入新的发展阶段。1993年12月,经教育部批准,复旦大学设立德文专业硕士点。1994年德文系拟定了新的人才培养计划，为德文系学生提供了跨学科的培养视域。此外，在整个1990年代，德文专业都专注于基础德语教学，并为复旦大学编写了《基础德语——公外一年制简明教程》。复旦大学德文专业在这一时期为全国德语教学做出了应有的贡献，德文专业的老师在教学之余也著书立作，推动了中国德语教学整体水平的提高。

1991年4月，由德文专业教师马静珠、梁丽芳、夏正标编著《基础德语——公外一年制简明教程》由复旦大学出版社出版，旨在为复旦大学本校文、理科研究生及其他各专业学生提供学习公共德语的基础教材和自学用书。本书内含语音课文7课，精选课文30课，共45课，学制为一年。此书一经出版，广受复旦学子和社会上广大德语学习爱好者的好评。

1994年，外文系德文专业开设基础及高级德语、泛读、翻译、写作、语法、德国文学、欧美文学、德国文化系列讲座、现代汉语、中国文学、文学概论、文学选读、国际关系史、计算机原理以及应用、现代自然科学概论等课程，高年级增设多门选修课及第二外语。德文系同时要求德文专业学生还需选修国际政治、世界经济、国际新闻等方面的课程。

2000年以来，德文系先后引进了魏育青、刘炜、吴勇立等中青年学术骨干教师，学术实力和学科建设再上新台阶。魏育青从1998年起担任教育部高校外语专业教学指导委员会委员兼德语组副组长（德语专业分委员会副主任委员），主持和参与了国标、大纲等的编写，负责了数次全国专业调研的组织和实施，为全国德语学科的发展做出了重要贡献，也让复旦大学德文系具有了全国影响力和盛誉。德文系的国际化办学也逐渐成为显著优势，先后与德国科隆大学、柏林自由大学、图宾根大学、康斯坦茨大学、汉堡大学，奥地利维也纳大学、萨尔茨堡大学等建立了各种形式的合作关系,开展了本科生和硕士研究生学生交换项目。在刘炜的倡导和协助下,复旦大学国际合作交流处与奥地利政府及奥地利学术交流中心于2005年合作建立复旦大学奥地利中心。该中心是国内唯一一家中奥官方文化交流平台,与复旦大学德文系密切合作,积极开展学术研讨会、奥地利作家来访项目、中奥学生交流项目、留学信息推介等活动。奥地利文学文化研究逐渐成为复旦大学德文系的办学专长,享誉国内外。

3. 科研成就

自1978年以来,外文师生积极参与国内外学术交流,不断开展创新研究,发表了大量高质量学术著及论文,在科研领域取得了许多成就。

(1) 英文专业

1978年至2012年间,英文系的成果主要分为5个方面:

其一,辞典编纂硕果累累。由陆谷孙、薛诗绮等参与研编的

《新英汉词典》1975年由上海人民出版社初版问世。1976年起缩印本出版,由上海译文出版社连年再版,1979年获上海市优秀图书奖,1986年获上海市哲学社会科学优秀成果一等奖。1982年,上海译文出版社出版了吴辛安参与研编的《英汉双解英语短语动词辞典》,内容译自国外同类辞书,是一本较有实用价值的工具书。由陆谷孙担任主编的《英汉大词典》在1987年被列为国家"七五"规划哲学社会科学重点课题。1989年,上海译文出版社出版《英汉大词典》(上卷)。1991年,两卷本《英汉大词典》出齐。在1994年上海市1986—1993年哲学社会科学优秀成果评选中,《英汉大词典》荣获特等奖。1999年,《英汉大词典》荣获得了全国首届哲学社会科学基金规划项目优秀成果奖的一等奖。陆国强担任了《英语联想和搭配词典》《英语新词语双解词典》两部词典的主编,并担任《新世纪英语词典》的主审。

其二,学术研究成果丰硕。除在国内外各种刊物发表大量论文外,还包括大量的学术专著,涉及英语语言和文学研究的各个领域。1988年,徐烈炯的《生成语法理论》出版,成为我国第一部介绍生成语法的著作。熊学亮著有《认知语用学》《语用推理研究》《语言学导论》等。曲卫国著有《英语高级写作:论说文入门》《话语文体学导论:文体分析方法》《语用学的多层面研究》等。汪洪章著有《西方文论与比较诗学研究文集》《文心雕龙与二十世纪西方文论》《比较文学与欧美文学研究》等。谈峥著有专著《莎评简史》。张冲著有《新编美国文学史》《莎士比亚专题研究》《视觉时代的莎士比亚》《探究莎士比亚》《从边缘到经典:美国本土裔文学的源与流》。张琼著有《从族裔声音到经典文学——美国华裔文学的文学性研究及主体反思》《文本·文质·语境:英美文学探究》《灵魂旅伴:英美浪漫主义诗新读》《一个人·十四行:末之莎士比亚十四行诗笔记》等。沈园的专著《句法-语义界面研究》获第五届高等学校人文社会科学研究优秀成果著作奖(2009)、上海市第九届哲学社会科学优秀成果著作奖(2008)。由高永伟担任修订主编的《新英汉词典》第 4 版于 2009 年正式出版,新版词典收录词条 12 万,在保持词典查得率高这一特点的同时,对整体内容做了约 60% 的修订。

其三,在教材编写方面做出杰出贡献。1978 年至 1980 年,丰华瞻参与编写了全国大学理工科《英语》课本(4 册)(与王沂情、沈子文、毛雪华合编)以及上列课本的《教师参考书》(2 册)(合编者同上)。1983,陆国强的《现代英语词汇学》经我国高等学校外语专业教材编审委员会审定成为英语专业通用教材,是我国高等院校英语专业采用最多的英语词汇学教材。其他的教材包括巫漪云和黄关福编著的《高级英语》、沈黎主编的《精读英语教程》(1—4 册)(荣获上海市优秀教材三等奖)、孙建主编的《英国文学选读》、张冲主编的《美国文学选读》等。

其四,诸多学者在翻译方面表现不俗。"文革"结束后,复旦大学外文系的孙大雨翻译的莎士比亚作品和上海译文出版社出版的四大悲剧"译文名著珍藏本"曾获得了 1995 年全国优秀外国文学图书奖的一等奖。丰华瞻于 1978 年之后出版的译著有《世界神话传说选》《挪威民间故事》、"日本国宪法"(载《1942—1946 年的远东》)。孙骊 1889 年至 1992 年间出版了译著《中国历史文化故事》(英译本)(获华东地区二等奖)、《中国盆景、盆植艺术》(英译本)、《南极与人类》(电视片英译拷贝)及《上海市 1982 至 1989 年涉外法律》(英译)。翟象俊出版译著有《钱商》(与陆谷孙、张增健合译)、《阿马罗神父的罪恶》(与叶扬合译)、《乱世佳人》(与陈良廷等合译)及翻译海明威、霍桑、巴特勒等人的短篇小说多篇。2005 年 2 月,英文系谈峥与外文学院毕业的博士于海江共同翻译的《他改变了中国——江泽民传》中英双语版全球同步发行,由时任外文学院院长的陆谷孙精校。

其五,积极组织各种学术会议、研讨会等学术活动。1980年,受教育部委托,英语教材《英国文学作品选读》审稿会在本校举行。1981年,为庆祝复旦大学建校76周年,复旦大学外文系于5月19日开始举行了第十五届学术报告讨论会。杨岂深、伍蠡甫、董问樵、杨烈、黄冠群等老教师热情为学术报告讨论会撰稿、讲授,许多中青年教师也踊跃向讨论会提交了质量较高的论文。报告会充分反映了复旦大学外文系几年来积极开展科学研究取得的成果。1983年,为庆祝复旦大学建校78周年,复旦大学外文系举行第十七届学术报告讨论会,伍蠡甫、徐烈炯等学者提交29篇论文。1988年,外文系隆重纪念尤金·奥尼尔诞生100周年。1995年6月,中国第六届尤金·奥尼尔学术研讨会在本校召开。2000年,外文系和校友会外文系工作委员会联合举办纪念伍蠡甫先生诞辰100周年学术研讨会。

除此之外,英文系师生也积极参与国内外的学术活动。1982年第二十届国际莎士比亚学会在莎士比亚故乡、英国斯特拉福特举行,33个国家的200余名代表出席。陆谷孙的论文《逾越时间和空间的汉姆雷特》入选并宣读,这是中华人民共和国成立以来第二次派代表参加莎士比亚学会。1986年4月22日,复旦大学举行纪念莎士比亚诞辰422周年集会。著名剧作家曹禺、校长谢希德、外文系陆谷孙等与来自世界各地的学者、专家参加集会。2004年,外文学院主办了"学习型词典国际研讨会"。英文系教师积极参加各类国际国内学术会议,并在会上发表论文或做学术报告。这些成就和活动表明,复旦大学英文系在学术研究和教学方面一直处于国内外领先地位,为英语教育和文化传播做出了重要贡献。

(2)俄文专业

改革开放后,复旦大学外文系一些俄语老教师(翁义钦、夏仲翼等)被压抑多年的学术热情终于有了施展空间,因此科研成果井喷式涌现。

翁义钦发表了"高尔基论托尔斯泰——纪念列夫·托尔斯泰逝世七十周年""瞿秋白与外国文学""高尔基与社会主义现实主义""托尔斯泰的现实主义理论""评阿·托尔斯泰的小说《蝮蛇》""试论鲁迅译介外国文学的原则与特点""卫国战争题材小说创作倾向的变迁""格鲁吉亚文学掠影""欧洲文学的背景""略论托尔斯泰的小说理论""他们何以放弃诺贝尔文学奖"等80余篇论文,其中"卫国战争题材小说创作倾向的变迁"获上海市(1979—1985)哲学社会科学论文奖。此外,翁先生还出版专著《欧美近代小说理论史稿》《外国文学与文化》,合著《欧洲文论简史》,译著《列·尼·托尔斯泰传略》,编著《外国文学名著精彩片断100例》,合编教材《俄国文学史》(获1992年国家教委高等学校优秀教材特等奖)。

(3) 日文专业

日文专业自1970年设立本科专业以来,就以深厚的翻译传统和丰富的译介成果而声名远播。日文专业历任教师在翻译领域精耕细作,硕果累累,文脉源远流长,培养了实力雄厚的人才梯队,将翻译实践与研究建设成日文专业的优势学科。已故杨烈教授毕业于东京大学英文系,精通英文、日文,翻译了日本最早的诗歌总集《万叶集》《古今和歌集》等日本古典文学。其中,《万叶集》至今仍是最权威的全译本。

日文专业早期的教师队伍中也有众多学界的领军人物,如苏德昌、郭华江两人曾获日本外务省2009年度外务大臣表彰奖。1998年,由日文专业教师郭华江主编,彭飞、谢宜鹏等编纂的《新日汉拟声拟态词词典》出版,是日汉翻译领域经典的参考书,多次再版。2009年,时任日文专业主任的庞志春编写《日本语新词典》,由上海外语教育出版社出版发行,充分体现了复旦日语的教学水准。日文专业李征撰写《都市空间的叙事形态:日本近代小说文体研究》(复旦大学出版社)展示了复旦日文专业的文学学术研究水平。

(4) 德文专业

自改革开放以来,德文专业多位教师在教书育人的同时在学术研究和翻译领域辛勤耕耘,不断进取,成就斐然,赢得了国际国内同行的尊重和认可。

董问樵先生是全国德语界最杰出的学者之一,在新的历史时期也迎来了新的学术创作高峰,在 1980—1990 年代出版了令人瞩目的高质量学术专著《浮士德研究》《席勒》,并翻译了数百万字的德语文学经典名著,包括歌德的《浮士德》《亲和力》《威廉·麦斯特的学习年代》《威廉·麦斯特的漫游年代》,亨利希·曼的《亨利四世》(上、中、下)等,都是脍炙人口的翻译佳作。1988 年,联邦德国总统授予董问樵先生联邦德国一级十字勋章,表彰他在德语文学研究和翻译方面作出的毕生努力和卓越贡献。这是中国德语学界得到的最高国际认可,除了董问樵之外,至今唯有冯至、张威廉、顾正祥等 3 位名家获此殊荣。

此外,袁志英翻译出版了《文明的进程》(Ⅱ)、《马克思的历史·社会和国家学说》《歌德长诗》《德国浪漫派名著》等数百万字文学、哲学、社会学等译著,另发表论文数十篇。米尚志翻译了卡夫卡的《美国》《城堡》、茨威格的《巴尔扎克》、伦茨的《面包与运动灯塔船》《说谎者雅各布》等。他还编译了《动荡中的繁荣——魏玛时期德国文化》,另有《德语(第四册)》等教材出版。王滨滨发表了"心灵漂泊者——黑塞"等 20 多篇论文,著有《德汉-汉德综合翻译教程》,出版多部译著如《卡夫卡文集》《黑塞文集》《日耳曼聊斋》等。魏育青 2006 年在国际德语语言文学研究权威期刊 *Zeitschrift für Germanistik* 上发表"论 Hofmannsthal 语言危机"的学术论文,对于中国德语学界具有开创性意义。他先后在国内外权威学术期刊发表多篇中德文论文,自 2007 年起主编与参与主编了具有全国影响力的学术集刊《德语文学与文学批评》和德语学术期刊《文学之路》(*Literaturstrasse*)数十卷,翻译出版《布里格随笔》《罗马释义书》《人性的、太人性的》等多部德语文学名作。吴勇立在《读书》《同济大学学报》等重要学术期刊发表论文多部,译有《瓦尔特·本雅明救赎美学》等重要学术著作。

第三节　大学英语教学部的成立与建设

1. 大学英语教学部发展概况

大学英语教学部的前身是 1957 年开始建立的普通英语教研组。1960 年代初,全校以英语取代俄语作为第一外语的系科逐年增加,普通英语教研组也随之而更名为公共英语教研室。

随着国家改革开放的开始,1985 年公共英语教研室升格为大学英语教学部。同年,原上海医科大学外文教研室设立了卫生部英语培训中心,承担卫生部出国人员英语培训,一共举办了 32 期英语培训。来自全国各地的医务工作者在培训中心进行半年的英语专项培训,然后出国进修,学成归国后,都成为医疗系统的骨干力量。英语培训中心为我国选拔医疗卫生人员进行出国深造,进行国际交流起到重要的作用。1995 年起,经教育部批准,大学英语教学部举办了同等学历高校英语师资硕士班。2000 年,复旦大学与上海医科大学合并,原上海医科大学外文教研室并入复旦大学大学英语教学部。2002 年,与澳大利亚悉尼大学教育与社会学院合作培养英语语言教学教育学硕士研究生项目,获得了国家教育部和国务院学位委员会的正式批准,是我国第一个 Med in

TESOL(英语语言教学硕士)项目。2003年,大学英语教学部并入外国语言文学学院,设第一分部(本科生)、第二分部(本科生)、第三分部(枫林校区)、第四分部(研究生)。

经过全体教职工几十年来的不懈努力,大学英语教学部在新世纪的第一个十年间厚积薄发,实现了迅猛发展。从2000—2005年,大学英语教学部连续6年成为全国高等院校大学外语指导委员会主任单位。为配合大学英语课程体系改革,大学英语教学部于2011年开发并实施复旦大学英语水平测试(Fudan English Test,简称FET)。考试每年12月份举行,旨在更加科学、全面和准确地评估复旦大学学生的通用学术英语能力,检验学生是否已达到复旦大学本科生外语能力培养目标,同时充分利用考试对教学的反拨效应,实现"以评促学、以评促教"。2012年成立语言测试中心,中心全面负责复旦大学英语水平测试的命题、审题、数据分析等工作。

至2012年,大学英语教学部已发展成为组织架构完善的外语教学与研究部门,负责全校非英语类专业本科生及研究生的英语教学工作。本科生大学外语课程体系包括通用学术英语课程、专用学术英语课程、英语文化类课程和第二外语课程。研究生公共英语课程包括通用学术英语和专用学术英语。

2. 大学英语教学部科研与教学工作

大学英语教学部的教师们不断改革课堂教学方法,努力提高教学质量,课程教学及相关课题表现不俗。1989年获上海市优秀教学成果特等奖。2001年本科生英语教学获上海市教学成果二等奖;同年研究生英语教学获上海市教学成果三等奖。2003年"大学英语"被评为首批国家精品课程。"大学英语教学新模式尝试"获2005年上海市教学成果一等奖。

大学英语教学部的教材编写历经数代、积淀深厚。从1960年代至今,先后编写了多套(本)供非英语专业学生使用的英语教材,其中影响最为广泛的教材包括:董亚芬教授担任总主编的《大学英语》(国优教材、教育部推荐使用大学外语类教材、普通高等教育"十一五""十二五"国家级规划教材)。1992年该套教材获得全国高等学校第二届优秀教材特等奖和国家教委高等学校第二届优秀教材一等奖。翟象俊教授担任总主编的《21世纪大学英语》(普通高等教育"九五""十一五""十二五"国家级规划教材);李荫华教授担任总主编的《全新版大学英语》(普通高等教育"十五"国家级规划教材)和《全新版大学英语(第二版)》(普通高等教育"十一五""十二五"国家级规划教材)。这些教材被全国大部分高校使用过或正在使用,对我国的大学英语教学产生了巨大影响。

除教材编写外,由大学英语教学部多位名师领头的英汉医学词典编纂工作在国内也有很大的影响力。由陈维益教授主编的《英汉医学辞典》初版于1984年春天,此后的30多年中,这本辞典成为我国医学界最为经典的英汉词典,伴随着一代又一代的医学工作者成长;辞典本身也多次修订,并从纸质版发展为多媒体版。

不仅如此,大学英语教学部还积极组织全国性和国际性的学术会议,如全国大学英语教材研讨会(1992)、全国大学英语教学研讨会(1995)、New Directions in TESOL (2012)等,并出版会议论文集,为外语教学的同仁和科研工作者提供高端的学术交流平台。

第四节　朝鲜语专业的成立与建设

1. 朝鲜语专业发展概况

复旦大学外语非通用语种类朝鲜语专业,建立于1995年,同年招收本科生。2000年成立中韩语言文化比较研究中心,2002年开始招收亚非语言文学专业硕士生,2006年开始每年招收博士生,研究方向为外国语言学及应用语言学。经过近20年的励精图治,至2012年末,朝鲜语专业已经建立起一个完整的课程体系和教学体系,在本硕博三个层次上培养高素质创新型的朝鲜语人才。

2. 朝鲜语专业人才培养

自建专业以来,朝鲜语专业就致力于建设一支高水平、多元化的师资队伍。截至2010年年初,复旦大学朝鲜语言文学系在编教师共计7人,其中教授3名、副教授2名、讲师2名。

在科研、教学改革、教材开发、教学手段等全方位、多层次的发展推动下,朝鲜语系的课程内涵和质量不断提升,收到了良好的教学效果。结合文化语言学和认知语言学的最新发展成果,朝鲜语专业提出了"文化认知教学法"。这种全新的外语教学方法主张语言是文化的载体,也是思维的工具,不同民族在文化和认知上既有共性也有特性,所以外语教学中必须突出文化因子和思维认知的重要作用。

朝鲜语专业贯彻"文化认知教学法"的理念和方法,投入大量时间和精力进行教材开发和编写。由姜宝有、姜银国、蔡玉子、黄贤玉共同主编的精读课教材《初级韩国语(上)》和《初级韩国语(下)》分别于2005、2006年出版。通过多年的教学实践,该教材得到了不断地修订和完善,并获得了"上海普通高校优秀教材三等奖"。此外,朝鲜语专业的本科生课程"基础韩国语"还于2008年被评为复旦大学精品课程、上海市重点课程。2011年,"基础韩国语"课程获批上海市精品课程,"韩国语词汇学"获批上海市重点课程,另有3门课获批校级研讨型课程。

丰富的学生活动也是朝鲜语专业在课堂之外教学、培养学生综合能力的重要组成部分,主要形式包括:

(1) 韩语戏剧表演。选取韩国经典小说、神话传说等文学作品进行改编,各年级本科生共同参与排练和演出,已经将金裕贞小说《春天、春天》、黄顺元小说《鹤》、传统童话《兔子传》等作品搬上舞台。

(2) 由木槿社韩语学习社团、世宗学堂组织的各类韩语学习和韩国文化体验活动。朝鲜语专业本科生自发成立了"木槿社",针对全校其他专业学生,每2周定期举行一次韩语教学活动。此外,由世宗学堂组织了一系列有关韩国服饰、饮食、传统舞蹈的文化体验活动。

(3) 举办演讲比赛、颁发奖学金。朝鲜语专业每年举办一次校内韩语演讲比赛,并曾主办"第八届锦湖韩亚杯中国大学生韩国语演讲比赛""上海-釜山缔结友好城市20周年韩国语演讲比赛"等比赛。自设各种奖学金,奖励品学兼优的学生。

第五节　翻译系的成立与建设

1. 翻译系发展概况

为满足国家和社会对翻译人才的需求,复旦大学外文学院于2004年11月15日正式成立了翻译系,英文系何刚强教授担任系主任。自2005年秋季开始招收"英汉双语翻译"方向的本科生。2006年秋季,面向全校开设"英汉双语翻译"(第二专业)课程。

此后5年间,翻译系各项工作稳步推进。2006年,复旦大学被教育部批准为全国首批试点院校之一,外文学院正式招收翻译专业本科生。同年,为弘扬中国文化,发现青年翻译才俊,褒扬青年翻译人才,翻译系开始举办面向全国的"优萌杯翻译竞赛",由陆谷孙教授担任专家评审组组长。比赛为汉译英,原文为中国典籍选段。每年一届,共举行了8次,取得了非常出色的社会效果。

2007年,国务院学位办批准复旦大学成为翻译硕士(Master of Translation and Interpreting,MTI)专业学位培养院校,是全国首批获准该专业招生的15所院校之一。2008年,翻译系开始招收翻译专业学位(英汉笔译方向)在职研究生(后于2011年停招);2009年开始招收全日制翻译专业学位(英汉笔译方向)研究生。

2. 翻译系教学成果与人才培养

经过多年的发展,翻译系朝气蓬勃,学科建设日趋走向成熟,在教学科研和翻译实践领域都取得了骄人的成绩。截至2012年,翻译系已经有何刚强、王建开、陶友兰、强晓、姜倩、冯超、管玉华、王炎强、刘敬国、张晓雪等多位经验丰富的优秀教师,在译坛、学界都具有良好的声誉。

在翻译专业本科生培养方面,翻译系根据新世纪对翻译人才的要求,提出并实践了翻译教育的新思维,即:优秀的翻译人才应当是双语功底扎实、国学基础略备、杂学知识广博、思辨能力灵锐、实践能力过硬的翻译通才。在培养方案、师资配备及教材编写方面,都紧紧围绕并服务于这样一种思维。在课程设置方面,翻译系在全国首创了一系列新颖课程,如"古汉语选读""翻译与思辨""英语读译""听说与译述""多文体阅读"等,教学实践探索得到广泛好评,于2009年获得上海市高校教学成果二等奖。

2008年起,翻译系为促进高校翻译教学和科研研究,在外文学院的支持下发起创办《翻译教学与研究》论丛(共2期),面向海内外征稿,探讨当下国内外的翻译教学与研究的热点问题。翻译系还经常邀请国内外著名翻译家和学者前来作专题报告,展开积极的对外交流。

在建系之初的7年间,翻译系在继承优秀翻译传统的基础上,依托复旦大学深厚的综合人文底蕴,发挥外文学院在语言学及文学研究、外语教学研究和翻译实践等领域多年积累的优势,始终致力为国家培养"学者型、善思辨、口笔译技艺俱佳"的复旦品牌翻译人才。翻译系的学生经过数年的学习,完全胜任在政府涉外部门、新闻宣传文化传播单位、出版单位、科研院所、学术机构、外贸及商务机构、翻译公司、驻外机构、外资企业等部门担任口译和笔译及相关的文字交际与沟通工作。部分毕业生前往北京外国语大学、美国哈佛大学、耶鲁大学、蒙特雷高翻学院等名校继续深造,也有不少毕业生进入到世界500强企业或国家政府机关工作,就业前景喜人。

第六节 组 织 领 导

1980年,外文系开始建立由选举产生系主任、任期两至三年换届的制度。系主任候选人由全系教职工各组室分别酝酿提名,集中后举行全系教职工大会进行不等额选举,得票过半数者当选为系主任,报校长批准任命。1980年9月,孙铢当选为外文系主任,董亚芬、仰文渊、翁义钦由系主任任命为副系主任。此后,每隔二至三年,进行改选。至1988年,外文系主任已三次换届:1983年1月程雨民当选系主任,1985年9月孙骊当选系主任。1989年徐烈炯当选系主任。1993年陆国强当选系主任。1996年陆谷孙当选系主任。1999年朱永生担任系主任。2002年10月黄勇民担任系主任。2003年9月外文系和大学英语教学部合并成立外国语言文学学院(简称外文学院),由陆谷孙担任首任院长。2006年黄勇民当选外文学院院长。2010年7月褚孝泉当选外文学院院长。

恢复高考后,党总支的职责明确为监督保证作用。1978年在全面调整领导班子的时候,校党委委派王文升任外文系党总支书记,任命夏乾丰、袁晚禾、张运藩任总支副书记。

1979年10月,经过全系党员大会不等额选举,产生了新的党总支委员会,袁晚禾、张运藩、孙铢、龙文佩、程晓岚、张黎犁6人当选(1980年3月又增补赵振康)。报党委批准后任命袁晚禾任党总支书记,张运藩任总支副书记。

1983年3月袁晚禾调任校研究生处处长(1984年成立研究生院后任副院长),由徐增同代理外文系党总支书记主持工作,王沂清任党总支副书记。

1984年5月,党委调孟伯衡任外文系总支书记,1986年11月孟伯衡调任校党委办公室主任,由王沂清代理外文系党总支书记至1988年12月改选后正式任职。1997年4月沈志宏任党总支书记。2003年5月徐龙顺任党总支书记。2007年,外文学院党委成立,徐龙顺任书记,罗英华任副书记。2012年7月李倩由学校办公室副主任调任外文学院第二任党委书记,徐瑾任副书记。

第七节 师 资 概 况

改革开放之前,外文系就有一批经验丰富的资深教授和学者担任教学工作,他们具有丰富的教学和研究经验,对外文系的发展起到了至关重要的作用,1978年后,许多教授仍然留在外文系并开始逐渐招收研究生。正所谓严师出高徒,不少师承这些教授的复旦学子都成了优秀的外语教育者与研究者,并加入外文系教师的大家庭中,其中不乏后来成为学界领军人物的中流砥柱。

20世纪70年代末至80年代末社会上出现了出国留学和下海经商的浪潮。这股浪潮也冲击到大学校园,波及外文系,尤其是英语教研室,先后至少有几十名中青年教师出国深造,或下海经商,或转行转校转专业,其中有陈雄尚、华钟尧、叶扬、葛备、屠绚如、周敦仁、张国强、龚金宝、苏红军、崔渤海、端木三、倪维加、蒋严、薛军、沈关荣、蔡军涛、刘书青、包智明……。其他教研室也有不少教师离职，法语德语日语等都有中青年骨干教师去国外或下海。外文系流失了大批优秀的教学科研骨干，在相当一段时间内教师紧缺（英语教研室和大学英语部一直教师紧缺），一定程度上影响了教学工作。外文系迅速采取措施，从应届毕业生中选留毕业生充实教师队伍，同时从其他单位调进或引进教师，弥补教师队伍的不足，比如调入孙骊、徐烈炯等知名学者等，还留校了何刚强、熊学亮、朱涌协、方志平、谈峥、孙钢、朱建新、王爱萍、王颖、沈园、姜琴、杨海红、张素琴、潘霞萍、高永伟……其中5名年轻女教师朝气蓬勃，教学灵活，受到学生的普遍欢迎，被大家赞誉为"五朵金花"。一直留在英语系教学直至退休的陆国强、陆谷孙、曹又霖、丁兆敏、巫漪云、孙骊、徐增同、朱德遶、胡润松、吴延迪、周叔彝、黄勇民、孙建、黄关福、徐烈炯、何刚强等教授是当时教研室的顶梁柱。他们努力工作，传承英语专业教学的优良传统，使外文文脉得以延续不断，发扬光大。

改革开放后的30余年间,从外文系到外文学院,不变的是外文教师们令人敬佩的学术热情和爱岗敬业的奉献精神。他们源源不断地出产着高质量人文学术译著与双语词典等,推动着中国与世界在精神文化领域的交流互动,并为中国的现代化进程提供了不可或缺的支持。

本时期名师一览:

周叔彝(1928—) 男,英语语言文学教授。1960年2月期任职,讲授"英语翻译""研究生翻译实践""研究生翻译理论"等课程。研究专长为英汉、汉英翻译、词典编纂、英汉语言文学比较研究等。参编《英语惯用法词典》《新英汉词典》,发表论文"宋词的格律"。1991年9月退休。

孙骊(1930—2018) 男,1979年调复旦大学外文系任教,1981年被评为副教授,1985年晋升为教授。在复旦大学开设过英语专业本科生精读课、作文课、翻译课及英语报刊选读课、英语语

言文学专业硕士研究生英语文、史、哲论文选读、目录学与研究方法、社会语言学、外语教与学理论等课程。自1981年起招收硕士研究生,已毕业者有近10名。发表论文约30篇,出版《中国文化历史故事》(主译)、《中国文化胜迹故事》和《英语写作》等多部著作。

巫漪云(1933—) 女,英语语言文学教授,1956年8月起任职,讲授"英语精读""英语写作"等课程,参编《现代西方文论选》(伍蠡甫主编),译著《女性的奥秘》,合译《德莱塞评论集》和《说园》(英译本),曾获复旦大学优秀教师称号,曾任上海外文学会会员、中国英语教学研究会会员。1994年2月退休。

黄润生(1933—) 男,大英部副教授。从事英语教学,于1956年9月入职至1994年7月退休。

陆国强(1934—2010) 男,英语语言文学教授、博士生导师。曾任复旦大学英语教研室主任、现代英语研究室主任、国务院学位委员会学科评审组成员、全国高等院校外语指导委员会委员、复旦大学校务委员会委员、复旦大学学术委员会委员、《现代英语研究》主编。主要从事英语词汇学、现代语义学和认知语言学的研究,并理论联系实践,以科学的发展观指导英语教学和英汉对比研究,在立论和方法上力求创新。1956年毕业于复旦大学外国语言文

学系,1962年取得在职研究生硕士学位。1978年提升为副教授,1985年提升为教授。共培养硕士研究生25名。1991年被列入英国剑桥传记中心出版的《名人录》。

自1980年起,陆国强先后赴美国、加拿大、中国香港等国家和地区参加学术会议和讲学,曾应美国康乃尔大学、哥伦比亚大学、西北大学、加拿大滑铁卢大学以及英国朗文出版公司(亚洲)之邀作系列学术讲座。1989年被滑铁卢大学计算机中心聘为高级研究员,利用计算机进行英汉语义结构对比研究。早在1982年,陆国强就撰写了《现代英语词汇学》,被国家教委指定为中国第一部英语词汇学研究论著。

陆国强除在海内外发表论文30余篇外,还出版专著《现代英语构词》《现代英语表达与理解》《现代英语联想与搭配》《英语句型研究》《英汉和汉英语义结构对比》《英汉概念结构对比》等。此外主编了《英语联想与搭配词典》《英语新词语词典》和《新世纪英语新词语双解词典》(该词典荣获第四届国家辞书奖一等奖)。

徐烈炯(1937—) 男,1972年调入复旦大学外文系任助教,1978年任讲师,1985年越级提升为教授,1991年被批准为英语语言文学学科博士生导师。徐烈炯教授曾为本科生开设过阅读、写作、翻译、语法、口语、听力、文选、报刊选读等各种类型的英语实践课,为硕士、博士研究生开设过语言学概论、语言著作选读、生成语法学、形式语法学、20世纪语言学理论、句法学、高级句法学、语义学、语言学方法论、英汉结构对比、汉语生成语法专题等课程。由他指导或参加指导的有硕士生7名,博士生4名,国内访问学者8名,国际访问学者4名。主要研究兴趣为句法学与语义学,曾在 *Language*、*Linguistic Inquiry*、*Linguistics*、*Lingua*、*Studies in Language*、*The Linguistic Review*、*Journal of Chinese Linguistics*、*Transactions of Philological Society* 等国际语言学期刊上发表多篇有重要影响的论文,著有《生成语法理论:标准理论到最简方案》《指称、语序和语义解释——徐烈炯语言学论文选译》《中国语言学在十字路口》《语义学》《话题的结构与功能》(合著)等多部著作。

徐增同(1937—) 女,外文系原党总支书记,英语语言文学系副教授。1962年7月入职,曾获上海市"三八红旗手"荣誉称号,参编《英国文学选读》《大学英语》,翻译《缮写员巴特比》,并参与《说园》的英译工作,撰写论文"哈代的苔丝和无名的裘德"等,研究专长为实用英语语法。1992年9月退休。

曹瑞瑾(1938—) 女,大英部副教授。主讲"医用英语"和"大学英语"等课程。参与编写《英汉医学辞典》,自编第二外语的德语教材。于1961年9月入职,1998年1月退休。

张增健(1938—2019) 男,笔名尚钢,大英部教授。1966年毕业于复旦大学外文系,曾赴美国马里兰州圣玛丽学院和堪萨斯城罗克赫斯特大学任访问学者。参与主编《大学英语》(精读)及普通高等教育"九五""十一五""十二五"国家级规划教材《21世纪大学英语》。翻译或合译的英语小说包括《人生的枷锁》《乱世佳人》《钱商》《第二次世界大战的重大战役》等。

徐祖琼(1939—) 男,浙江诸暨人,日语语言文学教授。曾任国家教委大学外语教育指导委员会委员,大学日语四级考试组组长。1956年考入日本千叶工业大学机械工程系,1960年毕业归国参加工作,曾在上海耀华玻璃厂、上海柴油机厂担任工程师。1978年被调入复旦大学教授日语,直至2000年3月退休。此外,自1985年起,他还受教育部委托担任大学外语教育指导委员会委员和副主委,兼任该会日语组副组长、组长等职务。

徐祖琼教授长期致力于日语教学与研究。在复旦大学任教期间,他的日语课深受广大师生的喜爱,时任复旦大学校长的苏步青先生有时也会去听他的课。此外,他还编写翻译了大量书籍,主要有《物理学史》《第二代日语广播讲座教材》《日语基础教材——科技类》《生活日语教材》《新世纪大学日语教材》《日汉大辞典》《日汉动词例解辞典》等,为中国日语教育事业的发展做出了卓越贡献。

翟象俊(1939—2019) 男,山东章丘人。大英部教授。曾任复旦大学英语部主任兼外文系副主任、上海翻译家协会副会长。自幼勤奋好学,努力上进。1957年济南一中毕业后考入复旦大学外文系,1966年研究生毕业参加工作,先后担任上海市普陀区光新中学教师、上海辞书出版社《辞海》编辑部编辑、上海译文出版社《英汉大词典》编辑组编辑等。1979年起
担任复旦大学大学英语教学部讲师,1985年任副教授,1991年晋升教授,享受国务院特殊津贴,1999年11月退休。

翟象俊教授一生致力于英语教学与研究,为中国英语教育事业做出了卓越贡献。除为大学本科生和研究生开设非专业英语课外,还曾为英语专业三年级学生开设过翻译课。他主编的《大学英语》《21世纪大学英语》《21世纪大学实用英语》等多部国家级规划教材和国家重点教材风行数十年,教益无数人,一直深受广大高校师生的喜爱,在中国英语教育界影响深远。作为我国大学英语教材建设的元老,他主编的《大学英语》(精读)(学生用书1、2、5册,教师用书3、4册)于1991年获全国高等学校第二届优秀教材特等奖,国家教委高等学校第二届优秀教材一等奖,并多次荣获复旦大学、上海市、教育部奖励和表彰。

李荫华(1940—) 男,江苏东台人,大英部教授,享受国务院政府特殊津贴专家,曾担任大学英语教学部主任(1983—1991)、教育部大学外语教学指导委员会主任(2001—2005)、副主任委员(1996—2000)、亚洲英语学会副会长等职。2004年担任教育部《大学英语课程教学要求(试行)》制定组组长。1980年曾任联合国教科文组织第21届大会(Belgrade)会刊编辑,1984—1985年在纽约州立大学奥巴尼分校研修,1991—1992年在美国卡拉马祖学院讲授中国社会和中国文化。

李荫华从事本科生基础英语课教学以及英语专业研究生的英语教学和研究达40年,开设的本科生课程有"英语""英语语法""大学英语",英语专业研究生课程有"高级英语阅读""英语词典学"等。曾获1989年上海市优秀教学成果特等奖、1993—1994年校优秀教学成果一等奖等。

李荫华长期从事大学英语教材以及英语辞书的编写和研究,是国内资深的外语教材编写专家。1985年起先后任《大学英语》(国优教材,普通高等教育"十一五""十二五"国家级规划教材,曾获全国高等学校第二届优秀教材特等奖、国家教委高等学校第二届优秀教材一等奖)、《全新版大学英语》(普通高等教育"十五""十一五""十二五"国家级规划教材)、《全新版大学进阶英语》《全新版大学高阶英语》等系列教材的主编或总主编。这些教材被全国众多高校使用,对我国的大学英语教学产生了深远影响。曾参与《新英汉词典》《朗文英汉双解成语词典》《牛津高阶英汉双解词典》新词补编等辞书的编写或编译。专著有《英语词典初探》,译著有《变化中的英语》等。

陆谷孙(1940—2016) 男,出生于上海,祖籍浙江余姚,著名教育家、翻译家、散文家、双语词典编纂家、莎士比亚学者、国家级教学名师、首届全国师德标兵、上

海市哲学社会科学学术贡献奖获得者,《英汉大词典》《中华汉英大词典》主编,复旦大学杰出教授,复旦大学外文系主任,2003年当选复旦大学外文学院首任院长。曾任第九届、第十届全国政协委员,曾任亚洲辞书学会副会长、中国莎士比亚研究会副会长、上海翻译家协会副会长、上海市作家协会理事等。

1951年起就读于上海敬业中学。1957年考入复旦大学外文系英美语言文学专业,学制5年。1962年起攻读本系研究生,师从徐燕谋、林同济、葛传椝等前辈,毕业即留校任教。1985年晋升为教授。1990年担任博士生导师,1992年起享受国务院特殊津贴,1994年被评为复旦大学首批杰出教授。

陆谷孙一生潜心于词典编纂和研究。1970年参加《新英汉词典》的编纂,很快成为其主要设计者和定稿人之一。1976年起,他参与了《英汉大词典》筹备、编写的全过程,并在1986年被任命为这词典的主编。这部倾注他16年心血的巨著,是首部中国人靠自己的力量独立研编的大型英汉辞书,是联合国必用工具书之一,伴随了很多英语学习者的成长。

2000年起,年届六旬的陆谷孙着手筹备《中华汉英大词典》的编纂,2015年8月《中华汉英大词典》(上卷)出版。这部以"古今兼收""义项精当全面""例证博证广引"为特色的词典,已成为汉英词典史上里程碑式的一部作品。为了早日完成这部词典,陆先生呕心沥血,心无旁骛,直至去世前一晚仍在伏案笔耕。

陆谷孙是莎士比亚研究专家。1982年时即凭借《逾越时空的哈姆雷特》一文,成为在国际莎学讲坛上发表论文的第二位中国学者。这篇论文后来发表在英国剑桥大学的《莎士比亚概览》第36期上,引起国际学界热烈反响。之后陆谷孙又陆续发表了"博能返约,杂能归粹——试论莎士比亚戏剧的容量""帷幕落下以后的思考——评第一届中国莎士比亚戏剧节"等重要莎学研究论文。陆谷孙的莎学研究成果多收录在他的《莎士比亚研究十讲》《外国文学：莎士比亚专辑》等著作中。

陆谷孙也是中国当代杰出的教育家。他从不喜欢出现在领奖台上，但坚守于三尺讲坛，以教学为天职，为育人倾注了毕生精力。他坚持为本科生讲授专业基础课，50余年不间断，培养了一代又一代外语专业英才。他教授的"英美散文"是最受复旦学生欢迎的课程之一，被评为上海市精品课程。他策划设立的复旦大学外文节"白菜与国王"系列讲座，邀请海内外知名人士，就社会各领域的热门话题展开讨论，作曲家陈钢、小提琴演奏家俞丽拿、画家沈柔坚、美国翻译理论家 Eugene Nida、作家余秋雨等都曾受邀演讲。他本人更是每年都为学生开设讲座，成为复旦校园文化的一道亮丽风景。

晚年，陆谷孙出版的散文集《余墨集》《余墨二集》《余墨三集》，收录了他在1990年代末以来的读后感、演讲、时评、见闻记录等，处处闪耀着他在文学、词汇学、词典学、外语教育和翻译领域的真知灼见。

陆谷孙先生一生与复旦结缘，倡导爱国爱校的精神。他讲授的是西方语言文化，又始终坚守中国传统文化。崇尚知识的广博性、开放性和国际化，同时更强调知识服务于国家、服务于民族。

题 词 手 迹

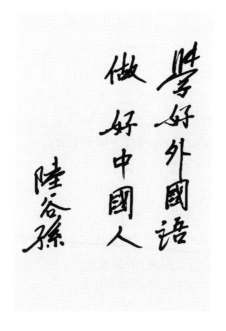

"学好外国语,做好中国人",这是陆老师在大约1990年代末期的寄语。简简单单、再朴素不过的10个字里,陆老师向外文学院师生提出了为学、为人的准则,看似朴实无华,却需要一生去努力实践。这句话后来口口相传,成为外文学院的院训。

胡忠茂(1941—2025) 男,大英部教授。主讲"大学英语"等课程。独立和合作编写英语教学用书8本。合译美国长篇小说《克里斯蒂娜庄园》《蓄谋》等。曾参与《英汉大词典》(第二版)修订工作。

黄关福(1941—) 男,英语语言文学教授。1981年3月任职外文系英语教研组,曾任教研组主任,讲授"英语写作""英语精读""高级英语"等课程。研究专长为英汉辞书编纂、现代英语惯用法、教材编写、词典学等。出版专著《英语中的省略》,参编《英汉大词典》《简明英语语法》《英汉英美社会生活词典》《汉英情景分类词典》《大学英语(阅读)》,主编《高级英语》等。曾获国家级优秀教学成果二等奖、上海市高校优秀教学成果一等奖。2001年11月退休。

夏国佐(1942—) 男,大英部教授。主讲"大学英语"等课程。主要学术成果包括参编《大学英语》系列教材精读教程、《全新版大学英语》系列教材精读教程,以及《全新版大学进阶英语综合教程》《全新版大学高阶英语综合教程》《法学专业英语教程》等。1987年从军队转业至复旦大学外文系,2002年退休。

吴慧玲(1942—) 女,法语语言文学系副教授。1973年4月入职外文系法语教研室,曾教授不同年级的法语精读、法语听力、法语翻译、法语语音学、本科及研究生法语二外等课程,曾参与上海译文出版社《法汉词典》的编纂工作,曾获上海市哲学社会科学科研成果奖、上海市高校科研成果奖。1998年5月退休。

朱宏月(1943—) 男,大英部副教授。曾承担药学系、医学系以及卫生系的英语教学。主讲"医学英语""大学英语"等课程。曾参加《英汉医学辞典》以及药学教材编纂。于1965年9月入职，2012年9月退休。

朱静(1945—) 女，法语语言文学系教授，博士生导师。1973年4月入职外文系法语教研室，曾兼任上海民主妇女俱乐部副主任兼笔会会长、上海欧美同学会留法语国家分会副秘书长。曾教授不同年级法语精读、"法国文学史"、本科及研究生二外课程。在《复旦大学学报》《外国文学报道》《法语世界》《外国戏剧》《译海》《文艺理论研究》《外国文艺》《当代外国文学》等刊物发表众多学术论文及译作，在《新观察》《新民晚报》《现代家庭》《文汇月刊》等报纸刊物上发表散文50余万字，在花城出版社、上海人民出版社、上海三联书店、上海世界图书出版公司等出版单位发表译作100余万字，主编《凡尔纳科幻小说系列》中译本240余万字。2005年6月退休。

张丽珍(1946—) 女，大英部副教授。主讲大学英语教程第一到第四册，也曾教过大学英语听力课程。1991年1月至1992年2月，赴澳大利亚昆士兰大学访学，访学期间帮助昆士兰大学中国语言文学院编写中文听力训练教材。1970年9月入职，2005年1月退休。

陆效用(1946—) 男，大英部教授。主讲"大学英语""研究生英语""应用语言学"等课程。发表二语习得及外语教学论文10余篇，主编《研究生综合英语》《研究生基础英语》《研究生英语阅读》《校园实用口语》《通用职场英语》等。1974年6月入职，2007年12月退休。

刘松筠(1946—) 女，俄语语言文学副教授、硕士生导师，曾任复旦大学俄文教研室主任。1965年考入北京外国语大学俄语系，1970—1973年在该校进修，1973年分配至复旦大学外文系俄语教研室工作，其间于赴莫斯科列宁师范大学访学。1993—2004年任俄语教研室主任。刘松筠担任教研室主任后，开始着手恢复"文革"期间中断的俄语语言文学专业，并于1994年成功恢复俄语专业本科生招生。刘松筠长期从事俄语专业的教学与研究工作，主讲课程有俄语专业本科生的"精读""语法""俄语报刊选读""俄语词汇学"以及研究生的"俄语修辞"等。合译《勃列日涅夫言论集》，独译《莫金》等。主持复旦大学文科基金项目"苏联解体后俄语词汇的发展：新词与新义"等。

王春秀（1947— ） 女，大英部副教授。主要教授大学英语阅读及听力课程。1997—1998年赴美国俄亥俄州进修，同时教授对外汉语。2004年退休。

吴建蘅（1949— ） 女，大英部副教授。主讲"大学英语"等课程。参与编写《21世纪大学英语（读写教程）》《21世纪大学英语（快速阅读）》《21世纪大学英语阅读精选》《研究生英语（听力）》《成人高等教育通用教材（英语）》《大学英语四级测试试题集》《大学英语六级测试试题集》。2009年12月退休。

何刚强（1949— ） 男，翻译系教授、博士生导师，翻译系创始系主任、中国译协资深翻译家，曾担任两届全国翻译专业学位研究生教育指导委员会委员，两次当选上海市科技翻译学会理事长并同时担纲《上海翻译》主编多年。教授"翻译理论与策略""翻译与思辨""翻译研究导论""翻译理论与技巧""译论研读"等课程。所主讲的"翻译理论与策略"课程于2010年被评为上海市高校精品课程。所领衔的"锐意开拓、追求卓越：复旦大学本科翻译专业建设的创新探索"项目获2009年上海市教学成果奖二等奖。已出版学术专著10种，译作2部，翻译教材多本，为外研社高等学校翻译本科专业教材两总主编之一。先后在《中国翻译》《上海翻译》等核心期刊上发表研究文章多篇。2004年获上海市育才奖，2006年被评为第二届复旦大学名师,2007年被复旦大学研究生评选为"我心目中的好老师",2011年被评为上海市教卫系统优秀共产党员和师德标兵。

周昭孝(1949—) 男,日文系副教授、硕士生导师。1976年就读于复旦大学试办研究生班,1979年留校任教,1986年获日本大阪外国语大学文学硕士学位,1989年修完日本立命馆大学博士后期课程返校任教。主要研究方向包括日本现代语言学、日本近世文学、《浮世草子》作者井原西鹤的创作意识。教授"日语精读""敬语表达""日本文学史""日本近世文学研究""日本古典文学作品鉴赏""日本文化特殊研究""井原西鹤作品研读""日语变体假名的解读"等课程。2010年退休。

叶莲莉(1950—) 女,大英部副教授。主讲"医科大学英语""大学英语 精读泛读""听力写作""大学英语综合教程(全新版)""21世纪大学英语""21世纪大学实用英语""全国高等教育自学考试大学英语教程"等课程,发表"英译汉浅述""外语教师教书育人探讨""谈普及外语教学之方法""谈成人英语双向教育"等论文,参编《大学英语水平测试试题集》《英汉医学英语词典》。于1976年9月入职,2005年12月退休。

俞宝发(1950—) 男,大英部副教授。主讲"英语精读""英语听力""英汉翻译实践"等课程。主要学术成果包括翻译、编著《普里泽的名誉》《俯瞰美景的房间》《英美背诵范文精典》《新世纪汉英分类词典》等数十部著作。1975年10月入职复旦大学外文系,2010年4月退休。退休后致力于编写《美丽中国》英汉对照系列,将中国故事推向世界。

项杏林(1950—) 男,日文系副教授、硕士生导师。1974年毕业于复旦大学日语专业并留校任教,1987年获日本庆应大学文学硕士学位。曾任日语教研室主任。研究方向:日语词汇学、日语语法。2010年退休。

黄勇民(1950—) 男,英文系教授,曾任外文学院院长。研究领域为现代英语研究、英语惯用法研究、英汉双语翻译等。主要从事英汉文学翻译,教授"高级英语"等课程。主编、合编或参编《现代英语惯用法词典》《英语常用同义形容词辨析》等7部词典;翻译和合译《命中注定》《隐藏的力量》《马语者》《死孩子之歌》《劳伦斯传》等20余部/篇;主编、参编《英语》等10部教材。2010年退休。

高汝河(1950—1995) 男,山东临清人,副教授。1970年被选送至复旦大学外文系俄语专业学习。大学毕业后,他留校成了一名俄语教师。为了上好课,他虚心向老教师请教,常常备课到深夜,细心揣摩,精益求精。他还利用业余时间撰写科研论文和做俄语笔译,留下数十万字的译著、论文手稿等,已出版的有《勃列日涅夫言论集》(第9、10集)、《社会主义经济理论概论》《苏联社会主义经济史》(第五、七卷)等。高汝河在不懈努力下,俄语专业水平提高很快。高汝河还兼任院系学生工作12年,历任学生辅导员、党支部书记、党总支委员、党总支副书记等职,先后4次获得校学生思想政治工作特等奖、一等奖,3次被评为校优秀政工干部,2次荣获校先进工作者荣誉称号。

1994年11月,高汝河借调到上海茶叶进出口公司驻哈萨克斯坦共和国办事处任代表。除干好本职工作外,他还惦记着外文系的学生工作,经常给学工组写信询问师生的情况。1995年2月27日晚,高汝河下班回宿舍的路上,突然遭到持枪歹徒袭击,但他为了保护国家财产,至死不交公司大门的钥匙,在与歹徒的搏斗中身负重伤,经抢救无效,不幸于次日牺牲,年仅44岁。

查国生(1951—) 男,大英部副教授,曾任大学英语教学部副主任。1975年毕业于复旦大学外文系英文专业并留校工作。1988—1989年在澳大利亚国立大学外交系进修应用语言学和教育心理学。主要学术成果有《研究生基础英语》《研究生英语写作》《21世纪研究生英语写作》《研究生英语应试翻译与写作》等。2011年11月退休。

陈伟丰(1951—) 男,法文系副教授。曾任复旦大学法语教研室主任。1974—1977年就读于复旦大学,1984—1985年就读于巴黎第三大学。1977年9月至2011年就职于复旦大学外文系。发表论文"基础课中法两种教材的并用""转基因食品之争""略谈傅雷翻译""究竟谁是欧洲人""欧洲公民溯源"等。译作有《辩证理性批判》(部分)、《海妖的歌》和《从奴隶到公民》。2011年退休。

姜依群(1951—) 女,法文系副教授。1980年7月入职外文系法语教研室,曾获优秀班主任、校"三八"红旗手、校优秀妇女干部等荣誉,曾教授不同年级的法语精读、泛读和法语二外课程,以及研究生的"语言学概论""西方语言学主要流派"等课程,曾在《外国语》《北京第二外国语学院学报》《外国文艺》等刊物发表学术论文,并参与《当代法国短篇小说集》若干篇目的翻译。2006年8月退休。

余月仙(1951—) 女,日文系副教授、硕士生导师。1988年获日本庆应义塾大学文学硕士学位。研究领域为日语语言学。教授本科生语法、词汇学及研究生语音学等课程,曾获复旦大学教学成果二等奖。2008年退休。

袁全(1953—) 女,大英部副教授。主讲"大学英语"课程。1982年9月入职,2008年4月退休。

吴德雯(1953—) 女,大英部副教授。主讲"大学英语精读""大学英语听力""医学英语"等。参编《英汉医学辞典》(第2和第3版),发表数篇论文。1976年9月入职,2008年10月退休。

章末小结

在恢复高考后的30余年间,复旦大学外文系经历了调整、重建、发展等过程,各系、研究所和大英部不断提升人才培养水平,扩大学术影响力,为中国的外语教育贡献了力量。21世纪初外文系升格为外文学院后,继往开来,取得了丰硕的学术研究成果,进一步巩固了师资力量,完善了"本科—硕士—博士"的培养路径,让复旦大学外文学院在21世纪以来有了独立培养高端科研人才的平台,从而更好地为我国有关英语、俄语、德语、法语、日语、朝鲜语6个语种的语言学研究、文学研究和翻译学研究贡献自己的力量。

这一时期,教师队伍的年轻化也让外文学院充满活力,各位杰出的年轻教师在不同研究领域深耕,为未来开设新的研究课题,申请新的市级、国家级项目提供了无限可能。同时,外文学院牢记首任院长陆谷孙先生"学好外国语、做好中国人"的院训,始终服务国家战略和社会需要,培养具有家国情怀和社会责任感,具有人文素养、科学精神、创新能力和国际视野,能够适应时代发展需要的复合型、创新型的一流外语专业人才。

第四章

新时代的外国语言文学学院
(2012—2024 年)

进入新时代，复旦大学外文学院规模大幅扩大，师资力量急剧增强，进入了全面辉煌的发展时期。2012年后，外文学院引进了多名年轻有为的专业教师和科研工作者，各系部都有不少新鲜血液流入，全院师资力量大幅增强，并创建了多系本科、硕士、博士系统完整的培养体系。2017年西班牙语系成立后，外文学院"八系一部"的格局正式形成。各个系部的教师齐心协力，不断为推动国内多语种外语教学及研究、促进中外学术合作和文化交流努力发展，不断改革课堂教学方法，努力提高教学质量，致力于课堂之外的外语学习共同体建设。

学院坚持"立德树人"，深入开展"三全育人"，着力培养具有良好的综合素质、扎实的外语基本功和专业知识与能力，具有国家意识、人文情怀、科学精神、国际视野，适应我国对外交流、国家与地方经济社会发展、各类涉外行业、外语教育与学术研究需要的各外语语种专业人才与复合型外语人才。

因深受复旦大学作为百年综合性研究型大学氛围的影响教育观念和教学体系，外文学院毕业的学生不仅在竞赛成绩、学术成就上出类拔萃，在人文素养和社会责任方面也受到外界较高评价。外文学院毕业生主要去向包括国内外继续深造，去往国家机关或优秀中外企业参加工作，进行创业，等等。复旦外文学院学生的综合素质受到各界人士的广泛赞誉。

第一节　新面貌,新气象

1. 英文系大力推进教学改革,成果丰硕

经过多年发展,英文系在教学体系和授课模式上不断探索,推进对学生的综合素质培养,以高起点的研讨型课程不断提升教学效果,打造精品课程。在英文系开设的课程中,"英美散文"被评为国家级精品课程,"语言学导论""翻译理论与技巧""西方文学导论"位列上海市精品、重点课程。强大的教学力量为下一步的教学改革奠定了坚实基础。为了做好英语专业的课程改革,英文系教师对国内兄弟院校、海外名校的英文系课程设置进行了广泛和深入的调研:2012年走访了北京大学和北京外国语大学的英语系,2013年调研了包括台湾大学、台湾政治大学等4所台湾高校的英语系,2014年访问了香港大学和香港城市大学的英语系。调研结束后撰写了3份详细的调研报告,系统地比较了各校英语专业课程设置的异同并分析了我系可借鉴的经验。在经过种种准备后,2015年英文系开始实施新的培养方案。

首先,建立新型本科课程体系。在"2+X"的教学理念下确立了通识教育课程(含通识教育核心课程和专项教育课程)、专业培养课程(含大类基础课程和专业核心教育课程)、多元发展课程(含专业进阶路径、荣誉项目路径、跨学科发展路径、双学位路径和创新创业路径)三大模块衔接递进的本科课程的完整体系。

其次,深化课程思政教学改革。在中国与西方的语言文化比较的视野下,构筑核心思政课程体系,以专业课程思政建设为支撑,形成从"思政课程"到"课程思政"的圈层效应,并在不同教学模块中成立核心教学团队,把社会主义核心价值观教育贯穿到课堂教学各个方位、各个层面。

再次,构建多元专业培养方案。根据学生个性化、多元化成才的需求,推进英文专业教育的课程体系调整,推出荣誉课程项目方案、创新创意创业项目方案、学程项目方案等,按照"少而精"原则确定专业必修课,增加专业选修课比重,为学术型、应用型、交叉型人才开辟不同特色的培养通道。

最后,全面提升科研实力。在科研能力培养上,英文系结合学校、学院的"望道""曦源"及"科创"等学生科研项目,完善学生科研能力培养体制,并加强学生与导师的沟通渠道,在此基础上深化学生的科研能力培养改革。

2019年,英语语言文学专业获批第一批国家级一流本科专业建设点。2021年,英文系教学团队获评复旦大学十佳教学团队(钟扬式教学团队)。2022年,高永伟教授领衔的英文系教改项目"多维赋能理念下英语专业人才培养模式创新"项目获评上海市优

秀教学成果一等奖。与此相对应的是,学生的培养质量不断攀升。2024年,英文系英语专业四级统测的通过率100%,优秀率96.4%,创下历史新高。

为加强青年学子的交流,为优秀学生深造提供机会,进一步推进学校"双一流"建设,从2019年开始外文学院每年举办全国英语学科优秀大学生夏令营活动。夏令营通过组织外文学院文学、语言学、翻译等方向的著名学者进行学术讲座、师生对话座谈、校园参观等活动,增进全国英语学科优秀大学生对复旦外文学院英语语言文学、外国语言学及应用语言学、英汉翻译专业硕士方面的了解和认识。夏令营每年招收65人左右参加,成为外文学院预选拔英语类专业研究生推免生的主要渠道,有效提升了研究生的生源质量,助力外文学院外国语言文学"一流学科"建设。

2. 西班牙语语言文学系成立

进入21世纪后,中国与西语国家的交往呈全方位快速增长,中西、中拉双边贸易总额增长飞速,中国与拉美关系呈现全方位、多层次、宽领域发展的新局面。在这一宏大背景下,我国的西班牙语学界努力对接国家战略需求,积极采取对策,获得长足的发展。2016年,经过复旦大学外国语言文学学院的长期筹备,教育部同意恢复复旦的西班牙语语言文学专业。

2017年,停办近40年的西班牙语语言文学系重新招收本科生入学。同年11月,外文学院在光华楼思源报告厅召开西班牙语语言文学国际研讨会暨西班牙语系成立大会。西班牙语系于新时代的重建,对推动国内西班牙语教学及研究、促进中拉学术合作和文化交流具有重大意义。

经过数年的开拓与经营,西班牙语语言文学系如今具有了一支经验丰富且具有活力的教师队伍,"学缘结构"科学合理,对教学工作提供了重要的保障。教师们从国内外知名大学获得博士学位,均拥有长期在对象国学习、工作的生活经验,具备良好的西班牙文语言文化素养和跨文化交际能力,具有卓越的人文追求、批判能力、创新意识、独立精神和团队精神。与此同时,教师们学术背景呈现多元化,研究方向覆盖文学、语言学、翻译学、跨文化研究、媒介研究和国别研究等多个领域,并取得了丰硕的成果,能力受到业内认可,有教师获聘教育部高等学校专业外语教学指导委员会委员。

在本科生培养方面,西班牙语系依托复旦大学"2+X"本科生培养体系,帮助学生在扎实专业培养的基础上提供更加丰富多元的学习发展机会,成为"厚基础、宽口径、复合型"的学术及应用人才。

2017年西班牙语系重建以来,截至2023年底共发表了34篇论文,出版4本译著和6本专著,申请到16个科研项目,并多次开办多样讲座,每一次重要讲座都是西班牙语系的一个里程碑。

雄厚的师资队伍与科研成果支撑起西班牙文的人才培养格局,形成了富有特色的引领性、复合型人才培养体系。西班牙语系培养兼具扎实语言基础、多学科知识、高人文素养以及全球视野的西语人才,毕业生们了解我国国情、熟悉西语国家的历史、社会和文化,具备优异的西语听、说、读、写能力以及出色的汉语表达能力,具有较强的逻辑思维、创新能力和独立解决问题的实际工作能力。

3. 大学英语教学部各项事业再上新台阶

大学英语教学部继往开来,大力推进新时代大学外语教育的发展与改革,服务国家战略和社会需要,根据国家新时代"一带一路"发展战略,按照复旦大学建设"中国特色世界一流大学"的发展定位和办学方向,各项事业蒸蒸日上。

首先,在课程研发与教学方面,大学英语教学部推出的"英语公众演说""高级英语""英语口译""学术英语(社科)""学术英语(管理)""影视与英美文化讨论""英语论说文写作""英语笔译""跨文化交际"先后获得上海市教委重点课程。"英语公众演说"于2015年被评为上海市精品课程。"英语论辩与思辨""学术英语(管理)"分别于2021年、2023年被认定为上海高校一流本科课程。2023年"高级英语"入选第二批国家级一流本科课程。

2013年,"基于国际化人才培养目标的多元化多层次大学外语教学体系构建"获得上海市教学成果奖一等奖。2017年,"高水平研究型大学学生英语能力培养质量标准与测评体系的构建与实践"获得上海市教学成果奖一等奖,"基于学科内容的大学生学术英语能力培养模式的构建和创新"获得上海市教学成果奖二等奖。2022年,"以个性化、全能级为特征的外语学习共同体建设的探索与实践"获得上海市教学成果奖二等奖。

其次,在课外育人方面,大学英语教学部坚持建设以"三中心一平台"(语言学习中心、英语演讲与辩论中心、英文写作中心、大英部英语自主学习云平台)为核心的外语学习共同体。其中,语言学习中心成立于2013年,一线资深教师为全校学生提供个性化一对一辅导,并组织丰富多彩、各具特色的第二课堂活动(如讲座、工作坊等),帮助学生全方位提升外语能力。同学们可以在中心阅览期刊、浏览音视频资源、使用朗读亭等。英语演讲与辩论中心成立于2015年,该中心致力于英语演讲与论辩修辞学术交流、课程建设、英语拔尖人才培养工作。中心教师指导学生在国内重要英语学科竞赛中频频斩获冠、亚、季、最佳辩手等优异成绩。英文写作中心成立于2019年,为全校学生提供英文写作及学术交流的支撑服务,包括一对一写作辅导、模块化英文写作讲座/工作坊建设、线上英文写作策略资源库建设、英文写作竞赛拔尖人才培养等。

第三,在教材建设方面,大学英语教学部在全国高校中始终处于领先地位。大学英语教学部不仅坚持定期修订《大学英语》《21世纪大学英语》《全新版大学英语》等经典知名教材,同时也顺应时代发展,积极对接国家和学校的最新发展战略,开创新的教材类型、内容和形式。2013年起,陆续出版《学术英语》系列教材[含《学术英语(人文)》《学术英语(社科)》《学术英语(管理)》《学术英语(理工)》《学术英语(综合)》],并建设了10多部医学英语教材[《医学英语(临床医学)》《医学英语(基础医学)》《医学英语术语实用教程》《医学英语论文写作及国际会议交流》等];2017年,推出《全新版大学进阶英语综合教程(1—4册)》;2020年起,开发大学英语口语思辨教育系列教材(包括《国际学术交流》《英语论辩与思辨》《英语演讲与沟通》《英语公众演说》);2022年起,建设研究生学术英语系列教材(包括《英语研究论文写作》《研究生学术英语综合教程》等)。2021年,复旦大学大学英语教材重点研究基地获批建设。同年,由李荫华教授担任总主编的《全新版大学英语(第二版)综合教程》被认定为首批上海高等教育精品教材。2023年,由余建中教授领衔主编、复旦大学出版社出版的《21世纪实用英语综合教程(第3版)》成功入选首批"十四五"职业教育国家规划教材。

除此之外,大学英语教学部老师还积极开展扎根于教学的科研,取得了丰硕的成果。老师们在外语教学领域具有重要影响力的CSSCI来源期刊和SSCI来源期刊发表多篇教学科研论文,出版多部学术专著和译著。近年来,多位老师获得省部级以上科研项目立项。大学英语教学部还积极组织全国性和国际性的学术会议,如New Directions in TESOL(2012)、EFL写作教学理论与实践研讨会(2014)、Pacific Rim Objective Measurement Symposium(2018)、大学外语教学改革与应用语言学高层论坛(2020)、全国C9高校研究生学术英语教学主任论坛(2023)等,并出版会议论文集,为外语教学的同仁和科研工作者提供高端的学术交流平台。2022年,大学英语教学研究中心正式获批成立。该中心旨在进一步推动教师的教学科研产出、助力教师职业发展。

在人才培养方面,大学英语教学部以培养学生的英语演讲、辩论、写作等全方位的语言能力而闻名。大学英语教学部为学生成长提供了良好的平台,学生也屡屡为外文学院和复旦大学争光,堪称硕果累累。

4. 俄文系积极开展教学改革

2012年后,俄文系进行了两次规模较大、影响较广的教学改革,在已有的扎实基础上,对教学方法、教学方向和课程安排做了多方面的针对性改进。第一次改革是2015年。俄文系在外文学院要求外语专业教学从纯语言教学训练模式转向训练学生思辨能力模式的背景下,小幅度修改培养方案,删除了个别专业课程,缩减了俄语精读课时,增设了文学文化类课程。最终将俄语专业本科生的总学分调整置为156分(含综合教育课程和文理基础课程)。其中专业课程有64分,包含"初级俄语""中级俄语""高级俄语""俄语视听说""俄语实践会话""俄语泛读""俄语写作"等专业必修课程,"俄国文学史及经典作品选读""俄语词汇学""俄语语法学""俄语修辞学""外贸俄语""报刊俄语""翻译理论与实践""俄罗斯诗歌""俄罗斯戏剧""俄罗斯概况"等专业选修课程。第二次改革是在2022年。俄文系在外文学院响应复旦大学"2+X"改革号召的背景下,大幅度修订培养方案,编撰全新的本科生多元发展模式,其中包括专业进阶、跨学科发展(含学位项目)和创新创业等不同路径。

5. 法文系积极开展教学改革

新时期的法文系以外文学院进入"双一流"学科建设、修订本科"2+X"人才培养方案为契机,以"全球化""新文科""外语+"等改革理念为指导,继续坚持独具特色的4个专业方向,不断丰富各级教学内容和教学手段,在系主任袁莉和陈杰的带领下,顺利通过两次教育部教学评估,获批国家级一流本科专业建设点。人才培养方面更是取得了累累硕果:教育部法语专业四、八级考试成绩连续多年在全国居于领先位置;在外研社杯、外教社杯、永旺杯等语言文化类竞赛,以及法国驻沪总领馆、魁北克政府驻上海办事处所举办的各类赛事中,每一届均有复旦法文系学生获奖。自2014年始,引进杨振、陈杰、鲁高杰、李佳颖、姚景晨等多名毕业于世界一流高校的青年才俊,优化师资队伍,强化本专业在法国文学、比较文学和翻译学等领域的优势,坚持用科研促进教学的优良传统,鼓励青年教师深入开展教育教学改革试验。张华、赵英晖等多次荣获各级教师教学创新大赛奖项。2023年校庆期间,法文系首次举办"法国戏剧教学与研究工作坊",旨在发挥本系在法国戏剧研究方面的突出优势,由陈杰、郭斯嘉、李佳颖和赵英晖等组成的教研团队,以工作坊的形式每年固定举办各种形式的学术研讨。面对时代之巨变,法文系目前正致力于设计、申报"外语+"双学位、复语、MTI等复合型人才培养项目,未来计划深度融合人工智能、大数据等现代信息技术,持续推动本专业课程教学的理念变革、体系变革、方法变革和实践变革,形成更具特色的、符合我国国家战略需求的教育教学新范式。

6. 日文系积极开展教学改革

2012年以来,日文系进行了一系列教学改革,在已有扎实的教学实践积累上,对课程架构、基础课程模块建设、专业课程的教学方法及教学内容等方面均做了跃升性调整。2014年,日文系响应全校课程改革号召,开启了通识型人才培养模式的改革之路。2015年,日文系积极响应学院课程改革的号召,力争提升课程的"两性一度",即高阶性、创新性和挑战度,注重推进日文系学生的思辨能力、批判性思维能力,在专业课程内容的深度和广度上均做了大幅度调整。基础核心课程主要有"综合日语""日语视听""日语会话""论文写作""翻译理论与实践""日语词汇学""日语语音学""日本文化史"等。高阶拓展型课程主要有"日本现代作家及其作品研究""日本文语文法""古典文学选读""日语语言文学十五讲""村上春树十五讲"等。2022年,日文系在外文学院响应复旦大学"2+X"的改革号召下,大幅度修订培养方案,编撰全新的本科生多元发展模式,其中包括专业进阶、跨学科发展(含学位项目)和创新创业等不同路径。

日文系刘佳琦开设的专业选修课"日语语音学"先后获得上海市一流课程、上海市重点课程、校级优秀教学成果奖,出版教材《日语语音学教程》(第一、第二版)(华东师范大学出版社)获得上海高校优秀教材奖。山本幸正、杨晓敏、王菁洁连续三届获得全国大学生日语演讲比赛特等奖优秀指导教师奖。

7. 朝鲜语系积极开展教学改革

朝鲜语系在坚持"以本为本""四个回归"人才培养理念的基础

上,不断探索和改革人才培养模式。贯彻落实《外国语言文学类专业本科教学质量国家标准》,实行通识课程、基础课程和专业课程相结合的复合型人才培养模式,实行"2+X"培养体系,鼓励学生跨学科学习,加强学生对朝鲜半岛国家社会文化的理解。加强课程思政建设,已有2门课程入选"复旦大学100门专业思政课程"。整体来看,韩文系的教学模式改革大致分为三个方向:

(1) 大力推进课程教材建设,打造精品课程和优秀教材。明确课程功能和特点,建立一个功能明确、特色鲜明、科学合理的专业课程群。适应新时代高等教育的新使命,及时更新课程体系和教学内容。在此基础上,努力打造精品课程、特色课程。韩文系以教材编写作为课程建设的重要抓手,共出版各类教材、词典10余部,主编了"21世纪韩国语专业系列教材",另有朝鲜语精读课教材《韩国语》(4册)(上海外语教育出版社)即将出版。《初级韩国语(上、下)》荣获复旦大学教学成果二等奖和上海普通高校优秀教材三等奖。

(2) 深化教学改革,不断创新教学方法手段,推动信息技术与教育教学深度融合。改变以讲授为主的教学方法,根据课程特点尝试开展研讨式、任务式、情景式等多种教学方法,成效显著。朝鲜语系积极推动网络信息技术与专业教学的融合,《韩语写作》《韩国语语法》等4门课程开展了在线课程或线上/线下混合式教学改革,教学资源实现网络共享,有效延伸了学习空间和学习时间。

(3) 加强学生学习过程管理,激发学生学习兴趣和潜能。实行"导师制"。开展学业指导和思想指导,关心学生的全面健康发展;实行"导师+学生"共同研究制度。鼓励学生参与"曦源科创"等本科生科创项目,共指导学生完成10余项研究课题,有效激发学生的探索热情;积极开展韩语社团及志愿者实践活动。鼓励学生发挥一技之长,促进学习积极性;引入社会资源,设立"韩国国际交流财团奖学金""复旦之友——SK 奖学金"等,奖励品学兼优的学生。

8. 多语种中心成立

多语种中心成立于 2016 年 3 月,旨在贯彻复旦大学"国际化本科教学的创新战略",深化外语教学改革,以世界一流高校标准为我校师生国际化学习与研究提供多语言教学服务,为"一带一路""走出去"的国家战略培养和输送优秀人才。中心现任主任为朱建新副教授,副主任为廖静副教授。

中心根据复旦大学师生国际学习与研究的需求,为外语专业学生提供二外、三外,为全校其他院系提供非专业多语种外语课程。中心以外文学院为主体,在学校相关部门的协助和指导下承担课程规划、教师聘任,实施课程管理、多语言水平测评及本科生语言国家留学项目开发等工作,并根据学校全球人文与科技创新研究战略,综合规划外语教学布局,及时提供所需语种的优质课程。

外文学院常年向全校开设英、日、法、德、俄、朝、西等多种外语基础课程。多语种中心成立后,根据国家培养"一专多能""一精多会"高素质国际组织后备人才队伍的总体要求和我校师生国际学习与研究的具体需求,开设了更多不同关键语种课程。中心已开设的学程有公共外语(阿拉伯语),已开设的课程有阿拉伯语、葡萄牙语、瑞典语、丹麦语、希伯来语、荷兰语、匈牙利语等,正在积极筹备开设的课程有意大利语、泰语、印地语等,部分课程通过超星慕课平台,共享优质的语言课程资源。

中心提供的外语课程主要由外教讲授。根据语言国外交部、高等教育委员会以及与复旦有校际交流关系的高校推荐,选聘优秀母语教师来复旦任教。部分课程已经实现"1+1"模式,即我方学生在复旦学习一年基础语言课程后以交换留学方式前往语言国高校学习一年,在继续本专业学习的同时修读对方国家语言课程,做到"专业与语言学习并进"。

中心设有微信公众号"多语教育与多语研究",参与多语课程介绍与推广、第二课堂、多语言校园文化等活动,并适时提供包括英、日、法、德、俄、朝、西、阿在内的多语教育资源和最新资讯,促使外语学习成为激发学习者异文化探索和培养跨文化交际能力的契机,丰富学生对相关语言对象国的认知和理解。

9. 各类学术研究中心先后成立

过去10年间,外文学院成立了10余个不同的学术研究中心。现有学术体系涵盖美国本土文学、北欧文学、语言学、莎士比亚研究、双语词典编纂研究、外国文学研究、法语国家研究、大学英语教学研究等外语教学与研究的多个领域。2013年,成立语言学习中心。2015年,成立MTI教育中心、英语演讲与辩论中心。2016—2018年,先后成立中澳创意写作中心、语言学习中心、语言测试中心、医学英语教学研究中心、英语演讲与辩论中心。2019年,成立英文写作中心。2022年,成立大学英语教学研究中心。2023年,成立多语种翻译与国际传播研究中心。

2021年,由全国科学技术名词审定委员会和复旦大学合作共建的"术语和专科词典研究基地"落户于外文学院。

10. 翻译系切实推动专业学位教育和跨学科合作

2015年4月,外文学院成立了翻译专业硕士教育中心,并与上海外语频道、上海市对外服务有限公司、FBC上海韦勋翻译有限公司、中国日报/21世纪英文报签订联合培养实习基地。2017年暑假,开设复旦大学研究生FIST项目课程"译学前沿研究",次年,开始招收全日制翻译专业学位(英汉口译方向)研究生。

2018年,外文学院与华为技术有限公司签约,建立复旦大学外文学院华为翻译中心实践基地。2019年与上海唐能翻译有限公司、策马集团、上海文化基地等单位完成签约。2021年,翻译系与北京墨责国际文化发展有限公司、上海一者信息科技有限公司、上海市外服国际人才培训中心、上海文策翻译有限公司等单位完成签约。同年，引进YiCAT机器翻译与译后编辑线上平台，供翻译系及全校师生使用，极大提高了翻译教学和实践的效率和质量。

2023年，翻译系牵头申请成立的"复旦大学多语种翻译与国际传播研究中心"正式揭牌。中心旨在以外国语言文学学院的现有多语种及翻译专业格局为基础，积极探索贯通聚合的建设路径，打破专业隔阂，促进跨界创新，实现优势互补、强强联合，聚焦中华文化在不同外语环境中的传播方式、技巧、效果等课题，为国际传播能力提升提供新理念、新思路、新方案，在多语种高级人才培养和国际传播科研创新上发挥导向作用。未来，中心将与复旦外国语言文学、新闻学、传播学及复旦大学国际问题研究院整体发展战略相对接，利用学科点现有平台和队伍优势，形成复旦"集群"优势和特色。

11. 各系部扎实推进国际交流

由于专业的特殊性,21世纪以来,外文学院参与了众多国际交流与合作项目,尤其是近10年间,各系部都在积极推进学生的国内校际交流和海外交流。

英文系开展英文专业本科教学改革,重新梳理课程体系、教学方法和人才培养模式,并实施具有新时代外语学科特色的培养方案。新的方案将传统的听说课程替换为演讲辩论课程,加强对于思辨和表达力的培养;设置了贯穿本科4年学制的写作课程体系;压缩精读和泛读课程的课时,并新增了多门文学、语言学、文化研究等内容为主题的专业课程,从而形成了文学、语言学和文化研究3个课程模块,充分体现外语学科的多元属性。在此基础上,英文系紧扣国家培养创新人才的思路,继承百年教学育人中的博雅传统,探索出"多维赋能"全方位英语专业人才培养新模式。"多维",凸显了英文专业育人模式的多元化、方法的多样化。具体体现为多元铺展、层次递进的课程体系;技术先进、理念超前的教学方法;凸显个性、灵活多元的人才培养模式。"赋能",着眼于培养学生的"学术能力、思辨能力、跨文化交际能力"等新时代国际人才亟需的能力,以实际行动践行复旦大学"培养担当民族复兴大任、掌握未来的复旦人"的育人目标。历时近10年的教学改革取得了丰硕成果。英文系教学团队获评复旦大学钟扬式教学团队,并获复旦大学本科教学成果一等奖、上海市高校教学成果一等奖。

俄文系不仅每年不定期邀请2—4名国内外著名专家和学者来复旦大学讲座并进行学术交流,而且每年派送本专业学生去俄罗斯、东欧、中亚等国家和地区交流学习。目前,俄文系学生出国交流学习的项目主要包括:1)国家留学基金委资助的教育部公派项目(包括本科和研究生的插班学习以及攻读学位);2)复旦大学外文学院和莫斯科市立师范大学外语学院的院际交流项目(本科和研究生的插班学习）；3) 俄罗斯教育部给优秀外国学生提供的免费交流项目(本科生的插班学习)；4) 复旦大学和欧美国家以及港台高校的校际交流项目。

西班牙文系和西班牙、墨西哥、哥伦比亚、秘鲁、阿根廷等西语国家的许多国际知名学府，如西班牙格拉纳达大学、阿尔卡拉大学和马德里自治大学以及墨西哥蒙特雷科技大学，建立了长期合作交流，学术往来密切。绝大部分本科生都能获得海外留学的出国交换机会，增强语言技能，提升跨文化沟通能力，感受异域文化，进一步加深对西语世界的理解和认识。

德文系和德国柏林自由大学、海德堡大学和奥地利维也纳大学等诸多德语区著名大学建立了长期和密切的交流关系，相当数量的本科生和几乎全部研究生在学期间有机会赴德短期留学半年至一年。德文系与国外同行交流频繁，举办和参加国际学术会议，经常邀请德语国家学者、作家、官员等前来举办讲座。德文系教师也常至德语国家交流讲学或从事文化交流工作，并利用远程技术增进国际教学合作，丰富教学资源。自2022年暑期开始，李双志教授和沈冲老师与维也纳大学德文系合作，开设暑期线上奥地利文学课程，为复旦本、硕、博学生在假期提供高质量文学课程，同时也为广大社会德语文学爱好者提供了细读奥地利文学的机会，广受好评。2023年3月27日上午，德国驻上海总领事贺德满(Pit Heltmann)访问复旦大学。在会面中，德文系系主任李双志教授、德文系副系主任沈冲、外教Daniel Simon陪同会见。会谈结束后，贺德满总领事还前往德文系与师生进一步交流。

日文系自建系以来就非常注重国际交流。从1980年代初开始就在时任系主任苏德昌教授的推动下，有计划地派出青年教师前往日本知名学府庆应大学、大阪外国语大学、一桥大学等深造，取得优秀的研究成绩后回国任教，成为提升新世纪日文专业教学水平的重要力量。日文系长期与筑波大学、青山学院大学等知名学府开展学术交流,邀请著名专家和学者来复旦大学讲座并成功举办共同学术研讨会。日文系每年派送、推荐优秀本科生、研究生前往东京大学、京都大学、早稻田大学等一流学府交流留学、攻读学位,还接收多名来自日本、韩国、马来西亚等国的留学生就读日文系本科、研究生课程。

  朝鲜语系一直与朝鲜、韩国学界保持着密切的交流关系,其国际交流工作主要分为三个模块:1) 全面推进横向、纵向对外交流。朝鲜语系与韩国国立首尔大学、国立全南大学、高丽大学、中央大学、韩国外国语大学、延世大学、庆熙大学等10多所知名高校保持着活跃的横向交流关系,同时与韩国国立国语研究院、韩国学中央研究院等韩国政府科研机关以及韩国国际交流财团等保持着良好的纵向交流关系。2) 全面增加教师和学生的对外交流机会。目前我系的本科生、研究生基本都能通过校级交流项目,交换到韩国或朝鲜进行一个学期或一学年的学习。教师能经常参加国际学术会议,先后有4位教师作为特聘教授在韩国任教一年,此外还能利用复旦人文基金等项目进行短期的国外访学。3) 邀请国外知名学者来访讲学制度。朝鲜语系每年邀请4—5位国外知名学者前来讲学,邀请长期或短期的访问学者,以此促进朝鲜语专业与国内外学界的学术交流。

  此外,翻译系和法文系同样积极选派学生赴境外名校交流。翻译系学生有机会前往美国加利福尼亚大学河滨分校、加拿大UBC、澳大利亚墨尔本大学、香港中文大学等翻译研究知名学府交流。法文系则和法国、比利时、加拿大的许多国际著名学府建立了长期合作交流联系,学术交往密切,相当数量的本科生和全部研究生都能到海外留学一年。每年还有2名外籍专家常驻,从事各个层次的教学工作。

英文系鼓励学生积极参与海外交流项目,致力于增强学生的国际视野和文化理解能力。本系每学期选派优秀学生参与由复旦大学国合处举办的校际交流选拔,学生将有机会前往美国加州大学伯克利分校和洛杉矶分校、英国爱丁堡大学、美国北卡罗来纳大学教堂山分校以及澳大利亚悉尼大学等世界顶尖学府学习和交流。

此外,针对大二学年中修读西班牙语作为第二外语的同学,英文系设有赴西班牙马德里大学的院系专项交流项目,旨在提升学生的第二外语语言技能和跨文化交际能力。而对所有英文系学生,英文系开设了前往英国华威大学的交流项目,使学生们能够在国际环境中深化对英语文学和语言学的理解,同时扩展其学术及职业发展的视野。这些海外交流项目不仅为学生提供了深入了解不同文化和教育系统的机会,还通过与全球各地的专业学者的交流,丰富了学生的学术经历和个人成长。英文系的学生通过这些国际交流活动,能够在全球化的背景下更好地准备未来的学术和职业挑战。

12. 工会积极组织各类活动

外文学院工会在学院党委和复旦大学工会的双重领导下,成为党委联系教职工群众的桥梁和纽带,在学院建设和发展等各个方面发挥了积极的作用,取得了丰硕的成果。历任工会主席有陈良明(法文系)、曾建彬(大英部)、刘亦春(大英部)等,现任主席为夏威(大英部)。外院工会积极组织开展各项活动,不断创新工作方式方法,为增进教师身心健康作出了不懈的努力,如"六一"亲子活动、"一二·九"歌会、广播操大赛、校运会、春秋两季出游、教师月度生日会、校乒羽赛、送清凉送温暖、教代会组织等,社会反响良好,并多次在比赛中取得佳绩。例如,2014 年,学院代表队获校飞镖比赛团体第九名;2015 年,学院代表队获校教职工健美操比赛三等奖;2022 年,学院代表队获得复旦大学乒乓球团体赛亚军;2023 年,学院代表队获校广播操比赛一等奖;2023 年,学院代表队

获校教工羽毛球团体赛第六名；2024年，学院代表队获得复旦大学教工体育嘉年华拔河比赛亚军；等等。

13. 新外文楼落成

随着学科不断发展，外文学院对教学科研和办公场地提出了更高的要求，而此时的文科楼已经无法满足扩容的需要。经过学院领导的积极争取，学校于2021年6月正式下达文件，同意外文学院整体迁入化学西楼二至六层，化学西楼更名为"外文楼"。大楼装修工程改建项目于同年9月立项并启动。本次全面修缮改建工程由学校拨专款支持，希望新外文楼的投入能从根本上解决学院用房荒的问题，促进新时期学科建设的发展。

因此，次改建工程对学院将来发展影响深远，学院党政联席会议专门确定由副院长刘炜和办公室主任鲍伊尹跟进工程进度及此后搬迁事宜。同时，学院通过各种渠道征集了教师意见，与工程设计与施工单位多次讨论，强调新空间的人性化功能，为优化工程设计提供大量参考意见。

外文楼于 2023 年 5 月完工,外文学院于当年 11 月完成整体搬迁工作。改建后的外文楼面目一新,除了标准办公室外,还有大量公共活动空间,为学院举办各类活动提供了强有力的硬件保障。外文楼不仅配备先进的硬件设施,以支持语言教育、语言实验和学术研究,同时还逐渐成为学校重要的文化交流中心之一。学院工会还在楼内设置了活动室和母婴室,为教师提供休闲、锻炼等便利设施和场所。外文楼的建成进一步提升了校园的整体建设水平,促进校园设施的现代化和校园整体规划的实现,为学校的长期发展注入新的动力。

第二节 学科建设与"双一流"建设

复旦外文学科是复旦大学最早建立的系科之一,其前身外文系与学校同龄,至今已有近120年历史。外国语言文学一级学科在第五轮学科评估中获得A-评级。英语语言文学是上海市重点学科。英文专业和朝鲜语专业为国家本科"一流专业"。外文学院作为外国语言文学"一流专业一流学科"建设主体单位,细分为外国文学与比较文学、语言学、翻译学、词典学、区域国别研究5个主要方向。近年来这几个建设方面均有所突破。

1. 文学研究保持传统优势,积极突破创新

外国文学方向保持了复旦外文学科传统的国别文学研究、文学翻译、西方文论研究的优良传统,并且在过去几年通过引进高层次学术人才以及对院内既有研究队伍的深度整合,以英、法、德、俄、日、朝鲜语、西班牙语等各语种文学的领军学者为中心,以时代命题为导向,打破语种与学科界限,孵化出了若干个相对成熟的科研团队,使这几个语种的文学教学与研究在短时期内取得了显著的提升。在英国与欧陆浪漫主义时期文学、法国古典主义文学研究、德语国家现代美学研究、近代日本文学与思想诸方面都有重要论著出版,相关论文发表于《外国文学评论》《外国文学研究》《读书》等国内重要学术期刊以及欧美主流学术期刊,研究著作在剑桥大学出版社、商务印书馆、三联书店等出版社出版,在学术界和文化界形成了较大影响力。3位文学方向的教师获国家级重大人才工程青年学者称号,也有教师受聘担任国内外高水平期刊的主编职务。研究活动同时带动了教学发展,学院在基础文学教学和相关领域研究方面开立了数门在全国范围内颇具特色、水平领先的课程。

2. 现代语言研究推动学科交叉

复旦外文学科具有优良的语言学建设传统。理论语言学秉承复旦外文学院研究传统,并且可以和现代语言学研究院的语言演化研究结合,从语言事实描写、理论要素以及学理法则等不同层次阐释及拓展语言学理论解释力,关注汉语、英语、日语、俄语等多语

现象。应用语言学研究近年来以多语研究为抓手，积极探索与大数据、自然语言处理等学科的融合创新。在国内已经成为多语研究的重要阵地，在国际上也具有较高显示度。近年来科研成果丰富，尤其在国际高水平学术期刊的论文发表上取得较大突破。外文学院教师均能够在国际顶尖应用语言学顶级期刊（如 *Applied Linguistics*、*Modern Language Journal*、*Language Teaching* 等）上发表论文，体现出世界一流的研究水平。系统功能语言学、社会语言学、外语教育学研究与时俱进，立足国际研究前沿，紧扣问题导向，已经达到国内领先、国际先进水平。1位语言学方向的教师获国家级重大人才工程青年学者称号，另有数名教师受聘担任国内外高水平期刊的主编、副主编、编委会成员等。

3. 跨语际翻译研究推动中华文化走出去

复旦外文翻译学科发挥传统的百年语言文学优势，对接国家战略，聚焦高端汉译外人才培养，致力于翻译研究与跨文化传播。现在研4项"中华学术外译"项目，并且典籍外译与对外传播研究和翻译技术研究、现当代翻译史与译者群体研究等课题取得了较好进展。

翻译与跨语际传播领域近年来致力于探讨典籍外译模式和典籍在海外传播接受，走出国门探索译著受众研究，对接国家战略，推广有效人际传播。陶友兰获评2019年文化名家暨"四个一批"国际传播领军人才和2020年中组部国家"万人计划"。魏育青当选为上海翻译家协会第七届会长，袁莉当选为副会长。在资深翻译家的领航下，组建跨语际翻译和国际传播团队，获批若干项"中华学术外译"项目，成立校级文科虚体"多语种翻译与国际传播研究中心"，通过翻译传播中华文化。

4. 辞书编纂取得瞩目成果

词典学是外文学院的特色研究方向，具有非常悠久的历史，在国内处于领先地位。复旦外文学科建设立足优良传统，取得了较为突出的成就。在辞书编纂方向,在葛传槼、陆谷孙等学术大家的带领下,复旦团队在国内外学术界均有广泛深远影响。辞书编纂为培养高质量翻译人才打下深厚基础。陆谷孙先生主编的《英汉大词典》是国家哲学社会科学"七五"规划的重点项目之一。2015年,陆谷孙领衔主编的《中华汉英大词典(上)》编成出版,被誉为"史上最给力"汉英词典,对推动中国文化的对外译介、进一步提升国家文化软实力意义重大。外文学院高永伟教授领衔的词典团队2016年成功获得国家社会科学重大项目"新足本汉英词典编纂研究",在词典编纂的文化传承、语言记载和语言翻译3个维度实现突破。自2020年以来,词典团队陆续推出了"当代英语"系列词典,其中包括《当代英语首字母缩略词词典》《当代英语拼合词词典》《当代英语新词热词词典》等。

5. 立足世界文学,开拓国别区域研究

依托国家社会科学基金重大专项课题"二十一世纪欧洲中国学研究",外文学院整合在欧洲语系如英语、法语、德语、西班牙语等领域的学术积淀,从外国语言文学学科的视域开展区域国别研究,探讨区域国别研究的学科理论建设、话语建设和研究范式的构建。项目组已报送咨政报告20余篇,其中1篇获得副国级批示。复旦外文的区域国别研究依托复旦的综合性大学优势,颇具特色,有望在下个周期建设中跻身国内前列。

复旦外文学科一直注重打破文理医工学科壁垒,联合中国语言文学、生物学、计算机科学、数学、信息学、临床医学、脑科学等多学科综合优势以语言学为核心,建成了较为完整的语言学研究跨学科平台。同时积极打破外文学科的语种壁垒,实现文学、语言学、翻译学的跨语际、跨媒介融合。3支跨语种、跨系部的科研团队("外文学院多语研究创新团队""欧洲浪漫主义文学创新团队""大英部应用语言学与教育信息化创新团队")获得复旦大学人文社科融合创新团队项目立项,另有"跨语际翻译与国际传播创新团队""跨媒介文化研究创新团队",打造文学、语言学、翻译研究、跨文化和国别研究的跨语种联合研究,进一步推动外文学科科研力量与其他人文社科研究的融合,提升复旦外文学科整体科研实力。

第三节 组织领导

2013年5月28日,中共复旦大学外文学院第二次党员代表大会召开,学院党委书记李倩同志代表上届党委作了题为"凝聚力量、开拓进取,为建设国际一流学科而努力奋斗"的工作报告,对今后5年基层党组织建设和学科发展提出了任务和要求。白冰、艾菁、刘亦春、李倩、季佩英、赵强、高永伟、曾建彬、褚孝泉等9位同志当选外文学院第二届党委委员。2014年7月,曲卫国出任外文学院院长,高永伟、卢丽安、刘炜、季佩英任副院长。2014年9月,系部主任换届完成,名单如下:

英文系	主任:朱建新	副主任:郑咏滟
法文系	主任:袁 莉	
德文系	主任:魏育青	副主任:刘 炜(兼)
俄文系	主任:姜 宏	副主任:赵艳秋
日文系	主任:邹 波	副主任:刘佳琦
韩文系	主任:姜宝有	副主任:郭一诚
翻译系	主任:汪洪章	副主任:陶友兰
大英部	主任:季佩英	副主任:范 烨 王建伟

2018年1月,罗英华由学校办公室副主任调任外文学院党委书记。2019年7月,高永伟任外文学院院长,朱建新、郑咏滟、范烨、刘炜任副院长。2019年9月,系部主任换届完成,名单如下:

英文系	主任：陈　靓	副主任：丁　骏
法文系	主任：袁　莉	副主任：陈　杰
德文系	主任：刘　炜（兼）	副主任：姜林静
俄文系	主任：姜　宏	副主任：李新梅
日文系	主任：邹　波	副主任：刘佳琦
韩文系	主任：蔡玉子	副主任：姜　颖
翻译系	主任：陶友兰	副主任：王炎强
西班牙文系	主任：程弋洋	主任助理：王珑兴
大英部	主任：范　烨（兼）	
	副主任：孙庆祥、向丁丁、王薇	

2019年12月3日，中共复旦大学外文学院第三次党员代表大会召开，学院党委书记罗英华同志代表第二届党委作了题为"凝心聚力　立德树人　改革创新——为建设世界一流外语学科而努力奋斗"的工作报告，学院明确未来5年以习近平新时代中国特色社会主义思想为引领，充分发挥党委领导核心作用，坚持"育人立院、学术兴院、人才强院"战略，用建设一流外语学科、一流外文学院的实际行动，为实现中华民族伟大复兴的中国梦做出无愧于时代的新贡献。朱彦、朱建新、刘亦春、陈杰、茅盾、罗英华、郑咏滟、赵昕、高永伟等9名同志当选外文学院第三届党委委员。2020年7月，薛海霞任外文学院党委书记。

第四节　师资概况

过去10余年间，复旦大学外文学院师资力量雄厚，各系教师资历丰富，成绩斐然，教师队伍学历层次较高、学术方向多元而团结协作、学术思想端正活跃。

英文系目前有教师 25 人,其中大半具有国内外著名大学的博士学位,将近 80% 具有高级职称。近 10 年,英文系也陆续引进了一批新教师,并加强对高端人才的引进和国家级人才的培育。这对英文系的学科建设、教学改革、人才培养和国际化发展等方面都产生了积极的影响,为英文系的发展注入了新的活力和动力。各位教师锐意探索,博采众长,逐渐形成了自己独特的教育思路和人才培养模式,实施"语言+文学+专业"的战略,培养出一大批"语言功底深厚、博学多才、兼有操守"的优秀外语人才。至今共申请获得国家、教育部和上海市社科基金项目 20 余项,培养了大批高水平的硕士和博士研究生。

俄文系师资力量不断扩增,从国内外高校共引进 9 名本土专业教师,具有博士学位、海外留学经历者达到 100%。2015 年,俄文系从黑龙江大学引进纪春萍博士,充实了翻译研究力量。2020

年引进毕业于莫斯科大学的俞一星,充实了语言学学研究力量。目前俄文系有1名教授(同时担任博士生导师)、5名副教授兼硕士生导师、2名讲师,并先后聘请了5名来自俄罗斯和乌克兰的俄语外教。俄文系教师大多为女性,曾获得复旦大学巾帼文明岗、复旦大学"三八"红旗集体和上海市教育系统巾帼文明岗等荣誉。

法文系现有专任教师9人,其中教授1名、副教授4名、法籍青年副研究员1名、讲师3名,另有瑞士籍法语专家1名。法文系教研团队底蕴深、活力强,历年来发表中法文专著21部,译著38部,教材近10部,各类论文200余篇,在法国戏剧、中法文学比较、翻译等研究领域实力尤为雄厚。法国政府对于法文系在推动中法教育、文化交流中的贡献给予高度评价,先后授予了4位法文系教师法兰西棕榈教育骑士勋章。另有1人入选"中法建交50年50人",1人荣获中国翻译协会全国优秀中青年翻译工作者,1人获教育部新世纪优秀人才计划支持。

大学英语教学部负责全校非英语类专业本科生及研究生的英语教学工作。目前共有教师70人,其中近一半以上拥有博士学位。教师队伍年轻化程度不断提高,年富力强的中青年教师构成了教师队伍的主体,约一半教师具有高级职称。教师们锐意进取,不断改革教学方法,提升教学质量,多次获得上海市教学成果奖。大学英语教学部的教材编写历经数代、积淀深厚。从1960年代至今,先后编写了多套普通高等教育"九五""十一五""十二五"国家级规划教材。这些教材被全国大部分高校使用过或正在使用,对我国的大学英语教学产生了巨大影响。除此之外,大学英语教学部的教师们还积极开展扎根于教学的科研,在CSSCI来源期刊和SSCI来源期刊发表多篇高质量教学科研论文,出版多部学术专著和译著,多位老师获得省部级及国家级科研项目立项。

翻译系已经拥有一支高水平的翻译研究和教学师资队伍。他们熟谙翻译理论,也有丰富的口笔译教学和实践经验。翻译系目

前有专职教师10余名,近年来翻译系教师的学术研究硕果累累,承担了多项国家级、省部级及校级科研项目,出版了10部专著,9本比较有影响力的教材,并在国内外核心期刊上发表40余篇翻译研究方面的学术论文。在翻译实践领域,多位教师出版了多部译著译作,承担了大量社会翻译实践活动,并经常在各类大型国际国内会议担任主要口笔译工作。

日文系是中国日语教学研究会常务理事校单位,如今组建了一支敬业团结、无私奉献的教师队伍,以严谨的治学风气著称,坚持以培养学生扎实的语言基本功和全面的知识结构为特色,长期来积累了丰富的教学经验,在教学和科研两方面都取得了喜人成绩,所培养的高素质本科生和研究生屡屡在国内和国际专业比赛、考试中摘金夺银,为学校和复旦日语赢得了荣誉。日文系教师团队除了承担着本科生和硕士研究生的教学及相关教材研发,还大力开展语言、文学、翻译、文化等学科的科研任务。目前,日文系有

专任教师12人,教授2人、青年研究员1人、副教授6人、讲师3名,其中90%的教师拥有国内外著名高校的博士学位。2016年,日文系引进了东北师范大学王升远,开拓了日本战后思想史的研究方向;2018年,引进了日本早稻田大学博士山本幸正,夯实了日本文学教学和科研实力;2022年,从南京航空航天大学引进了毕业于北海道大学历史区域文化学系周菲菲,开启了日本文化与区域国别的教育与研究领域。2022年,引进了日本筑波大学博士傅梦菊。

德文系是教育部全国高校外语专业指导委员会德分委主任委员所在单位。德文系在这一阶段积极推动师资队伍年轻化,逐步完成新老交替,形成了年龄层次和专业水平布局合理的人才队伍。2014年引进了海德堡大学文学博士姜林静;2017年从南京大学德语系引进了李双志博士,李双志于2018年接任教育部外指委德语分委会工作;2019年引进了柏林自由大学文学博士沈冲;2022年引进了同济大学哲学博士叶瑶。目前,德文系有教授2人、副教授3人、讲师3人、青年副研究员1人。

朝鲜语系经过多年的师资建设,形成了一支在年龄职称、专业方向以及国际背景方面合理分布的师资队伍。2018年,朝鲜语系引进了解放军外国语大学教授毕玉德,开拓了计算语言学的研究方向;2019年,引进了韩国成均馆大学博士裴钟硕;2022年,从南京大学引进了毕业于韩国首尔大学国语国文系张会见。朝鲜语系现有专任教师9人,其中博导教授3人、副教授4人、青年研究员1人、讲师1人。

西班牙文系师资队伍于人员数量、学历结构、职称结构、外语能力结构等多个维度,各项数据皆为可观。现有教师总计7人,包括正高级1人、副高级5人、中级1人。其中,导师人数为6人,比例为86%;博导人数为1人,比例为14%;有海外经历的教师人数为7人,比例为100%;获博士学位教师人数为7人,比例为100%;有行业经历的教师人数为7人,比例为100%。

伴随着外文学院的飞速发展,学院教师更是取得了无数荣誉。2012年,朝鲜语系教授姜银国荣获"大韩民国文化褒章"(大韩民国总统李明博签发,表彰在韩国语研究、普及与发展方面做出的卓越贡献者);俄文系教授姜宏荣获俄罗斯外交部下属官方机构北京俄罗斯文化中心颁发的"中国普及俄语荣誉奖";法文系教授褚孝泉入选"中法建交50年50人"名单;2016年,朝鲜语系教授姜宝有荣获"大韩民国文化褒章";2017年和2022年,英文系教授卢丽安以台籍代表身份,连续两届参加中国共产党第十九次和第二十次全国代表大会。

章 末 小 结

进入新时代至今,外文学院师生积极参与国内外的学术交流活动,并不断展开创新研究,发表了大量高质量的学术著作和论文,研究涵盖了语言学、辞典编撰、文学研究、翻译等多个领域,为中国外语教育和文学研究做出了重要贡献。外文学院也积极组织和参与国内外的学术会议和研讨会,促进了学科交流与合作为师生们提供了展示研究成果、学习最新学术动态和建立学术网络的机会。而在学生成绩与竞赛方面,外文学院学生在多个语种的能力竞赛中取得了令人瞩目的成绩,展现出过人的语言能力和学术实力,反映出外文学院教学和培养的高质量和有效性。不仅如此,外文学院还积极与国内外优秀高校展开合作,加强国际交流。通过与国际合作伙伴的合作项目和交流计划,鼓励学生参与海外交流,拓宽学术视野。

至 2023 年底,外文学院已形成 8 个系、1 个部和多个学术研究机构的格局。下设英文系、法文系、德文系、俄文系、日文系、韩文系、西班牙文系、翻译系、大学英语教学部。设外国语言研究所、

外国文学研究所(下设美国族裔文学研究所、莎士比亚研究室)、北欧文学研究所、法语语言文化研究(资料)中心、中澳创意写作中心、多语种中心、双语词典编纂研究室、中韩语言文化教育研究中心、语言学习中心、语言测试中心、医学英语教学研究中心、英语演讲与辩论中心等多个学术研究机构。设有英语语言文学、外国语言学及应用语言学2个博士点、外国语言文学博士后流动站。硕士点9个,本科专业8个,其中国家一流本科专业建设点6个。有在职教职工186人,其中专任教师166人,行政管理人员20人,具有正高级职称29人,副高级职称73人,中级职称104人;研究生指导教师共有54人,其中博士生导师24人,硕士生导师30人。

如今的外文学院在跨语际文学研究、语言学与应用语言学研究、词典编纂与词典研究、跨语际翻译研究和国际传播、多语习得研究和外语教学研究等领域处于全国领先地位,历年承担并完成了数十项国家社科基金、教育部和上海市的哲学社会科学研究项目。2022年2月,复旦大学外国语言文学学科入选国家"双一流"建设学科名单。学院也为各专业学生精心设置了较为合理的培养方案,在强调专业课程学习的同时,鼓励学生修读通识教育课程和人文大类课程。外文学院积极开展与国内外大学的合作和交流,与海外多所一流大学确立了交流合作项目,多年来有超过70%的学生赴欧美、澳洲及亚洲等地学习交流。学院鼓励学生全面发展,多位学生获得国内外演讲、辩论、表演、文体等比赛的大奖。学院拥有优质、充足的教育资源,外文图书资料总藏书量达12万册,另有7间语音设备齐全的语言实验室。

外文学院以"学好外国语,做好中国人"的院训为引导,充分利用学校和书院教育资源,传承学院优良传统,创新拓展育人平台,通过开展社会实践、文体活动、学科竞赛、科创项目、文化建设等活动,打造第二课堂育人阵地,锻炼学生综合素质,助力第一课堂教育,形成了良好的机制和品牌活动。从上海到湖北、从国内到海外、从西部支教到二十国集团青年峰会,外文学院学生活跃在中国和国际的各个舞台。

展望未来,外文学院将以培养具有国际视野和卓越外语水平的高端人才为核心,以服务国家建设为宗旨,全面提升教学科研等各项工作,培养具有家国情怀和社会责任感,具有人文素养、科学精神、创新能力和国际视野,能够适应时代发展需要的复合型、创新型的一流外语专业人才。求真务实、锐意进取、积极开拓,为学校的"双一流"建设和"三全育人"工作贡献更大的力量。

2012—2024 年退休教师一览

金钟太(1948—) 男,朝鲜语系教授、博士生导师。曾任中国非通用语教学研究会理事、中国韩国(朝鲜)语教育研究会理事、核心期刊《汉语学习》总编。研究领域为中韩语言对比及翻译理论与技巧。教授"韩国语精读""韩国语翻译理论与技巧""西方语言学理论""翻译理论与技巧"等课程。发表论文 20 余篇,出版专著《朝汉双语语码转换研究》《中韩双语及翻译研究》,主持国家社科项目 1 项。2013 年退休。

邱东林(1949—) 男,大英部教授。教授"大学英语""管理学专业英语"等课程。主编《新编研究生英语系列教程》《国外听力教学和研究前沿》《大学英语教学探索与实践》《新世纪大学英语系列教材》《管理学专业英语教程》等。2015 年退休。

朱永生(1949—) 男,英文系教授、博士生导师。曾任复旦大学外文系主任、全国高校外语教学指导委员会委员、全国功能语言学研究会副会长、国际系统功能语言学研究会执委会委员、第六届国务院学科评议组成员、多家学术刊物编委。研究领域为系统功能语言学和话语分析。讲授"英语写作""话语分析导论"等课程。出版《系统功能语言学概论》《系统功能语言学多维思考》《语境动态研究》等著作,发表论文90多篇,参编《英语搭配大词典》,参译《英语语法大全》。2012年退休。

姜银国(1949—2022) 男,朝鲜语系教授、博导。曾任朝鲜语言文学教研室主任、外文学院工会主席、外文学院副院长、复旦大学工会委员和校民族联副会长、教育部高等学校外语专业教学指导委员会非通用语种类专业教学指导分委员会委员、中国韩国(朝鲜)语教学研究学会会长、中国朝鲜语学会常务理事、中韩文化比较研究所所长等学术职务。研究领域为现代朝鲜语语法、朝鲜语学史、中韩语言文化对比等,出版《韩国语后缀词考证》《朝鲜语后缀词的通时研究》《现代朝鲜语语法》《朝鲜语句型研究》《南北韩语法比较研究》等12部专著,主编《初级韩国语(上)》《初级韩国语(下)》《新编韩中词典》等10多部教材、词典,发表论文100多篇。曾荣获国家优秀教学成果二等奖(集体)、吉林省优秀教学成果一等奖(集体)、吉林省社会科学优秀成果三等奖、上海市育才奖、卧龙学术奖、大韩民国文化褒章等重要荣誉。2014年退休。

熊学亮(1952—) 男,英文系教授、博士生导师。早期研究英语传统语法,后转向生成语言学理论。攻读博士学位期间,从事话语分析研究。获博士学位后,将研究范围扩大至语用学、跨文化交际学、认知语用学、功能语言学、理论语言学、认知语言学等交叉和跨学科领域。教授"英语写作""英语精读""英语语法""语义学""语用学""普通语言学""语言学导论"等课程,发表论文248篇,出版《英汉前指对比研究》《认知语用学》《语用推理研究》《语言学导论》等著作17部。2019年退休。

王美娣(1953—) 女,大英部副教授。教授"研究生综合英语""研究生英语视听"等课程。主编《研究生英语听力教程第1—2册》《21世纪大学新英语读写译教程》及练习册第5册、《全新版21世纪大学英语视听说教程》第3—4册、《新潮实用英语综合教程》及练习与测试第1—3册、《新潮大学英语视听说教程》第1—3册。2013年退休。

陈良明(1953—) 男,法文系副教授。教授"基础法语""中级法语""高级法语""法语语法学""法语散文选读"等课程。多次获评复旦大学"我心目中的好导师"。2004年,被法国政府授勋为"法兰西棕榈教育文化骑士",并授予骑士勋章。2019年11月被中国翻译协会授予资深翻译家称号,译作包括《加缪传》《贝隆夫人传》《名人死亡词典》《自我中心回忆录》《爱在世界尽头》《永远的山谷》《复活节岛最后的秘密》《小王子的秘密》等,并领衔翻译《建党伟业》《建国大业》《关东大侠》《棋王和他的儿子》《我自己的德意志》《金太郎的幸福生活》等多部电影、电视剧的中译法工作。2013年退休。

姜新荣(1954—) 女,大英部副教授。教授"大学英语听力"等课程。曾兼任大学英语教学部办公室主任。2012年退休。

殷建国(1954—) 男,大英部副教授。教授"医学英语精读""医学英语听力"等课程。编写多部医学英语教材,参编《英汉医学词典》。2014年退休。

赵世澄(1954—) 男,大英部副教授。教授"医学英语精读""医学英语听力"等课程。编写多部医学英语教材,参编《英汉医学词典》。2014年退休。

徐德明(1954—) 男,大英部副教授。教授"英语精读""英语听力""研究生英语""博士生英语""英语听力与听译"等课程。

著有《英语听力与听写》《中级英语听力》《英语高级听力训练》《听力测试》等。2014 年退休。

梁正溜(1954—) 男,大英部教授,复旦大学名师。教授"社会医学主题英语教程""博士生主题英语教程""基础英语写作原理与医学 SCI 论文撰写""临床口语"等课程。在教材编写、课题研究、论文撰写方面颇有成就。2014 年退休。

褚孝泉(1954—) 男,法文系教授、博士生导师。1987 年起于外文系任教,1996 年起任教授,2010—2014 年间任外文学院院长。主要研究方向为理论语言学,语言学思想史,社会语言学,句法学、符号学等。教授"法国概况""法国文化""西方文化""语言学导论""文学符号学""语义学""当代语言学理论""西方语言学理论"等课程。近年来发表权威学术论文数十篇;出版中文著作 6 部、法文著作 2 部;译有《拉康文选》。2024 年退休。

方志平(1954—) 男,英文系副教授、硕士生导师。曾任英语系副主任。主要研究方向为英美文学、翻译、英语测试等。教授"高级英语""综合练习Ⅰ""综合练习Ⅱ""西方文化""英美小说选读""翻译课程""英汉翻译""翻译理论与技巧""英语口译""英语写作""英语听力""英语口语""英语精读""英语泛读"等课程。2015 年退休。

张冲(1954—) 男,英文系教授、博士生导师。主要研究兴趣包括文艺复兴与莎士比亚戏剧、美国早期文学、美国本土文学与华裔文学等。教授"翻译理论与技巧""美国历史与文化""莎士比亚选读""英美文学通论""英美文学研究""文艺复兴与莎士比亚""美国本土裔文学引论""文学翻译"等课程。发表论文 80 余篇,著有《莎士比亚的戏剧世界》等 8 部专著。2019 年退休。

陈欣(1955—) 男,大英部副教授,教授"法语(一)""法语(二)""拉丁语""教育心理学"等课程。2015 年退休。

丁小龙(1955—) 男,大英部副教授。教授"大学英语""研究生综合英语""英语口译"等课程。主编教材《高级口译实践》,合著《英语口译教程》。2015年退休。

蔡基刚(1955—) 男,大英部教授、博士生导师。研究方向为英汉对比语言学和外语教学。教授"学术英语""语言学导论""英汉对比语言学"等课程。曾任学院语言研究所副所长、翻译系主任和大学英语教学部副主任;社会兼职曾任教育部大学外语教学指导委员会副主任、上海高校大学英语教学指导委员会主任、中国专门用途英语研究会会长和中国学术英语研究会会长。主持国家社科基金项目2项、国家语委重点项目和一般项目2项。发表论文170余篇,出版对比语言学和外语教学专著十几部,各种学术英语教材数十套。2020年退休。

余建中(1955—) 男,大英部教授。教授"大学英语""高级文科英语""高级英语视听说""英语测试"等课程。发表论文十余篇,主编或总主编国家级规划英语教材多种,主持复旦大学英语水平测试并主编《复旦大学英语水平测试大纲、样题及词汇表》,翻译《朗文英汉双解英语成语辞典》等。2015年退休。

夏正标(1955—) 男,德文系副教授。1977年毕业于复旦大学外文系,并留校任教担任助教,1984年赴西德哥廷根大学进修,1987年被复旦大学外文系聘为讲师,1996年晋升德文专业副教授。研究领域为德语语言学、词汇学、中德语言对比的研究,发表的论文和文章10多篇,另外还编写过《基础德语》《德语听力课程》等教材,还参与《德国政治概况》的翻译。2015年退休。

蔡槐鑫(1955—) 男,法文系副教授。2002年被法国政府授勋为"法兰西棕榈教育文化骑士",并授予骑士勋章。创建"精简与归一"蔡式外语教学法,法国《费加罗报》和《世界法语》专刊均做有专题报道。长期承担中法政府、商贸、科技、文化的书面、同传和交传翻译。2011年至2017年担任过上海援外医疗队法语培训主任，2017年至今担任上海交通大学附属仁济医院中法外科学院法语教学负责人。专著有《精简与归一——蔡式教学法或以翻译为统筹的外语教学法》《蔡老师法语课堂》《蔡老师法语课堂（会话篇）》。2015年退休。

刘晓冷（1955— ） 男，日文系副教授。教授"日语会话""基础日语""日本文学作品研读"等课程。代表性译著有《天皇的战争责任》《日本帝国主义的形成》，参编《日本文学史》《新编日语词典》等。代表性论文有"论《奥州小道》的艺术特色""论日语汉字中保存的古汉语词汇""幽玄清远，凄凉枯寂——芭蕉俳句评析"等。2016年退休。

陈社胜（1956— ） 男，大英部副教授。教授"医学人文""医学英汉笔译与口译"等课程。担任"复旦博学·当代医学英语系列"总主编，主编、总主编医学英语系列教材30多部。曾任上海医科大学外文教研室副主任、上海医科大学国际交流处副处长兼港澳台办主任。2016年退休。

魏育青（1956— ） 男，德文系教授、博士生导师、系主任。任教育部高校外语专业教学指导委员会委员兼德分委副主任委员，上海翻译家协会副会长和会长，上海市外文学会副会长，中国德语文学研究会理事，《德语文学与文学批评》《文学之路》主编之一。发表论文60多篇，出版专著6部，其中德语专著2部，中文专著4部，编著教材3部，出版译作40余部。2024年退休。

王滨滨（1956— ） 女，德文系教授。教授"基础德语""中级德语""高级德语""翻译实践"等课程。发表论文20多篇，著有《德汉-汉德综合翻译教程》。出版译著《卡夫卡文集第2卷》《小王子》《世界著名作家演讲精粹》等。此外在多家报刊上发表了40多篇译文及30多篇随笔散文。2016年退休。

沈黎（1956— ）　女，英文系教授、博士生导师。曾任中国英语教学研究会常务理事。主要研究领域包括二语习得、隐喻性认知与二语习得、英语专业教材编写、非虚构文学、美术评论等。教授"英语写作""毕业论文写作""非虚构文学""畅销书鉴赏""二语习得""隐喻认知与二语习得""学术论文写作"等课程。主编《精读英语教程》1—4 册，荣获上海市教学成果二等奖及上海普通高校优秀教材三等奖。参编《中华汉英大词典》上卷和中卷。发表 20 余篇论文和书评。荣获 2006—2007 年度复旦大学研究生评选的"我心目中的好导师"称号。2016 年退休。

孙建（1956— ）　男，英文系教授。曾任外国文学教研室主任、外文学院院长助理、英文系主任、北欧文学研究所所长、多语种中心主任、外文学院学术委员会副主任等职。研究领域包括战后英国戏剧、荒诞派戏剧、英国现代派诗歌、英国现代短篇小说、北欧文学、易卜生戏剧等。教授"英国文学与选读""英语写作""英美文学通论""欧美戏剧精品赏析""爱尔兰戏剧选读""英国现代诗歌""战后英国戏剧""荒诞派戏剧"等课程。2018 年退休。

庞志春（1957— ）　男，日语语言文学系副教授、硕士生导师，1979 年考入复旦大学日语专业，1986 年获复旦大学硕士学位，1986 年留校任教。曾任日文系系主任。研究方向包括日本现代语言学，中日翻译学。教授"日语写作""翻译理论与技巧""日汉对译实践和理论""日语表达研究""日本语学特殊研究"等课程。2017 年退休。

陈亚丽（1958— ）　女，大英部教授。教授"学术论文写作""学术英语""大学英语"等课程。译有论文多篇。2018 年退休。

李征（1958— ）　男，日文系教授、博士生导师。筑波大学文学博士。2001 年起任职于日文系，此前曾任职于中国社会科学院外国文学研究所，长期担任中国日本文学研究会常务副会长。著有《上海表象：中日新感觉派文学比较研究》《都市空间的叙事形态：日本近代小说文体研究》等。2024年退休。

孙靖（1958— ） 男，英文系副教授、硕士生导师，主要研究领域包括英美文化、翻译与文化、翻译批评等。教授"翻译理论与技巧""英语文化专题""英语精读""英语词汇学""英汉口译""翻译批评""口译基础""文学翻译"等课程。2018年退休。

曲卫国（1958— ） 男，英文系教授、博士生导师。曾任外文学院院长、副院长、英语系主任等职务，教育部英语教学指导委员会委员；中国语用学协会常务理事；哈佛大学富布赖特访问学者。研究方向是语用学、话语分析等。教授"综合英语""高级写作""英语语法""社会语言学""文体学""语用学""话语分析与社会理论"等课程。获上海市优秀青年教师、上海市本科教学名师、国家级教学成果奖二等奖、上海市普通高校优秀教材一等奖、上海市育才奖等。入选"上海市浦江人才计划"。发表论文60多篇，著作有《话语文体学》《批判与论辩》《近代英国礼貌变革研究》等十几部。2021年退休。

汪琦（1959— ） 女，大英部副教授。教授"当代医学新视野——医学与英语影像阅读""医学英语教学短文阅读""医学英语论文写作""博士生医学英语精读教程""新世纪医学英语教程——社会医学""博士生英语口语教程"等课程。编写《当代医学新视野——医学与英语影像阅读》《医学英语教学短文阅读》《全国专业技术资格英语等级考试习题集》，发表论文多篇。2014年退休。

胡凤春（1961— ） 女，大英部副教授。教授"大学英语Ⅲ"等课程。编写口语丛书、医学教材。发表译著数部，译文及论文若干篇。2016年退休。

王初文（1961— ） 男，大英部副教授。教授"基础日语1""基础日语2"等课程。主编《科技日语教材》。2021年退休。

黄贤玉(1962—) 男,朝鲜语系副教授、硕士生导师。研究领域为韩国文学、中韩文学比较、外语教学法、中韩翻译等。教授"韩国语精读""韩国文学史""韩国语泛读""韩国文学选读""韩国语写作""韩国报刊选读""中韩翻译理论与技巧"等课程。表论文10余篇,出版专著《韩国语教育研究新视野》(合著),出版教材《韩国文学史》《韩国名著理解与赏析》《初级韩国语(下)》《新编韩中词典》(编委)等,出版译著《大长今》《邂逅四季》。2022年退休。

程寅(1962—) 女,大英部副教授。教授"大学英语Ⅲ""实用交际英语口语"等课程。著有《中国大学生隐喻能力实证研究(英文)》,发表论文多篇,合译《奖励的惩罚》,主编《新核心大学英语听说教程2》《21世纪大学英语快速阅读、长篇阅读与仔细阅读》等。2022年退休。

徐欣(1963—) 女,大英部副教授。教授"大学英语Ⅱ""大学英语Ⅲ""英语视听"等课程。主编教材《社会学英语》《新核心大学英语听说教程1》,参编《21世纪大学英语视听高级教程》《新核心大学英语听说教程2》《新核心大学英语泛读教程3》《21世纪大学新英语读写译教程3》。2023年退休。

季佩英(1963—) 女,大英部教授。教授"学术英语(管理科学)""学术英语(社科)""实用交际英语口语"等课程。曾任教育部高等学校大学外语教学指导委员会委员(2018—2022;2013—2017);获上海市教学成果奖一等奖三次,二等奖两次。发表教学论文20余篇。作为主编和主要编写者编写教材60多本,主要代表作有:《全新版大学进阶英语综合教程》第一册、《学术英语》系列教材、《新一代大学英语》综合教程(提高篇)、《新未来大学英语》综合教程(学术篇)和《新探索研究生综合英语》基础篇。2023年退休。

王爱萍(1963—) 女,英文系副教授、硕士生导师。主要研究兴趣包括美国现当代文学史、美国现代主义诗歌、北欧女性主义文学等。主要讲授"美国文学史及选读""多文体写作""美国现代诗歌""美国现代主义短篇小说""美国现代主义诗歌"等课程。2023年退休。

姚燕瑾(1964—) 女,大英部副教授。教授"大学英语""英美报刊选读""美国历史"等课程。主要学术成果：参与编写《大学英语》《大学英语(全新版)》《大学英语(全新版修订版)》等教材,出版多部译著。2019年退休。

戴月珍(1964—) 女,大英部副教授。教授"医学英语论文写作与国际会议交流""实用英语医学写作""学术英语""医学英语高级口语"等课程。主编当代护理英语系列教程《护理学概览》《常见疾病护理》《专科护理》《公共健康新识》《医疗服务新思路》等。发表论文多篇。荣获首届宝钢优秀教师奖(1994)等诸多教学荣誉。2019年退休。

陆丽萍(1966—) 女,大英部副教授。教授"大学英语""中级英语口语""英语高级口译""实用交际英语口语"等课程。参编《实用交际英语口语》等教材。2021年退休。

陈进(1968—) 女,大英部副教授。教授"全新版大学英语Ⅲ""实用交际英语口语"等课程。在外语类核心及非核心期刊发表论文数篇,参编《全新版大学英语综合教程》《21世纪大学实用英语综合教程》等教材数部。2023年退休。

刘亦春(1969—) 女,大英部副教授。研究领域为二语习得、英语教学。教授"英语应用文写作""大学英语Ⅲ"课程。发表学术论文、会议论文多篇,出版著作、教材多部。2024年退休。

凌秋虹(1969—) 女,大英部教师。教授医学英语,授课对象为上海医学院学生。教授"医学英语(基础医学)""社会医学英语""医学英语三""实用医学英语写作""医学英语视听说""学术英语(医学)""医学论文写作及学术交流"等课程。2024年退休。

第五章

外国语言文学学院的学术传统

一直以来,外国语言文学学院都承担着促进中外学术交流与跨文化传播的重要使命。在发展中学院不断探索外语学科的发展规律,整合外语学科发展力量,不断为加强对外话语体系和国际传播能力建设提供重要学术价值和引领导向作用,并持续推动外语学科理论实践的创新和发展。

如何利用外语向国际社会传递中国精神,助推中国叙事体系构建与国际传播能力建设,始终是学院学科改革创新的核心课题。学院立足传统优势,积极推动人才培养模式改革,为国家和社会培养和输送了一大批以外语为基础,学有专长、学兼中外的复合型人才;积极开展文化传承与创新工程,深化中外学术交流对话,整理传播人类文明的优秀遗产,为推动中外文化交流互鉴作出了重要贡献。

学院秉承"四个结合"的学术传统:一是坚持理论与实践相结合,从实践中发现学术问题,学术研究又回归到实践中,促进实践发展;二是坚持技能与技术相结合,始终紧跟时代前沿技术,借助相关技术为外语领域的研究与发展提供便利与创新;三是坚持学术研究与人才培养相结合,持续将优秀学术成果转化教材与课程内容,助推外语人才的指导与培养;四是坚持自身发展与交流合作相结合,不断深化与各高校及机构之间的交流和合作,就深化外语学科改革创新、建设外语学科发展共同体方面凝聚智慧、达成共识。学院由此得以顺应社会发展的需要,建设符合时代需求的多语种、多领域、多层次的国家外语科研队伍,从而进一步提升外语专业建设质量,创新高层次外语人才培养模式。

近年来，学院以跨语际研究为突破，积极打破语种壁垒、凝聚学术团队、追踪学术前沿、拓展研究领域，一批创新团队脱颖而出。"跨语际文学研究项目"获得复旦大学"双一流"学科资助；"多语研究创新团队""欧洲浪漫主义文学创新团队""应用语言学与教育信息化创新团队"获得复旦大学人文社科融合创新团队资助。

目前，复旦大学外国语言文学学院已成为国内外语研究的重要阵地，一大批耳熟能详的老一辈研究学者来自这里，留下了无数经典学术著作。同时，年轻力量也源源不断涌入学院。他们继承优良传统，开创了外语科研事业的新局面的同时，又守住了外国语言文学之根，丰富学科内涵、扩展学科外延，担当时代使命、服务国家战略，为推动构建人类命运共同体作出独特贡献。

未来复旦大学外国语言文学学院也必将用融通中外的语言、优秀的翻译作品讲好中国故事，传播好中国声音，展示真实、立体、全面的中国，引导更多外国读者读懂中国，为促进中国和世界各国交流沟通作出新贡献。

后 记

2022年1月28日,在学院院长高永伟老师和党委书记薛海霞老师的关心指导下,外文学院微信公众号发布了《外文学院院史陈列室资料征集活动启动》的通知,外文学院党委副书记王亚鹏老师和外文学院办公室袁湾老师信心满满地踏上了院史编撰的征程。虽然也知道写史的艰难,尤其是外文学院的院系史是和复旦同龄,当时手头可用的历史资料十分稀缺,但是编撰团队无比坚信依靠我们的校友和退休教师的强大资源应该能够顺利完成任务。虽然说后续进展的难度大大超出编撰团队的想象,但是在写作过程中得到了诸多复旦外文学术共同体成员的大力襄助,此种精神的绵延赓续激励编写组笔耕不辍,笃行不怠。

编写组当时拟定的第一期工作计划是先把学院之前对老教师采访的口述史材料整理出来。口述史项目始于2015年。当时由王亚鹏组建学生团队采访学院的老教师。第一位受采访者是陆谷孙先生。当时王亚鹏和陆老师在文科楼四楼通道里面攀谈。陆老师指着挂在门口的戚叔含先生的照片,讲述了他们师生交往的很多细节。王亚鹏当时起意就邀请陆老师参与口述史项目,他慨然应允。后来在各位老师支持下,历经数支学生志愿者团队接力,完成了对26位老师近15万字的采访实录。在整理口述史材料的过程中,陆谷孙、夏仲翼两位老师相继辞世,让大家感受到了和时间赛跑的压力。袁湾老师和颜羽同学一起参与到了口述史材料整理工作,通读全文,统一了各小组的排版格式。编写组当时构想的原则是将同一时期的人物进行横向研究,概括出相应阶段外文系风貌。在此基础上,再对不同时期进行纵向比较,拉出时间线,体现发展脉络。前期进展比较顺利,应该说到了2022年4月份,口述史整理工作告一段落。与此同时,编写组厘定了院史大体时间框架。当时在讨论划定时间线时候,大家认为复旦校史以至复旦外文学院的院史是和中国共产党党史和中华人民共和国国史息息相关的。《中共中央关于党的百年奋斗重大成就和历史经验的决议》将党的百年奋斗历程分为新民主主义革命、社会主义革命和建设、改革开放和社会主义现代化建设、中国特色社会主义新时代。编者们讨论后认为外文学院院史也应该按照这4个时间段进行编写。

基本框架确定了之后,就是要找材料。百余年院史,材料杂多,哪些材料是应该放进院史之中呢？编写组讨论下来,大家一致认为能体现复旦外文学科文脉的人、事情和精神应该贯穿在院史始终。从2022年7月开始,组建了一个学生志愿者团队,团队分3组,通过图书馆、档案馆以及网络资源3个途径,对外文学院的历史进行了广泛而深入的搜索。通过翻阅大量档案资料和校内外出版物,整理收集学院创建背景以及发展历程资料共计300余份。通过搜集档案馆资料和互联网资源,团队共搜集近百篇网络文章和67份材料文档,并整理完毕2011年前的教职工名单。项目团队以"外文""英文""翻译"等关键词在《复旦大学志》《复旦大学百年纪事》中进行资料检索与搜集,整理与外文院系相关资料。同时,利用上海图书馆的晚清期刊、民国时期期刊全文等数据库整理复旦大学外文学院名师、校友资料,包括其生平事迹、学术成果和思想内涵等。虽然进行了一次拉网式搜索,但史料浩如烟海,难免挂一漏万。编者们普遍认为不能妄想"一网打尽",大家先把能搜集到的材料做好整合,有了大体样式,之后可以再进行补编和修订。

2022年11月18日,高永伟院长在文科楼424会议室召集各系部主任会议,王亚鹏专题报告了学院院史编撰的情况,得到了各系部主任老师的大力支持。大家商议了下一步工作安排,并一致同意在学生志愿者已搜集材料基础上,按时间线完成各系部院史的编撰。各系部院史编撰负责人员名单如下:英文系吕广钊老师(退休教师孙建和方志平老师予以指导),法文系陈良明老师,俄文系李新梅老师,德文系李双志老师,日文系艾菁老师,韩文系郭一诚老师,翻译系强晓老师,西文系陈豪老师,大学英语教学部夏威和杨姗姗老师。中间由于疫情反复,写作进度始终无法推进,一直到2023年3月1日,编写组邀请了校史研究室主任钱益民老师和历史系资深校史专家傅德华老师来进行指导交流,解决了写作中的一些难点问题,进一步统一了写作中的认识。当时预计可以在2023年8月各系部交稿过来之后进行合稿,之后整体初稿收尾工作在2023年11月完成。

2023年4月,袁湾老师由于工作安排,调离了院史编撰团队。办公室金奕含老师进入团队,负责学生志愿者招募管理,办公室周正阳老师负责学院大事记的撰写工作。2023年9月,周正阳辞职在外文学院攻读博士并继续参与了院史编撰工作。在各系部交稿之后,主要是由周正阳完成了初步统稿工作。2023年11月,在外文学院统一搬迁到新外文楼过程中,党委书记薛海霞老师发现了1993年由张介眉、袁晚禾等老师编写的1949—1988年的外文系系志,编写组如获至宝。在之前材料搜集中十分缺乏建国后至改革开放前这段时间的历史,有了这份珍贵史料就可以比较完整地呈现这一时期的概貌。编写组迅速把这份材料电子化,并把相关信息补充到了院史初稿中。2024年8月第一稿完成后,高永伟院长通读全稿并提出修改意见,由党政办鲍伊尹、陈良波和王亚鹏组建新的院史编撰小组进行第二轮修订工作。在最后修订过程中尤其要感谢袁晚禾老师和黄勇民老师不辞辛劳通读全文，并提出了宝贵的修改意见。

在院史编撰过程中，除了上述提及的领导和老师们的大力支持外，学生志愿者团队相继有杨书迪、寻含章、吴逸萌、夏霈、施阿玲、赵易安、於伟澄、朱依帆、周楚涵、李静萱、舒子轩、赵雁南、巫璨、贺金月、刘思远、石博、张君慧、周昕怡、余思聪、刘嘉名、余秋颐、朱思源、应玥、申思圆、欧阳佳音、黎洛嘉、谢玮瞳、林芳怡、张凌闻、张旖宁、舒子轩、黎洛嘉、林佳蓁、胡莺韵、张尹嘉、廖欣源、申思圆、何嘉怡、于瀚哲、唐欣、蒋绍澄、夏帆、杨郑祎、唐伟杰、向家萱、付霁晔、李俊汐、马逸群、张子怡、郭欣怡、周嘉怡、沈知渊、沈诗南、綦惠磊、和平鸽、谢建玲、顾睿瞳、杨雨橦等诸多同学参与其中。在编撰后期，刘子欣和袁烁莹同学负责了部分统稿工作，学工组徐姗姗、贾怡锐两位老师也参与了部分资料搜集整理工作。另外，2022年和2023年连续两年都申请到了学校支持的各系科史编撰项目的资金，对于编写组顺利完成院史项目助力颇多。

写史是写完后立刻就可以发现遗憾的工作。被遗漏的不一定不重要，可能只是当时没有发现的史料或者当下没有认识到它的重要性。但编者一直认为先写出来是最重要的，要力求在院史中见人见事见精神，把凝聚的外文学脉流传下去。那就是复旦外文人的根脉所在，也是复旦外文人的精神家园。

附 录

附录一 大 事 记

1903—1905　复旦公学前身震旦学院的宗旨为"广延通儒,培成译才",外国语言文学在建校之初即占据重要地位。彼时震旦学院文科学生的修业期为两年,第一年读拉丁文,次年在英文、德文、法文、意大利文中任选一种修习,毕业以能翻译拉丁文及上述任一国的文学作品为标准。

1905　复旦公学成立后,延续"广延通儒,培成译才"的宗旨,并设正斋、备斋。除备斋的中国历史课、舆地课和数学课须用中文外,其余课程皆用外语教授。正斋分第一部(政法科、文科、商科大学的预科)和第二部(理科、工科、农科大学的预科),都需学习外语课程,包括英文、法文、德文、拉丁文。

1905—1906　复旦公学成立英语班和法语班,是复旦最早的专业外语教学单位。法文课由马相伯教授,英文课由张汝楫、王培元、沙善余教授,翻译课由严复教授。

1906　李登辉至复旦公学担任总教习,兼授英文、法文、德文课程。

1906	复旦公学将全校近 200 名学生重新编为 7 个班级，其中 3 个为中学部，4 个为高等部（大学预科）。高等部所有学生需学习两门外语（一般情况为必修英语，选修法语或德语；已习法语者，选修英语或德语）。
1913	复旦公学在职外语教师包括：李登辉（教授英文和德文）、何林一（教授英文）、季英伯（教授英文）、邵闻豫（教授英文）、叶秉孚（教授英文）。后有复旦公学高等部毕业生张晏孙、叶藻庭加入英语教师队伍，高等部一年级生刘延陵、陈清华担任英文助教。
1917 年秋	复旦公学设文、理、商科，增加学年，形成大学体制，并更名为复旦大学，下设大学部和中学部。其中，大学部文科包含大量外国文学课程。
1917 年冬	复旦大学华侨学生成立英语研究部。
1919	复旦大学扩充文科，始设普通文学系。此间教授外国文学相关课程的教授有：余楠秋、洪深、伍蠡甫、梁实秋等。
1923 年春	开设商业英文课程。
1924	大学部文科改组，下设西洋文学系，后更名为外国文学系，并细分为外国普通文学、近世方言、戏剧学 3 组。
1925	外国文学系教授洪深主持创建复旦剧社。
1929	外国文学系、史学系、中国文学系、社会学系和新增的新闻系、教育学系共同组成文学院，外国文学系教授余楠秋出任文学院首任院长。
1929	外国文学研究室成立。
1931	余楠秋出任外文系首任系主任。

1931	举办校英文辩论赛。此后形成每年举办的传统。
1933	外国文学系改设普通文学、戏剧学、语言学3组。必修学程为：西洋文学通论(3学分)、英国文学史(3学分)、第二外国语(10学分)、哲学大纲(6学分)，共22学分。
1937	抗日战争爆发，学校分为沪校、渝校两部。
1938	伍蠡甫出任外文系第2任系主任。
1938	外文系学生与史地学系、中文系学生联合创办文史地学会。
1939	杨岂深加入外文系。
约1940	伍蠡甫出任文学院院长。
1941—1944	梁宗岱、顾仲彝出任外文系第3任系主任。梁分管渝校，顾分管沪校。
1942年初	部分汪伪政府官吏子女在复旦就读，要求增开第二外语，以便学习日语。学校考虑再三，决定仅开设法语课和德语课。直至日寇投降，不曾开设日语课程。
1945	全增嘏出任外文系第4任系主任。
1946	李振麟加入外文系。
1947	林秀清加入外文系。
1949	同济大学德语系并入复旦大学，外文系开设英语语言文学和德语语言文学课程。
1949年夏—1953年冬	黄有恒、董问樵、潘世兹、林同济、杨烈、董亚芬、索天章、蔡慕晖、余日宣、杨必、丰华瞻、戚叔含等名师先后加入外文系。
1950	孙大雨出任外文系第5任系主任。
1950	外文系增设俄语语言文学专业。
1952	全国高校院系调整，上海圣约翰大学、沪江大学、震

	旦大学及浙江大学等近10所院校的英文专业全部或部分并入复旦大学外文系。
1952	杨岂深出任外文系第6任系主任。
1952	外文系在英国文学教学小组的基础上建立文学教研组,后逐步发展为外国文学教研室。
1954	徐燕谋、葛传椝先后加入复旦大学外文系。
1955	谢受康出任外文系首任党总支书记。
1956	郝孚逸出任外文系第2任党总支书记。
1957	普通英语教研组成立,后更名为公共英语教研室。
1957	复旦大学外文系开始招收研究生,分"英语语言"和"文学"两个方向。
1960	杨岂深连任系主任,成为外文系第7任系主任,并任命袁晚禾、孙铢、刘宝兰为外文系副系主任。
1962	外文系学生蔡德崑等至西藏参军入伍,参与对印自卫反击战。
1963	袁晚禾出任外文系第3任党总支书记。
1964	袁晚禾卸任外文系副系主任,该职位改由龙文佩担任。
1966	"文化大革命"开始,杨岂深卸任外文系系主任,工宣队成员苗丰鑫出任外文系系革会主任兼第4任党总支书记,为外文系各项工作的实际领导。我国外语教育遭到了严重干扰,这一时期的外文系被改名为外语系(外国语言系),明确只要外国语言,否定外国文学。
1970	法语语言文学教研室成立,德语语言文学专业恢复办学。
1971	日语语言文学教研室成立。

1977	西班牙语言文学教研室成立。
1978	杨岂深出任外文系第8任系主任,袁晚禾、孙铢、程雨民、龙文佩、仰文渊任副系主任。
1978	王文升出任外文系第5任党总支书记,夏乾丰、袁晚禾任党支部副书记。
1978	林同济主持成立"莎士比亚研究小组",此为后来的莎士比亚研究室之前身。
1978	现代英语研究室成立。
1979	袁晚禾出任外文系第6任党总支书记,夏乾丰、张运藩任党总支副书记。
1980	孙铢出任外文系第9任系主任,仰文渊、翁义钦、董亚芬任副系主任。
1981	我国开始实行学位制度,外文系英语语言文学和法语语言文学两专业成为全国首批获得硕士学位授予权的单位。
1981	外国文学研究室成立。
1982	莎士比亚研究室于复旦1000号楼(今复旦大学档案馆)建立。
1983	程雨民出任外文系第10任系主任,夏仲翼、陆效用任副系主任。
1983	徐增同出任外文系第7任党总支书记,王沂清任党总支副书记。
1984	孟伯衡出任外文系第8任党总支书记,王沂清继续任党总支副书记。
1984	英语语言文学专业成为国务院学位办首批设立的博士学位点之一。
1985	原公共外语教研室发展成大学英语教学部。

1985	孙骊出任外文系第11任系主任,吴延迪、何刚强任副系主任。
1986	王沂清出任外文系第9任党总支书记,赵振康任党总支副书记。
1987	何刚强卸任外文系副系主任,该职位改由沈志宏担任;赵振康卸任党总支副书记,该职位改由高汝河担任。
1987	文科大楼落成,外文系迁入文科楼办公。
1988	德国总统授予德文系教授董问樵一级十字勋章。
1988	赵振康出任外文系第10任党总支书记。
1989	徐烈炯出任外文系第12任系主任,陆效用、沈志宏、吴延迪、黄勇民任副系主任。
1989	大学英语教学部荣获上海市优秀教学成果特等奖。
1991	《英汉大词典》出版。
1993	陆国强出任外文系第13任系主任,何刚强、黄勇民、徐龙顺任副系主任。
1993	复旦大学德语语言文学系设立硕士点,次年拟定培养方案。
1993	外语系英语教研室获评为上海市1993年度模范集体。
1995	朝鲜语言文学教研室成立。
1995	经教育部批准,大学英语教学部成立同等学历高校英语师资硕士班。
1995	派驻哈萨克斯坦的外文系教师高汝河,为保护国家财产与歹徒搏斗,身负重伤,壮烈牺牲,年仅44岁。后国家追认高汝河为烈士。
1996	陆谷孙出任外文系第14任系主任,朱永生、沈志宏、

	黄勇民、徐龙顺任副系主任。
1997	沈志宏出任外文系第11任党总支书记,许征任党总支副书记。
1999	朱永生出任外文系第15任系主任,褚孝泉、徐龙顺、王颖任副系主任。
2000	俄语语言文学开始招收硕士研究生。
2000	外国语言学及应用语言学获批参加博士学位授予权申报。
2002	黄勇民出任外文系第16任系主任,曲卫国、王颖、姜银国、徐龙顺任副系主任。
2003	现代英语研究所、外国语言学及应用语言学博士点和外国语言文学博士后流动站相继设立。
2003	徐龙顺出任外文系第12任党总支书记,李倩、陆效用任学院党总支副书记。
2003	外文系与大学英语教学部合并,成立外国语言文学学院。陆谷孙出任学院首任院长,黄勇民任常务副院长,邱东林、张冲、姜银国任副院长。
2003	《大学英语》被评为首批国家精品课程。
2004	德语语言文学系开始招收博士生。
2004	翻译系成立。
2005	翻译系招收第一届"英汉双语翻译"方向本科生,后复旦大学同意开设"英汉双语翻译"第二专业。
2006	黄勇民出任外文学院第2任院长,张冲、曲卫国、魏育青、季佩英任副院长。
2006	国家教育部批准复旦大学设置"翻译"本科专业。
2006	卡西欧公司开始每年向外文学院捐赠人民币10万元,连续10年,共计100万。

2007	《英汉大词典》第二版出版。
2007	外文学院成为全国第一批翻译硕士学位授予点,开始招收翻译硕士(MTI)。
2007	外文学院党委成立,徐龙顺任首任书记,罗英华任党委副书记。
2008	翻译系开始招收翻译专业学位(英汉笔译方向)在职研究生。
2009	翻译系开始招收全日制翻译专业学位(英汉笔译方向)研究生。
2009	陆谷孙带领的"英语阅读赏析系列课程教学团队"获2009年度国家级教学团队。
2009	陆谷孙负责的"英美散文"被评选为2009年度上海市精品课程。
2010	"复旦大学法语国家研究中心"成立。
2010	褚孝泉出任外文学院第3任院长,曲卫国、高永伟、魏育青、季佩英任副院长。
2010	近300名外文学院本科及研究生担任世博会志愿者,外文学院党委被中共上海市教育卫生工作委员会授予"世博先锋行动先进基层党组织"称号。
2011	外文学院获批外国语言文学一级学科博士学位授予点。
2011	大学英语教学部开发并实施复旦大学英语水平测试(Fudan English Test)。
2012	李倩出任外文学院第2任党委书记,曾建彬、徐瑾任副书记。
2013	语言学习中心成立。
2014	曲卫国出任外文学院第4任院长,高永伟、卢丽安、

	刘炜、季佩英任副院长。
2015	MTI教育中心、中澳创意写作中心相继成立。
2015	举办《中华汉英大词典》研讨会,同年上卷出版。
2015	大学英语教学部荣获"上海市第一批学术英语教学示范院校"。
2016	多语种中心成立。
2016	举行"上海犹太难民纪念馆"实践基地挂牌仪式。
2016	龙文佩教授的继子徐宁海先生及其子徐宾先生捐赠设立"复旦大学龙文佩奖教金"。
2017	西班牙语言文学系恢复招生。
2018	罗英华出任外文学院第3任党委书记,曾建彬、赵昕任副书记。
2018	翻译系开始招收全日制翻译专业学位(英汉口译方向)研究生。
2018	2015级小语种本科生团支部获"全国五四红旗团支部"。
2019	高永伟出任外文学院第5任院长,朱建新、郑咏滢、范烨、刘炜任副院长。
2019	英文写作中心成立。
2019	英语语言文学专业入选全国一流本科专业建设点。
2020	薛海霞出任外文学院第4任党委书记,朱彦、王亚鹏任副书记。
2020	召开伍蠡甫教授纪念文集发布会暨伍蠡甫学术思想研究论坛。
2020	举办陆谷孙先生诞辰80周年纪念座谈会暨陆谷孙手稿展。
2020	朝鲜语言文学专业入选全国一流本科专业建设点。

2021	外文学院课程思政研究中心成立。
2021	名词委"术语和专科词典研究基地"成立。
2021	法语语言文学专业、德语语言文学专业、日语语言文学专业、翻译专业入选全国一流本科专业建设点。
2022	复旦大学第一届翻译专业学位研究生教育指导委员会成立。
2022	大学英语教学研究中心成立。
2022	外国语言文学学科入选国家"双一流"建设学科名单。
2022	英文系团队获上海市教学成果奖一等奖。
2023	外文楼改造竣工并整体搬迁。
2023	大学英语教学部《高级英语》课程入选第二批国家级一流本科课程。
2023	成立外文学院发展基金。
2023	1984级校友朱霞委托其父母捐赠成立朱霞教育基金。
2023	多语种翻译与国际传播研究中心成立。
2024	复旦大学校友总会外国语言文学学院分会成立，高永伟出任首届会长。
2024	《中华汉英大词典》(中卷)出版。
2024	引入刘海涛教授，聘任为文科资深教授。

外文学院现任领导班子成员(2024年12月)

院　　长：高永伟

分党委书记：薛海霞

副院长：郑咏滟、刘　炜、朱建新、范　烨

分党委副书记：朱　彦、王亚鹏

各系部负责人名单

英文系	主任：陈　靓	副主任：冯予力、秦文娟
法文系	主任：陈　杰	副主任：李佳颖
德文系	主任：李双志	副主任：沈　冲
俄文系	主任：纪春萍（代）	
日文系	主任：刘佳琦	副主任：傅梦菊
韩文系	主任：郭一诚	副主任：吴仙花
翻译系	主任：陶友兰	副主任：王炎强
西班牙文系	主任：程弋洋	副主任：王珑兴
大英部	主任：范　烨（兼）	副主任：孙庆祥、向丁丁、王　薇

学术委员会名单

主　席：杨雪燕

副主席：袁　莉

成　员：毕玉德、陈　靓、程弋洋、范　烨、高永伟、姜　宏、李双志、卢丽安、陶友兰、王升远、郑咏滟

学位评定分委会成员

主　席：卢丽安

副主席：郑咏滟

委　员：王升远、李双志、范　烨、姜　宏、袁　莉、高永伟、谈　峥、陶友兰、蔡玉子

教指委名单

主　任：郑咏滟

副主任：朱建新、范　烨

委　员：卢丽安、朱　彦、向丁丁、李双志、孙庆祥、刘佳琦、陈　靓、姜　宏、袁　莉、陶友兰、程弋洋、蔡玉子

附录二　代表性科研成果与学术活动

1950—1980年代的部分科研成果概述

外文系的教学任务特别繁重,但是为了提高教学质量,提高学科专业的学术水平,也为了更好地发挥教师个人的专长,自1950—1980年代,在外国文学和外国语言两大领域内,开展了多种类型的科学研究工作,硕果累累。主要有以下5大类。

(一) 教材编写

教材编写是外文系一项主要的科学研究,几乎所有外语课和文学课的教师都从事这项工作,在教学中使用自编的教材。大部分自编教材在使用中不断修订,逐趋完善。1950年代和1960年代除高教部指定编写的几部全国共用教材外,外文系自编的教材没有公开出版。1980年代,在长期教材编写和教学实践的经验基础上,外文系自编的几部外语教材出版发行,在全国影响深远。各年代出版的教材有:

1.《西方文论选》　高教部指定高校文科教材。1962年开始编写,1964年完成。主编伍蠡甫,参加编辑的外文系教师有戚叔含、林同济、翁义钦、严源。全书分上下两册,共83万字。1965年上海新文艺出版社出版。1978年,该教材经修订后由上海译文出版社再版。

2.《英语》第七、八册　高教部指定高校英语专业高年级用统编教材。徐燕谋主编。1963年商务印书馆出版。1981年修订,孙骊参加修订工作,由上海译文出版社再版。

3.《英语》(高校非英语专业文科用)第一、二册 高教部指定文科统编教材之一。董亚芬主编,郭兆琦、任治稷等参加编写。1961 至 1962 年由上海教育出版社出版。

4.《日语》广播教材 1—4 册 初版于 1972 年出版,郭华江、苏德昌、王延平等编。1970 年代末修订后再版。1983 年至 1985 年重编第三版,共 3 册:初级本、中级本由石国权、王延平、徐祖琼、项杏林编,进修本由石国权、王延平、邱银娥编,复旦出版社出版。

5.《文科英语》(非英语专业用)1—4 册及教师参考书 王慧玲、李荫华、黄关福等编写。1980 至 1982 年由商务印书馆出版。

6.《理工科英语》(非英语专业用)1—4 册及教师用参考书 丰华瞻、吕菊林、王沂清、周惠麟等编写。1970—1982 年由上海译文出版社出版。该教材至今仍在再版重印。

7.《大学英语》精读教程 1—6 册及教师用参考书 1—6 册 董亚芬、翟象俊、李荫华、张增健、王德明等编写。1986—1989 年由上海外语教学出版社出版。该教材出版后全国有将近 700 所院校使用。影响深广。获国家教委高校第二届优秀教材一等奖、全国第二届优秀教材评审特等奖。

8.《英国文学选读》(高等学校试用教材)第一、二、三册 杨岂深、孙铢主编。参加编写的有陈雄尚、刘宪之、孙骊、徐烈炯、曹又霖、丁兆敏、巫漪云、王新城、徐增同、赵守垠、王德明、吴延迪、张廷琛、方慕絮、朱涌协、郑大民等。1981—1984 年由上海译文出版社出版。

9.《美国文学选读》(高等学校试用教材)第一、二册 杨岂深、龙文佩主编。参加编写的有任治稷、张廷琛、张爱平、王忻娥、李荫华、周敦仁、王爱萍、祝蕊、陶黎庆、黄文广、柏琼、朱世达、周耀、钱坤强、蔡晓明等。1985—1987 年由上海译文出版社出版。

10.《综合英语》1980 年代英语专业用精读教材,共 6 册 第 1—3 册由复旦大学出版社出版。丁兆敏、屠绚如等编。

11.《阅读教材》1980年代英语专业用泛读教材,共3册 第1、2册由复旦大学出版社出版。朱德逯、吴延迪等编。

12.《大学英语》(精读本8册) 由解放军外语学院于1962—1964年陆续出版,全军通用;《大学英语》(泛读本8册),由解放军外语学院于1962—1964年陆续出版,全军通用;《英语课本》(第五、六册),由解放军外国语学院于1981年出版,全军通用。均由索天章主编。

此外,外文系教师参加其他高校主编的教材主要有:

1.《外国文学作品选》1—4卷 高教部指定高等学校文科教材。周煦良(华东师大)主编。华师大、上师大、上外、复旦4校教师合编。复旦外文系任孟昭参加编写。1961—1964年由上海新文艺出版社出版。1979年该教材修订版,由上海译文出版社出版。

2.《俄国文学史》 高等学校文科教材。曹靖华(北大)主编。北大、北师大、北外、南大、复旦、华师大、上外、黑大等8校教师合编。复旦外文系袁晚禾、翁义钦、张介眉参加编写。1989年由人民文学出版社出版。该教材获第二届全国优秀教材评审特等奖。

(二)辞典编纂

复旦外文系葛传椝编纂的《惯用法词典》一书,1950年代修订再版,由商务印书馆出版,是复旦外文系在建国后出版的第一部辞书。在葛传椝的指导和影响下,几代教师于1960—1980年代间,编出了一部又一部双语词典:

1.《新英汉词典》 1970年由复旦外文系薛诗绮、庄翀骅等教师发起,组织部分无教学任务的教师组成词典编写组,由工宣队员唐招娣(国棉十六厂)领导,着手编辑工作。后有上师大、上外、同济等其他院校及机关等其他单位的部分工作者加入,共70余人。最后阶段成书时主要编者为陆谷孙、薛诗绮、雷烈江、路贵增(同济)、吴莹(译文社)、蒋照仁(译文社)等6人。该书于1974年7月完成。《新英汉词典》共收50 000余词条,连同列在词条内部的派生词、复合词,实际收词80 000余(包括基本词汇、一般词汇、科技术语、缩略语、外来语、地名等)。此外,还在各有关词条内收入习语(包括少量谚语)14 000余条。书末编有《常见英美姓名表》等8种附录。《新英汉词典》1975年春由上海译文出版社出版。《词典》问世后,反响强烈,抢购一空。1975年10月香港三联书店再版新英汉词典。1976年12月上海人民出版社再版。2009年7月,该词典第4版由上海译文出版社出版。该词典自1975年起畅销40年,累计发行超过1 300万册。曾获"上海市优秀图书奖"(1984)、"上海市高校文科科研成果一等奖"(1984)、"上海市哲学和社会科学优秀著作奖"(1984)以及《光明日报》《中国青年报》联合评出的优秀图书奖等多种奖励。

2.《英汉大词典》 1975年,广州召开全国辞书规划会议,把编写大型英汉词典的任务交给上海。1976年,在《新英汉词典》编写组的基础上,成立《英汉大词典》筹备组,1978年正式建立《英汉大词典》工作组,组长吴经训,副组长顾浚(上海译文出版社)、周纪廉(上外)。1986年11月成立《英汉大词典》编委会,主编陆谷孙,副主编吴莹(译文出版社)、何永康(上师大)、周纪廉(上外)、薛诗绮(复旦)。《英汉大词典》是国家哲学社会科学"七五"规划的重点项目,先后有10多个单位100余名外语工作者参与,1989年8月上卷出版、1991年9月下卷出版。《大词典》全书约2 000万字,收词20万条,设附录14种,是一部独立研编的大型英汉辞书。它在第一手资料语库基础上,博采英美百余种英语词典和其他工具书之所长,并考虑中国读者的需要,以语词为主,兼顾百科内容,有较高的学术性和实用性。参加《英汉大词典》编纂工作的外文系教师有陆谷孙(主编)、薛诗绮(副主编)、吴经训、黄关福(以上为编委)、任治稷、嵇会云、雷烈江、吴辛安、孙嘉谟、李荫华、张增健、陆国强、胡忠茂、翟象俊等。

3.《辞海》外国文学分科 1960年代初,杨岂深担任《辞海》编辑委员会委员和外国文学分科主编之一。外文系承担部分编写任务。参加者有任孟昭、龙文佩、薛诗绮等。1962年初,《辞海·试行本》外国文学分册内部出版。1965年4月,《辞海·专定稿》内部出版。1971年,周恩来总理提出要继续修订《辞海》,外国文学分科的修订工作由外文系教师承担。伍蠡甫、杨岂深担任分科主编,参加修订工作的有龙文佩、翁义钦、张介眉、严源、林相荣等。1979年《辞海》三卷本正式出版。

4.《英语短语动词词典》 1982年由上海译文出版社出版。该词典收入短语动词约4 000条,采用英汉双解,释义后以较多句子或短语作为例证。出版后受到读者肯定。主要编写人员有葛传椝、薛诗绮、嵇会云、任治稷、雷烈江、翟象俊、李荫华、吴辛安、徐烈炯、魏元良等以及《英汉大词典》编写组的部分人员。

5.《英语联想与搭配词典》 陆国强主编。1988年由香港商务印书馆出版。

6.《日汉对照·汉语基本词汇5000词》 苏德昌、郭华江、仰文渊合编。1987年由上海译文出版社出版。

7.《新日汉拟声拟态词词典》 郭华江编。

8.《西方文化批评术语词典》(德语部分) 米尚志编。

(三)现代英语研究

外文系语言方面主要的研究课题。1950年代开始,李振麟、程雨民在陈望道主持的语言研究室研究语言理论。李振麟1957年发表"发音基础知识"一文,并在《语文知识》上连载"语音学基础知识讲话",发表"音位与音候学浅说"(1956)、"语音和拼音字母"(1956)等论文多篇。程雨民将美国结构主义语言学派的论文翻译介绍给中国语言学界。1960年代在葛传槼、徐燕谋等教授的指导下,每年招有研究生从事现代英语的研究,并集体编出《现代英语》一书(1960年5月复旦大学出版)。1980年代外文系正式成立现代英语研究室出版《现代英语研究》杂志。主要研究成员有葛传槼、程雨民、陆国强、徐烈炯、孙骊等。出版有关专著有:

《现代英语构词》,陆国强著,1981年,上海译文出版社出版。

《现代英语词汇学》,陆国强著,1983年,上海外语教育出版社。

《现代英语理解与表达》,陆国强著,1984年,上海译文出版社。

《现代英语联想与搭配》,陆国强著,1985年,上海译文出版社。

《生成语法理论》,徐烈炯著,1988年,上海外语教育出版社。

《英语语体学和文体学论文选》,程雨民主编,1988年,上海外语教育出版社。

《英语语体学》,程雨民著,1989年,上海外语教育出版社。

(四) 外国文学研究

外文系在外国文学方面的研究主要是莎士比亚研究、外国文论研究和国别文学及作家的研究。

莎士比亚研究在外文系有悠久的传统。1950年代有四大名教授林同济、孙大雨、戚叔含、杨烈。他们都是莎士比亚专家,除指导研究生、开设莎士比亚专题课以外,都曾从事莎剧的汉译工作。孙大雨用诗体译悲剧《黎琊王》,林同济以元曲形式译悲剧《汉姆雷》,杨烈以长短句形式译莎氏四大悲剧。遗憾的是他们所译的莎剧都未能出版。在林同济的积极推动下,"文革"后外文系又恢复了莎士比亚的研究,并成立了莎士比亚研究室。林同济本人向莎士比亚图书室赠书册,出国讲学时又征集到国际友人赠书赠刊。

陆谷孙于1982年出席国际莎学会议，在会上宣读论文"Hamlet Across Space and Time"("跨越时空的哈姆雷特")。该文载于英国剑桥大学《莎士比亚概览》第36期。国际莎学会议每两年召开一次，1984年索天章、1986年陈雄尚、1988年朱涌协前往参加会议。1984年，陆谷孙主编的论文集《莎士比亚专辑》出版。每年4月，外文系都会举办"复旦莎士比亚日"活动，内容有学术报告、专题讨论、师生朗诵或演出莎剧片断、放映莎剧录像等。著名剧作家曹禺、导演黄佐临等都曾参加"复旦莎士比亚日"活动。1986年，外文系青年教师曾用英语在"中国莎士比亚戏剧节"演出《无事生非》片断。外文系的莎士比亚图书室与英国莎士比亚研究中心等20个单位、与国内吉林省莎士比亚协会、上海人艺等许多单位有交流联系。

外国文论的研究在老一辈专家伍蠡甫带动下在外文系成为科学研究的主要课题之一。继1950—1960年代编辑出版教材《西方文论选》后，1985年，伍蠡甫又出版《欧洲文论简史》，翁义钦参加编写。1983年，出版《现代西方文论选》(与林骧华合编，上海译文出版社)。1984年，伍蠡甫主编《西方古今文论选》，翁义钦、张介眉、林骧华、程介未参加编选。在外国文评的翻译方面，1960年代杨岂深接受了高教部下达的任务，翻译国际著名学者韦勒克的巨著《近代文学批评史》，第一卷于1987年出版。此外还有翁义钦的国家社会科学基金研究项目《欧美近代小说理论史稿》、夏仲翼中国社科基金"七五"规划科研项目《国外文学批评和方法论》。

在国别文学和作家的研究方面，法国文学研究有林秀清、朱静，德国文学和歌德研究有董问樵、袁志英，俄国文学研究有夏仲翼、翁义钦、袁晚禾、张介眉，美国文学研究有杨岂深，美国文学和奥尼尔研究有龙文佩，英国诗歌研究有丰华瞻，东方文学研究有杨烈，等等。研究成果有的已成专著(见"专著"栏)，有的文章发表在各种学术刊物上。有代表性的列举如下：夏仲翼写的"陀思妥耶夫斯基"列入《中国大百科全书》外国文学卷专条(1982年中国大百科全书出版社)；董问樵《歌德与中德人民文化交流》载1982年《文艺论丛》及德国魏玛歌德年鉴；龙文佩《奥尼尔的悲剧观念》(载《剧本》月刊1982年第9期)获上海市高等学校哲学社会科学研究1976—1982年优秀成果论文奖；翁义钦《卫国战争题材小说创作倾向的变迁》获上海市1979—1985年哲学社会科学优秀成果论文奖。此外还有林秀清的《法国新小说派》，等等。由于董问樵在德国文学研究和中德文化交流方面所做的杰出贡献，1988年西德政府通过驻上海总领事馆特别授予董问樵以总统的铁十字勋章，并举行了授勋仪式。

（五）专著及译著(在以上各项中已提及的不再重复)

1. 专著

伍蠡甫：《中国画论研究》，北京大学出版社，1983年
　　　《伍蠡甫艺术美学文集》，复旦大学出版社，1986年
　　　《名画家论》，东方出版中心，1988年
杨　烈：《世界文学史话》，黑龙江人民出版社，1984年完成(1992年出版)
龙文佩：《尤金·奥尼尔评论集》，上海外语教育出版社，1988年
董问樵：《席勒》，复旦大学出版社，1984年
林秀清：《现代意识与民族文化》，复旦大学出版社，1987年
索天章：《莎士比亚——他的作品及其时代》，复旦大学出版社，1986年
丰华瞻：《中西诗歌比较》，生活·读书·新知三联书店，1987年
　　　《丰子恺漫画选集》，上海文艺出版社，1981年
　　　《丰子恺论艺术》，复旦大学出版社，1985年
翁义钦：《苏联文学史》(与雷成德等外校教师合著)，辽宁人民出

版社,1988年

程雨民:《俄语动词命令式》,时代出版社,1957年

　　　《俄语动词假定式》,商务印书馆,1960年

　2. 译著

杨　　必译:萨克雷《名利场》,人民文学出版社,1957初版、1978年三版

丰华瞻译:《格林童话全集》全10册,文化生活出版社,1951—1953年陆续出版

程雨民译:赫尔岑《喜鹊贼》,上海文艺出版社,1959年

　　　《赫尔岑中短篇小说集》,上海译文出版社,1980年

刘德中译:《德国古典中短篇小说选》,上海译文出版社,1959年初版 1978年重版

林同济译:莎士比亚《丹麦王子哈姆雷的悲剧》,中国戏剧出版社,1982年

杨　　烈译:莎士比亚《麦克白斯》,复旦大学出版社,1984年

董问樵译:歌德《浮士德》,复旦大学出版社,1982年初版

　　　歌德《威廉迈斯特的学习年代和漫游年代》,上海译文出版社,1993年出版

　　　亨利希·曼《亨利四世》,上海译文出版社,1980年

杨　　烈译:《古今和歌集》,复旦大学出版社,1983年

　　　《万叶集》,湖南人民出版社,1984年

程雨民译:C. P. 斯诺《新人》,山西人民出版社,1984年

　　　C. P. 斯诺《权力的走廊》,上海译文出版社,1986年

陆谷孙、张增健、翟象俊译:阿瑟·海勒《钱商》,上海译文出版社,1980年

孙铢等译:特雷塞尔《穿破裤子的慈善家》,外国文学出版社,1982年

张增健等译:毛姆《人生的枷锁》,江苏人民出版社,1983年

陆谷孙译:欧文·肖《幼狮》,上海译文出版社,1987年

龙文佩、王德明译：奥尼尔《送冰的人来了》，中国戏剧出版社，
　　1988 年
夏仲翼译："拉斯普金《失火记》"，《外国文艺》，译文出版社，1987
　　年第 4 期
　　　扎米亚金《小城逸事》，译林出版社，1984 年
　　　雷巴科夫《阿尔巴特街的儿女》，漓江出版社，1988 年
吴延迪、孙晴霞、吴建薇译：劳伦斯《儿子与情人》，北方文艺出版
　　社，1987 年
翁义钦译：《列·尼·托尔斯泰传略》，山西人民出版社，1984 年
袁志英、陈少新、汪小玲、马静珠合译：《宇宙之谜》，上海人民出版社，
　　1974 年
袁志英译：《马克思的历史学说、社会学说和国家学说》，商务印书
　　馆，1988 年
潘世兹中译英：《三字经》，新加坡教育出版社，1987 年

附录三　现任教师简介

艾斐　大英部讲师。教授"英语笔译""文学翻译鉴赏"等课程，发表多篇学术论文。

艾菁　日文系讲师。复旦大学日本研究中心兼职研究员、上海职业能力考试院上海外语口译证书考官。研究领域为口笔译实践与理论。教授"综合日语""翻译理论与技巧""研究生一外"等课程。著有教材《新高考日语教程》《日语中级口译教程》；译作《久石让音乐手记》《谷崎润一郎情书集》。

包慧怡　英文系教授。复旦大学中澳创意写作中心主任，上海市翻译家协会常务理事。研究领域为古英语与中古英语文学、欧洲与近东中世纪手抄本中文本与图像的互动、现当代爱尔兰文学、英美诗歌、中英创意写作。教授"英国中世纪文学与文化""英国中世纪与文艺复兴诗歌"等课程。发表论文数十篇，著有《塑造神圣："珍珠"诗人与英国中世纪感官文化》《中古英语抒情诗的艺术》《镜迷宫：莎士比亚十四行诗的世界》《缮写室》《青年翻译家的肖像》等。

毕玉德　朝鲜语系教授、博士生导师。研究领域包括计算语言学、朝鲜语句法语义学，主要从事语料库、语言结构、语言知识库等。中国中文信息学会计算语言学专委会委员、民文信息处理专委会常务委员、中国语文现代化学会民族语文现代化专委会常务理事、中国朝鲜语信息处理学会常务理事、韩国信息处理学会海外理事。教授"韩语报刊选读""经济贸易韩国语""科技韩国语""普通语言学""语料库技术与应用""AI赋能的语言分析与语言习得"

"韩国语自然语言处理""语言知识库研究"等课程。发表论文70余篇,出版专著2部、编著2部、工具书3部。

蔡和兵 大英部讲师。教授"医学英语Ⅰ(社会医学)""医学英语Ⅱ(医学术语学)""医学英语Ⅲ(医学口语)""英语国家文化"等课程,发表论文若干,参与多部教材的编写工作。

蔡雅芝 西班牙文系副教授,硕士生导师。研究领域为汉西翻译研究与比较文学。教授"基础西班牙语""西班牙语翻译理论与实践""比较文学与翻译研究"等课程。发表论文10余篇,著有《经典的折射:明论文清小说在西班牙语世界的翻译、传播与阐释》。

蔡玉子 朝鲜语系教授,博士生导师。韩国国语学会编辑理事,韩国双语学会海外理事。研究领域为韩语语言学、韩·中语言对比研究、韩国语教育研究。教授"高级韩国语""韩国语文论著选读""韩国语句法""近代韩国语研究""古代韩国语文献解读"等课程。发表论文20余篇,著有《延边地区朝鲜语的音位研究》。

曾建彬 大英部教授。中国学术英语研究会理事、本科生院教学督导、研究生院教育督导。研究领域为语言学、英语教育、学术英语写作。教授"英语学术论文写作""研究生综合英语"等课程,发表论文20余篇,著有《英文原著选读》《下义关系的认知语义研究》《研究生英语》《研究生高级英语》《英语研究论文写作:语篇结构和语言特征》等。

陈豪 西班牙文系讲师。研究领域为心理语言学、应用语言学。教授"中级西班牙语""西班牙语视听说""西班牙语语言学导论"等课程。发表论文多篇,著有《跨语言影响视域下英西同源词习得研究》。

陈杰 法文系副教授、硕士生导师。上海市翻译家协会理事。研究领域为17世纪法国文学。教授"法国文学史""法国古典戏剧"等课程。发表论文10余篇，著有《十七世纪法国的权力与文学：以黎塞留主政时期为例》《法国古典主义诗剧批评本》等。

陈洁倩 大英部副教授。研究领域为应用语言学、语言测试。教授"高级英语""英语应用文写作"等课程。发表论文10多篇，著有《英汉汉英历史学词汇手册》，参与编写20多本教材，字典编纂多部。

陈靓 英文系教授、博士生导师。国家哲学社会科学重大项目首席专家、国际易卜生委员会委员。研究领域为美国本土文学、北欧文学、欧洲中国学研究。教授"英美文学导读""美国本土裔文学概论"。发表论文60余篇，著有《族裔性的现实重构：路易斯·厄德里克作品研究》《美国本土裔文学批评研究》等。

陈可薇 大英部讲师。教授"美国文学选读""研究生学术英语（综合）"等课程。发表论文3篇。

陈淇 大英部讲师。研究领域为应用语言学及跨文化交流。教授"学术英语（综合）""研究生学术英语视听说"等课程。参编数本研究生英语教材。

陈文佳 英文系讲师。研究领域为当代美国文学、西方文论。教授"英语精读""学术写作"等课程。发表论文6篇。

陈雪雷 大英部讲师。研究领域为TESOL。教授"大学英语""学术英语（医学类）""医学英语翻译"等课程。参与编写多部医学英语教材及医学英语词典，并参与编著多部词汇学专著。

程弋洋 西班牙文系教授、博士生导师、博士后合作导师。研究领域为西班牙语国家文学、中国和西班牙语世界文明互鉴。教授"基础西班牙语""西班牙思想史""西班牙语国家文学与思想史"等课程。发表论文40余篇，著有《鉴外寄象——中国文学在西班牙的翻译与传播》等。

崔惠玲 朝鲜语系副教授、硕士生导师。上海市朝鲜半岛研究会理事。研究领域为社会语言学、语言政策与规划、语言与身份认同、语言类型学等。教授"社会语言学""翻译理论与实践"等课程。发表论文30多篇,著有3本专著和1本译著,主持完成国家社科基金、教育部人文社科基金等多项科研课题。

单理扬 大英部副教授。研究领域为话语分析、认知语言学、隐喻研究。教授"英语演讲""英语辩论"等课程。发表学术论文若干,著有《媒体话语中的隐喻语言表意系统研究》。

丁骏 英语系副教授。上海翻译家协会理事。研究领域为英汉词典学、英美文学翻译。教授"英语精读""英美散文""文学翻译专题"等课程。发表论文20余篇。出版译著13部,专著1部。

董宏乐 大英部副教授。研究领域为功能语言学与英语教学。教授"英语论说文写作""英美报刊选读""大学英语Ⅲ"等课程。发表论文10余篇,著有《英语科技语篇中的隐喻功能与认知诠释》和 *Metaphorization in Scientific Discourse* 等。

杜方圆 大英部副教授、英文写作中心主任。教授"英语论说文写作""英语学术论文写作"等课程,发表论文数篇,主编或参编多部学术英语教材,主持或参与省部级学术英语相关项目。

段枫 英文系副教授、硕士研究生导师。研究领域为叙事理论及小说阐释、库切研究、漫画叙事、伦理批评。教授"英语文学导读""文学研究方法论"等课程。发表论文20余篇,著有《历史话语的挑战者》《想象不可想象之事》等专著和译著。

范烨 大英部教授。研究领域为应用语言学和外语教育。教授"高级英语""学术英语(综合)""学术英语(人文)""应用语言学"等课程,多次获得上海市教学成果奖。主持完成多项省部级以上科研或教改项目,发表多篇论文,主编或参编多本国家级规划教材,出版学术专著2部。

冯予力 英文系副教授。研究领域为形式语义学、跨语言对比,教授"语言学概论""语言与逻辑""英语句法学导论""普通语言学""英语演讲"等课程。主持国家社科项目2项、教育部人文社科项目1项,发表论文30余篇,著有《汉语量化现象研究》《语言、逻辑与意义:论语言中数量表达的语义刻画》。

傅佳 大英部讲师。教授"大学英语Ⅲ""大学英语Ⅳ""高级英语""英语视听"等课程,发表多篇学术论文、专著及译著,主持国家级项目1项。

傅梦菊 日文系讲师。研究领域为日语语言学、日汉语言接触、《共产党宣言》日译研究。教授"基础日语""第二外国语(日)""日语语法学"等课程。发表论文5篇。

高洁 大英部讲师。教授"英语应用文写作""实用交际英语口语""语言测试与评估"等课程,发表论文若干,出版著作、教材多部。

高永伟 英文系教授、博士生导师。第八届国务院外国语言文学学科评议组成员、亚洲辞书学会常务理事、中国辞书学会常务理事、*International Journal of Lexicography* 副主编以及 *Lexikos* 和 *Lexicography* 编委。研究领域为现代英语、双语辞书编纂、词典编纂史、术语研究。教授"高级英语""英美报刊""英语词汇学""媒体英语""词典与翻译""双语词典编纂理论与实践"等课程。发表论文60多篇,编纂词典10多部,著有《词海茫茫》《晚清期间英汉汉英词典史论》《当代英语构词法研究》《清朝后期来华人士所编词典之研究》等。

谷红欣 大英部讲师。研究领域为英美文学。教授"研究生综合英语""研究论文写作""辩论的谋略"等课程。

顾乡 大英部讲师。教授综合英语、英语论说文写作等课程,发表论文10余篇,著有《历史语篇的语言变化:系统功能语言学和语料库视角》。

管阳阳　大英部副教授。教授"美国文学选读""英语应用文写作""综合英语"等课程,主编或参编教材9部,发表论文3篇,出版专著1部,主持2个项目。

管玉华　翻译系副教授、硕士生导师。上海口译工作者协会副理事长兼会议口译专委会主任、国际译联中国专家会员、中国翻译协会会员、上海外事翻译工作者协会会员、中国翻译家协会会员等。研究领域为会议口译理论与实践、认知语言学、认知心理学等。教授"基础口译""中级口译""高级口译""视译""交替传译""同声传译""口译工作坊""联合国会议口译专题""口译实战训练""外事翻译""外交礼仪""英汉互译技巧""译作比较与评判"等课程。发表论文近20篇,著译有《英语同声传译指津》《从哥德堡到外滩》等。

郭骅　大英部讲师。教授"学术英语(综合)""英语学术论文写作""英语论说文写作"等课程。发表论文10余篇,主持2个省部级项目,主编《研究生学术英语综合教程》等教材。

郭斯嘉　法文系副教授。研究领域为20世纪法国戏剧、中法戏剧关系、加拿大法语戏剧。教授《法语戏剧》《法国现当代戏剧》《中级法语》等课程。发表论文20余篇,著有《语言、空间与表演:安托南·阿尔托的残酷戏剧观》。

郭一诚　朝鲜语系副教授。中国韩国(朝鲜)语教育研究学会副会长、韩国国语学会海外理事、韩国国语国文学会国际理事。研究领域为汉韩词汇对比、汉韩语法化研究、汉韩翻译。教授"基础韩国语""中级韩国语""高级韩国语""翻译理论与技巧""韩国及朝鲜概况"等课程。发表论文10余篇、著有《中韩感觉形容词对比研究》《新编韩中词典》(编委)、《韩国语能力考试单词语法手册》《朝鲜语/韩国语笔译教材(2级)》(编委)等。

何静　大英部副教授,英语演讲与辩论中心副主任、外文学院教师教学发展分中心副主任、复旦大学英语辩论队教练。教授"英语论辩与思辨""英语公众演说""论说文写作"等课程。发表学术论文若干,出版多部著作、教材。

何妍 翻译系副教授、翻译专业学位研究生导师。外文学院MTI教育中心秘书、翻译传译认知研究国际联盟(ATIC)理事。研究领域为口笔译认知。教授"翻译技术基础""英语读译""多文体阅读""翻译项目基础与实践""英语学术写作"等课程。发表论文12篇,著有《中英视译的方向性——基于神经认知视角的实证研究》。

何艳华 大英部讲师。研究领域为外语教育与外语教师专业发展。教授"高级英语"课程。发表论文9篇。

何雁 大英部副教授。研究领域为英美文学。教授"高级英语""学术英语视听说"。发表论文6篇,著有《管理学专业英语教程》。

贺灿文 大英部副教授。研究领域为学术英语。教授"学术英语(医学)""学术英语(科学技术)""高级英语"等课程。发表论文11篇,著有《环境学英语》等。

黄红霞 大英部讲师,教授"英语笔译""学术英语(人文)""预科英语"等课程,发表论文若干篇,参加编写教材一本,工具书一部。

黄小丽 日文系副教授、硕士生导师。研究领域为日语语言学、语言政策与规划。教授"综合日语""日语语言学研究"等课程。发表论文30余篇,主持4个省部级项目,著有《日语名词的跨从句语法化研究》。

黄莺 大英部讲师。教授多门课程,发表学术论文若干,出版著作、教材数部。

纪春萍 俄文系副教授、硕士生导师。研究领域为翻译理论与实践、俄汉语对比、外语教学法。教授"基础俄语（上）""基础俄语（下）"等课程。发表论文10余篇，著有《论中国俄语翻译教材建设之体系建构》。

江吉娜(Gina Chiu Chang)　　大英部讲师。教授"大学英语四""英语论说文写作""实用交际英语口语""新一代高级英语"等课程。发表论文4篇。

姜宝有　　朝鲜语系教授、博士生导师，历任教育部高等学校外语教学指导委员会委员暨非通用语教学指导分委会副主任委员、中国韩国（朝鲜）语教育研究学会会长。研究领域为韩国语语法研究、中韩语言文化对比、认知语言学。教授"韩国语精读""韩国语词汇学"等课程。发表论文70余篇，完成2个项目，著有9部。

姜宏　　俄文系教授、博士生导师。中国俄语教学研究会理事，上海市科技翻译学会理事。研究领域为理论语言学、功能语言学、对比语言学、文化符号学等。教授"基础俄语""中级俄语""俄语言语礼节""语言学导论""语言文化学""俄罗斯语言学简史""当代俄语语言学理论""俄汉功能语法对比研究"等课程。发表论文100余篇，著有《俄罗斯功能语法理论与西方系统功能语言学对比研究》等。

姜林静　　德文系副教授、硕士生导师，上海翻译家协会理事。教授"天籁与诗：漫谈德奥古典音乐与文学""德国浪漫主义——源头、影响及批判""德语诗歌史""德国文学艺术史"等课程。发表论文20余篇，主持1个教育部项目，著有《"政治神学"抑或"神学政治"》《德语"音乐诗歌"的艺术》及《沙仑的玫瑰——英法德三语文学和绘画中的经典意象》（合著）等。

姜倩　　翻译系副教授。研究领域为科幻小说译介史、中国典籍翻译和传播研究、翻译教学研究。教授"英汉互译技巧""笔译实务""翻译实践讨论课""翻译概论""MTI学位论文研究"等课程。

发表论文10余篇,著有《幻想与现实:二十世纪科幻小说在中国的译介》。

姜颖 朝鲜语系讲师。研究领域为朝韩文体研究对比、作家作品语言分析、韩汉翻译等。教授"初级韩国语""中级韩国语""韩国语写作""韩语视听说等课程"等课程。发表"文体论研究中的南北韩差异"等论文多篇,参与"面向国内外(除韩国)韩国语系大学生的教材开发"研究项目,共同编写《韩国文学史》《韩国名作理解与赏析》。参与编写的《新编韩中词典》获得"2014年度中国外语非通用语优秀学术成果辞书类一等奖"。

康志峰 大英部教授、博士生导师、博士后合作导师。中国英汉语比较研究会翻译传译专业委员会会长、中国英汉语比较研究会认知翻译学专业委员会副会长、中国英汉语比较研究会教育语言学专业委员会常务理事,《翻译研究与教学》主编。研究领域为口译理论与实践、翻译学、应用语言学。教授"英语口译""专业英语写作""口译理论与实践""认知口译学""口译研究论文写作"等课程。发表论文100多篇,著有《体认口译学》等。

孔婧倩 德文系讲师、硕士生导师。教授"欧洲电影解析与实践""德语影视""光影镜像中的德国社会多元文化变迁""跨文化交际""基础德语"等课程。发表论文11篇,主研国家社科基金重大招标项目《歌德及其作品汉译研究》的子课题《浮士德专题研究》。著有 *Migrationsfilme aus Deutschland als Medium interkultureller Erziehung und Bildung*。

李定军 曾用名李定钧,笔名海岸,大英部副教授。上海杉达学院教育可持续发展研究所客座教授(2021—2024)、上海文学艺术联合会第八届文联委员(2019年起)、上海翻译家协会常务理事(2015年起)、香港《当代诗坛》(汉英双语版)副主编(2005起)。研究领域为医学词典学、医学语言学、医学符号学研究、诗歌创作与翻译研究。教授"英语诗歌选读""学术英语(人文)"等课程。发表论文40篇,参编7本医学词典,诗歌著/译作品40余部。

李红叶　大英部讲师。教授"大学英语系列""英语视听"等课程。发表多篇学术论文,参与多部教材编写工作。

李佳颖　法文系副教授、硕士生导师。上海市浦江人才。研究领域为法国现当代戏剧、法语语言游戏与文学实验。教授"基础法语精读与实践""法语散文选读""法国喜剧语言赏析""法语语言游戏与文学实验"等课程。发表论文15篇,著有 Le Langage mis en jeu et en questions。

李晶浩　德文系讲师。研究领域为日耳曼语言文学、德国哲学。教授"德国思想史""德国文学与圣经文学传统""翻译工作坊"等课程。发表论文10篇。

李双志　德文系系主任、博士生导师、德国洪堡学者、教育部高等学校外国语言文学类专业教学指导委员会德语分委员会委员。教授"日耳曼研究""基础德语""中级德语""德语文学史及作品选读""德语经典文学选读""媒介视域下的世界文学经典研究""卡夫卡与全球现代性"等课程。发表论文20余篇,主持国家社科基金项目2项,参与国家社科基金重大项目3项,出版中德文专著3部。

李新梅　俄文系副教授、硕士生导师。俄文系副系主任,上海市外国文学学会文学与思政研究委员会秘书长,上海翻译家协会成员。研究领域为20、21世纪俄罗斯文学与文化。教授"高级俄语""基础俄语""俄语泛读""俄语语法学""外贸俄语"等课程。发表论文40余篇,著有《现实与虚幻——维克多·佩列文后现代主义小说的艺术图景》等。

廖静　多语种中心阿拉伯语副教授、多语种中心副主任,复旦大学中东研究所兼职研究员。教授"阿拉伯语""阿拉伯社会与文化""中阿关系"等课程。发表论文20余篇,主持4个项目,著有《传统阿拉伯语语法学派研究》。

林维 大英部讲师。研究领域包括语料库语言学、构式语法、外语教学等。教授"高级英语""英语笔译"等课程。主持1项横向科研项目和1项校级教学改革项目,指导学生获得9项省部级、国家级奖项。

刘海涛 复旦大学文科资深教授,享受国务院政府特殊津贴专家,国家社科基金重大项目首席专家,连续多年入选爱思唯尔"中国高被引学者"和斯坦福大学全球2%顶尖科学家榜单。在国内外专业刊物发表语言学相关文章400余篇,多篇论文入选ESI热点论文(0.1%)与高被引论文(1%)。13项研究成果获得教育部或省级优秀社科奖。

刘佳琦 日文系副教授、硕士生导师。日文系副主任、外国语言研究所副所长,上海市浦江人才。中国语文现代化学会音系学专业委员会常务理事,中国日语教育研究会理事。研究领域为应用语言学、跨语言语音习得发展、实验语音学、外语教学、多语学术实践。教授"综合日语""日语语音学"等课程。发表论文30余篇,著有《语音认知机制与日语语音教学》《中国日语学习者中介语语音语料库的构建及应用》。

刘炜 德文系副教授,硕士生导师,奥地利维也纳大学"埃尔弗里德·耶利内克研究中心"(Forschungsplattform Elfriede Jelinek. Text-Kontexte-Rezeption)合作伙伴,国际约瑟夫·罗特协会(Internationale Joseph Roth Gesellschaft)会员,上海翻译家协会副会长。发表论文20余篇,主持4个项目,出版著作、教材和译著数十部。

刘雯 大英部副教授。研究领域为英语语言文学和英语教学研究。教授"研究生学术英语(人文)""研究生学术英语(综合)"等课程。主编《研究生综合英语》《研究生高级英语》等教材,并发表多篇学术论文。

卢丽安 英文系教授、博士生导师。复旦大学国际合作与交流处处长暨孔子学院事务办公室主任。研究领域为20世纪英国小说、女性主义性别研究、文学社会学、安徒生研究、生命书写。教授"圣经与英国文学""英美现代主义文学经典""女性主义文学""西方经典文学选读""20世纪英国小说""英国文学女性主义批评""女性主义文学文化性别研究方法论"等课程。发表论文数篇,著有英语专著《文本之外:由佩内洛普·菲茨杰拉德的小说及文学生涯看文学研究》,译有《小说的艺术》等数篇文论。

卢玉玲 大英部副教授。研究领域为英美文学研究、译介学、二语习得。教授"研究生综合英语""英美文学欣赏""研究生学术英语(人文)""研究生学术英语(翻译)"课程。发表学术论文、会议论文多篇,出版著作、教材多部。

鹿秀川 西班牙文系副教授、硕士生导师。研究领域为对比语言学、应用语言学。教授"基础西班牙语""西班牙语语法""西班牙语教学与习得研究"等课程。发表论文20余篇,著有《基于语料库的汉西英指示词对比研究》等。

吕广钊 英文系讲师。上海市浦江人才,中国科幻研究中心"起航学者",上海市科普作家协会会员。研究领域为科幻文学、物转向、当代英国文化政治、乌托邦、当代西方文论。教授"写作入门""多文体写作""学术写作""精读"等课程。发表论文20余篇,著有 *The Boom & The Boom* (2024)。

马济民(Salvador Marinaro) 西班牙文系青年副研究员。研究领域为西班牙语国家文化研究、中拉文明交流。教授"拉丁美洲历史文化与艺术""拉丁美洲文学""学术写作"等课程。出版诗集《醉人的交响乐》、短篇小说集《一份体面的悲伤》。

马运怡　大英部讲师。教授"英语学术论文写作""高级英语""学术英语（综合）"等课程。发表学术论文若干，出版著作、教材数部。

门泊舟　翻译系讲师。研究领域为19世纪末至20世纪初的中国大众消费文化与都市文学、跨太平洋文学与文化研究、比较文学、翻译研究。教授"文学翻译""翻译专题""学术写作""大众文化与消费主义理论""都市文学研究""现实主义与自然主义小说""美国文学史"等课程。

苗伟　大英部讲师。研究领域为跨文化研究、比较文学与世界文学。教授"影视与英美文化讨论""学术英语（医学）""实用医学英语写作""医学英语研究论文写作及学术交流"等课程。已发表多篇学术论文。

裴钟硕　朝鲜语系副教授、硕士生导师。韩国汉文学会和韩国大东汉文学会理事。研究领域为韩国汉籍研究、中韩文学关系史等。教授"韩国文学史""韩国文学选读"等课程。发表论文30多篇，著有2本专著和1本译著，主持完成教育部人文社科基金和韩国学中央研究院学术研究基金等多项科研课题。

彭华　大英部副教授。研究领域为学术英语、二语习得、跨文化研究等。教授"国际学术交流""中外大学文化对比研究""研究生国际学术交流"课程，发表学术论文若干，出版著作、教材数部。

强晓　翻译系讲师、硕士生导师。研究领域为典籍英译、翻译与文化、翻译教学。教授"典籍英译""实用文体翻译""英汉语对比"等课程。发表论文十多篇，主持4个教改项目和2个科研项目子项目。

秦文娟　英文系副教授、硕士生导师。研究领域为应用语言学、自然语言处理、教育学。教授"写作入门""应用语言学导论"等课程。发表论文20余篇，著有《共性与特性：母语与外语学习者英语读写能力发展研究》。

山本幸正 日文系副教授。研究领域为日本文学。教授"日本文学史""日本报刊选读""日本古典文学"等课程。发表论文60篇,著有《创作〈砂之器〉之前的松本清张——畅销小说与新闻小说的1950年代》等。

沈冲 德文系讲师。研究领域为德语现代派文学。教授"德语语言文学导论""德语文学史"等课程。发表论文11篇,著有《德国文学经典汉译评析》等。

沈园 英文系教授、博士生导师。中国英汉语比较研究会形式语言学专业委员会副会长、会长(2016—2021)、中国英汉语比较研究会英语教学研究分会常务理事。研究领域为语义学。教授"语义学""跨语言语法比较""英语语言史""英语精读"等课程。发表核心期刊论文20多篇,著有《句法-语义界面研究》(2007)等。

时丽娜 大英部副教授。长期担任演讲与跨文化大赛国家级授课、培训、评审及命题专家。研究领域为英语公众演说、跨文化交际、教育社会学等。教授"英语公众演说""跨文化交际""文化阅读"等课程。发表论文/文章10余篇,著有《兄弟并不平等》。

寿晨霖 英文系讲师。研究领域为英国中世纪文学、中世纪政治与军事思想、骑士传奇、英国早期现代文学。教授"精读"等课程。发表论文多篇。

宋旸 英文系副教授、硕士生导师。研究领域为社会语言学、教育语言学、跨文化交际、高等教育国际化。教授"跨文化交际""语言与社会""话语分析""流行文化的批判性阅读""社会语言学""全球化背景下的社会语言学"等课程。发表论文近20篇,著有《流动的语言、时空与知识:来华留学生跨文化体验研究》。

苏耕欣 英文系教授、博士生导师。研究领域是英国文学,尤其是英国小说,以及文化研究及其理论。教授"大一阅读""英国文学史""英国小说"等课程。著有《英国小说与浪漫主义——意识形态的冲突、妥协与包装》《哥特小说——社会转型时期的矛盾文学》，以及多篇有关英国小说的学术论文。

孙东云　大英部副教授，上海市外文学会会员、中国英汉语比较研究会专门用途英语专业委员会会员、上海市科技翻译协会会员。教授"高级英语""英语笔译"等课程。发表论文20余篇，汉译英译著四部，主持项目两项，参加国家新闻出版广电总局"丝路书香"工程重点翻译资助项目一项。

孙庆祥　大英部副教授、硕士生导师。国家医学考试中心专家委员会委员英语组组长。研究领域为英语教学，医学英语，科技翻译。教授"学术英语（医学）""医学英语论文写作与国际会议交流""医学英语术语学及应用"等课程。发表论文10多篇，主持2项教育部项目，著有译著1部，主编、参编10多部教材和工具书。

孙文捷　大英部副教授。教授"英美文化概论之美国文化与社会"等课程。发表学术论文若干，出版著作、教材数部。

谈峥　英文系教授、博士生导师。研究领域为唯美主义研究和莎士比亚研究。教授"莎士比亚评论研究""欧美唯美主义研究""英美戏剧""英美小说面面观"等课程。著有专著《莎评简史》、长篇小说《灵魂的两驾马车》、植物散文集《人间花事》、历史剧《梁武帝》《王莽》《秦始皇》、文化散文集《诗意的微醺》《那充满魅惑力的舞蹈》《语言本源的守卫者》《萧淡任天真》。译作有《培根随笔全集》《夜莺与玫瑰——王尔德童话》《后现代性与公正游戏》等。

唐伟　大英部副教授。研究领域为医学英语词汇学及医学英语教学。教授"学术英语（医学）""医学英语写作""医学英语研究论文写作及学术交流"等课程。多次参加研究生教科书的编写工作，参编《英汉医学大词典》，并已发表多篇学术论文。

陶衍　英文系讲师。研究领域为心理语言学，语言加工，语言学习机制。教授"语言心理学""笔译理论与技巧""口译理论与实践"等课程。发表论文5篇。

陶友兰 翻译系教授、博士生导师、博士后合作导师、第四届全国翻译专业学位研究生教育指导委员会委员、上海市科技翻译学会副理事长。研究领域为翻译学。教授"译学理论研读""翻译研究方法论""翻译与思辨"等课程。发表学术论文80余篇,主持10个研究项目,著有《翻译教学研究》等。

涂伶俐 大英部讲师,教授"英语口译""学术英语视听说"等课程,主编教材1本。

万江波 大英部教授、硕士生导师。研究领域为双语词典学及汉英词典编纂、翻译理论与实践、大学英语教学理论与实践。教授"英语公众演说""英语论辩与思辨""文学翻译鉴赏"等课程。发表论文30余篇,著有《双语词典的翻译研究》《英语论辩与思辨》《英语公众演说》,译著《丽莉·布瑞斯珂的中国眼睛》,担任《中华汉英大词典》执行主编。

汪海霞 俄语系讲师。研究领域为俄罗斯经典文学。教授"俄罗斯文学史""俄罗斯文学作品选读""外贸俄语""二外俄语""基础俄语Ⅰ"等课程。发表论文10余篇,著有《果戈理小说研究》。

汪洪章 英文系教授,博士生导师。2014—2019年任翻译系主任。《辞海》编委、分科主编,中外语言文化比较学会中外文论比较专业委员会会长,中外文艺理论学会巴赫金研究分会副会长。研究领域为英美文学、西方文论、中西文论比较。教授"20世纪西方文论""比较诗学专题研究""英美经典文论选读""比较文学与翻译"等课程。著译有《西方文论与比较诗学研究文集》《文心雕龙与二十世纪西方文论》《比较文学与欧美文学研究》《异乡人的国度》《批评理论在俄罗斯与西方》等约20部。

汪吉 俄文系副教授。研究领域为俄语语言学、俄汉语对比研究、俄语教学研究。教授"基础俄语""俄语口语学"等课程。发表论文20余篇，著有《俄汉语称呼语的结构—语用研究》。

汪中平 大英部副教授。研究领域为英语语言学、英语写作。教授"英语论述文写作""高级英语写作""中级英语写作"课程。发表论文多篇，出版著作、译著、教材多部。

王建伟 大英部讲师。大学英语教学部副主任（2014—2019）、语言学习中心主任（2014—2019）、语言测试中心主任（2019— ）。教授"学术英语（人文）""学术英语（理工）""西方儒学研究名著导读"等课程。发表学术论文若干，出版著作、教材数部。

王菁洁 大英部讲师。日本近代文学会会员、和汉比较文学会会员、中国日语研究会上海分会会员、中国日本文学研究会会员、筑波大学日本文学会会员、筑波大学日本语日本文学会会员。教授"基础日语""第二外语（日语）""综合日语"等课程。

王珑兴 西班牙文系副教授。研究领域为西班牙语国家国际传播、拉丁美洲语言政策与规划。教授"西班牙语阅读""西班牙语报刊选读""西班牙语口译""西班牙语世界文化研究"等课程。发表论文多篇，著有 *La construcción de identidad desde otra orilla: los medios, las culturas y los migrantes chinos*。

王珊 翻译系讲师。中国翻译协会会员、上海科技翻译协会会员、兼职国际会议同传译员。研究领域为翻译与口译教学、社会口译学。教授"英语听说与译述""基础口译""商务口译""专题口译"等课程。发表论文1篇，著有《口译规范认知的比较研究——基于英汉同传中口译员与口译用户的视角》。参研国家社科基金中华学术外译项目、教育部产学合作协同育人项目各1项。

王绍梅 大英部副教授。研究领域为二语习得、美国文学。

教授"大学英语""美国文学选读"等课程。发表学术论文若干,出版著作、教材数部。

王升远 日文系教授、博士生导师,《日语学习与研究》编委、常务副总编,《复旦外国语言文学论丛》编委、副主编,《山东社会科学》编委、中国人文社会科学期刊评价专家委员会外国文学专家委员会委员。发表论文数十篇,出版著作多部。

王薇 大英部副教授。研究领域为二语写作、学术英语教学。教授"学术英语(管理科学)""英语论说文写作"等课程。发表论文数篇,著有《学术英语(经管)》等。

王炎强 翻译系副教授、硕士生导师。口译专业委员会委员、MTI教育中心副主任、翻译系副主任。研究领域为口译理论与实践、翻译社会学、口译教学研究。教授"交替传译""视译基础""视译""口译职业与伦理""商务口译"等课程。发表论文20余篇,著有《口译的另外半壁江山:非职业口译的参与度研究》;译著《古代埃及史》《激活组织能量》及多部翻译专业教材。

王语琪 多语中心讲师。研究领域为西班牙语19世纪文学、翻译。教授"初级西班牙语语法""基础西班牙语Ⅰ"等课程。发表论文7篇,出版学术专著1部,获外研社"教学之星"比赛一等奖。

吴晶 大英部副教授。教授"学术英语(综合)"和"高级英语"等课程,发表近20篇学术论文,曾主持两个省部级以上社科项目,著有1本学术专著,主编2本学术英语教材并参编10余本大学英语教材。

吴仙花 朝鲜语系副教授、硕士生导师。韩国方言学会研究理事。研究领域为语音学、方言学、二语习得等。教授"初级韩国语""中级韩国语""高级韩国语""韩国语语法学""韩中语法对比""翻译理论与实践研究"等课程。发表论文10余篇,编著有《延边方言研究》《韩国语公共课1》《新经典韩国语视听说教程1》等。

吴晓真 大英部教授。研究领域为教材编写、英语教学、口笔译。教授"高级英语""影视与英美文化讨论""口译初步与视译"等课程。发表论文12篇,出版专著3部、译著33部。主编国家级规划教材7个系列共23本,参编国家级规划教材5个系列共13本。

吴勇立 德文系副教授。研究领域为德国古典主义文学与思想。教授《浮士德》"德语文学经典研究""德汉翻译的理论与实践"等课程。发表论文25篇,著有《青年穆齐尔创作思想研究》。

席坤 大英部讲师。教授"英国文学欣赏指南""学术英语(综合)""英语学术论文写作"等课程,主持"上海市浦江人才计划"项目,出版教材《英语研究论文写作:语篇结构和语言特征》、译著《史诗之城:在加尔各答的街头世界》《雪的50种表达》《寂静的旷野:关于爱、疾病与自然的回忆录》等。

夏威 大英部讲师。大英部研究生组组长和研究生组党支部书记。学术兴趣包括英汉翻译、法语等。教授"研究生学术英语翻译""学术英语(综合)"等课程。

向丁丁 大英部副教授。研究领域为英语戏剧文学。教授"实用交际英语口语""影视与英美文化讨论"和"英语口译"课程。发表论文多篇,译有《偶发空缺》等。

肖英 大英部讲师。教授"英语视听""大学英语1—3""医学生本科英语""医学生硕士英语""医学生博士英语"等课程。发表论文8篇,主编教材2本,参编教材、教辅17本,参与国家医考中心项目1项、校级项目3项,国家社会科学基金后期资助项目1项。

杨姗姗 大英部讲师,国家外语教材建设重点研究基地兼职研究员。教授"英语论说文写作"等课程。发表论文10余篇,著有学术专著一部。

杨霞 大英部讲师。教授"大学英语""英语视听"等课程。发表学术论文若干，参与编写教材和词典数部。

杨晓敏 日文系副教授、硕士生导师。研究领域为日语语言研究、汉日对比研究、语言习得研究。教授"日语会话""日语词汇学""日语语法学""综合日语"等课程。发表论文30余篇，著有《认知语义学视角下的日语复合动词研究》等。

杨雪燕 英文系教授、博士生导师。校学术委员会委员、院学术委员会主任兼博士后流动站站长。研究领域为系统功能语言学、教育语言学、话语分析、文体学等。教授"英语文体学""笔译理论与技巧""功能语言学""语篇分析""话语分析方法""系统功能语言学专题研究"等课程。发表论文50余篇，著有《英语教师课堂话语的互动性研究——系统功能语言学视角》等。

杨振 法文系副教授。法国国家科研中心（CNRS）及法国社会科学高等研究院（EHESS）所属现当代中国研究中心（CECMC）兼职研究员。研究领域为中法比较文学、中国现代文学。教授"法国文学与现代中国""中法文学关系""法语写作""法语语法""法国概况""基础法语"等课程。发表论文50余篇，著有《波德莱尔与中国》等。

姚景晨 法文系讲师。复旦大学中东研究中心兼职研究员。研究领域为法语语言学、法语国家和地区研究。教授"基础法语""第二外语（法语）"等课程。发表论文3篇，著有 *L'emploi de l'adverbe alors dans Le Petit Prince*（《法语副词alors在〈小王子〉一书中的使用》）。

叶如兰 大英部副教授。研究领域为美国文学、北欧文学、欧洲中国学。教授"美国文学选读""高级英语""实用交际英语口语"等课程。发表论文数篇，著有《美国文学选读》等。

叶瑶 德文系青年副研究员、硕士研究生导师。研究领域为现代德国保守主义理论、生活世界理论、中德比较文学。教授"基础德语""中级德语""德国阐释哲学发展史概览"等课程。发表论文6篇,译有《在餐馆里》。

伊静轩 大英部讲师。教授"实用交际英语口语"和"学术英语文史哲"等课程。发表论文6篇。

雍毅 大英部副教授。研究领域为语言学、英语教学。教授"英语散文选读""英美文学欣赏""学术英语(综合)"等课程。发表论文多篇,出版著作、译著、教材多部。

俞一星 俄文系讲师。研究领域为语义语用、言语文化、语言哲学。教授"基础俄语""俄语语法学""公共俄语"等课程。发表学术论文8篇。

袁莉 法文系教授、博士生导师。上海翻译家协会副会长、中国翻译协会专家会员、全国法国文学研究会理事,中国比较文学协会理事。研究领域为法国文学、翻译学。教授"翻译理论与技巧""法国文学精选、精评、精译""翻译理论与实践""当代法国翻译理论""中法翻译史的重读与重构""中国文学外译研究(法国篇)"等课程。发表论文40余篇,著有《文学翻译主体论》。

张帮印 大英部讲师。教授"英语诗歌选读""学术英语(人文)"等课程,发表学术论文若干,参编教材2本,审校辞书1部。

张华 法文系讲师。研究领域为中法文化比较、20世纪法国文学。教授"高级法语""中法文化比较""第二外语(法语)"等课程。发表论文数十篇。

张会见 朝鲜语系青年副研究员。研究领域为韩语语法、汉韩语言接触史。教授"基础韩国语""中级韩国语""翻译理论与实践韩国语""韩国社会与文化""韩语词汇学"等课程。发表论文10篇,主持国家社科基金项目1项,韩国学中央研究院海外韩国学研究项目1项。

张家琛 大英部副教授。研究领域为华裔美国文学、食物研究、美国研究。教授"英语公众演说""学术英语(医学)""医学英语论文写作及学术交流""实用医学英语论文写作"等课程。发表论文3篇。

张璐璐 大英部讲师。研究领域为第二语言习得,教授"英语笔译""高级英语"等课程。发表论文6篇,主持上海市哲社项目一项,主持校级教改项目2项,参与省部级项目3项、校级4项;参与编写教材2本。

张宁宁 大英部讲师。研究领域为认知语言学、二语习得。教授"英语发音""英语学术论文写作"等课程。发表多篇学术文章,参编数本教材。

张勤 大英部讲师。教授高级英语,英语应用文写作等多门课程,发表学术论文若干,出版著作、教材数部。

张琼 英文系教授、博士生导师。全国美国文学研究会副会长、国际莎士比亚协会等会员。研究领域为英美小说与诗歌、莎士比亚及改编、美国本土裔及华裔文学等。教授"莎士比亚选读""美国小说研究""英美文学专题研究"等课程。发表中英文论文80余篇,著有《当代莎士比亚小说重写研究》《当代美国本土裔(印第安)诗研究》等。

张晓艺 大英部讲师,大英部语言测试中心副主任。教授"英美文化概论""学术英语视听说"等课程。

张绪华 大英部讲师。教授"学术英语(科学技术)""研究论文写作""大学英语"等课程。发表论文10篇,主持国家社科重大项目子项目,著有《型式与意义:语料库驱动的英汉高频名词的对比研究》。

张雪波 大英部讲师。教授"英语论说文写作"等课程。发表论文多篇,主编《大学英语6级水平测试试题集》,参编6部教材。

张颖 大英部副教授。研究领域为英语教学。教授"学术英语（社会科学）"等课程。发表论文8篇，著有《活动理论视角下的数字技术与语言学习关系论》。

赵静 大英部讲师。教授"学术英语（医学）""实用医学英语写作""医学论文写作及国际会议交流""医学英语视听说"等课程。发表学术论文若干。

赵蓉 大英部讲师。教授"英语公共演说""英语学术论文写作""英语高级口语"等课程。发表学术论文若干，出版著作、教材数部。

赵世锋 俄文系副教授。教育部区域和国别研究培育基地北京师范大学俄罗斯研究中心兼职研究员。研究领域为俄罗斯历史与文学、当代俄罗斯教育、社会与文化。教授"俄罗斯概况""俄罗斯历史""基础俄语""当代俄罗斯专题研究"等课程。发表论文近50篇，著有《俄国共济会与近代俄国政治变迁》等。

赵彦志 日文系副教授。东亚日本语教育・日本文化研究学会理事。研究领域为日本语言学。教授"综合日语""日语文法""日语会话""日语敬语""基础日语"等课程。发表论文21篇，著有《「待つ」働きかけ形式における時間性と空間性》。

赵艳秋 俄文系副教授。上海翻译家协会理事、上海外文学会会员、上海科技翻译协会会员。研究领域为翻译学。教授"翻译理论与实践""俄语翻译学概论""中级俄语语法""俄语语义学"等课程。发表论文10余篇。出版专著《俄汉文学翻译变异研究》、译著《鬼玩偶》，参编教材《俄苏翻译理论流派述评》，参译《世界文学史》《普京文集》《俄国哲学》《俄罗斯当代戏剧集》等作品。主持参与项目7项，编纂词典1部。

赵英晖 法文系讲师。研究领域为戏剧理论、法国当代戏剧。教授"中级法语""基础法语""法国现当代文艺思潮""法国现当代文论原典选读"等课程。发表论文22篇，著有《科尔代斯戏剧独白研究》《精简与归一：以翻译为统筹的外语教学法》《精简与归一教学法：教-学程序指南》《精简与归一：法语课堂1：出行篇》等专著及教材。

郑咏滟　英文系教授，博士生导师。中国英汉语比较研究会二语习得研究专业委员会常务理事、副秘书长、上海市外文学会常务理事。研究领域为第二语言习得、复杂动态系统理论、双语及多语发展、语言政策与规划。教授"论文写作""语言与教育""第二语言习得前沿""双语心理表征""语言学学术论文写作与发表"等课程。发表中英文论文100余篇，著有《动态系统理论框架下的外语词汇长期发展》等。

周菲菲　日文系青年研究员、博士生导师。中华日本哲学会理事、阳明书院讲席教授；曾任东京大学外籍研究员。研究领域为日本文化、中日文化交流史。教授"日本文化史""日本学前沿文献研读"等课程。发表论文数十篇，著有《日本工匠文化研究》等。

周季鸣　大英部副教授、硕士生导师。研究领域为应用语言学、促学评价、学术写作、语言测试与评价等。教授"学术英语（综合）""AI赋能学术英语读写"等课程。发表论文20余篇，著有《英语课堂的促学评价：大学师生的认识和实践》。

朱绩崧　英文系讲师。研究领域为英汉词典编纂、英汉词典学。教授"莎士比亚作品撷英""人文传统""英语文学选读""笔译理论与技巧"等课程。发表论文多篇。

朱建新　英文系副教授、硕士生导师。国际改编研究协会会员，曾担任A&HC期刊 *Adaptation*（《改编研究》）（牛津大学出版社出版）编委会委员（2011—2021）。研究领域包括改编研究、英美文学、英美电影、北欧电影、北欧文学等。教授"英美电影文学""英美电影与文化""跨文化交际""北欧电影""北欧文学""欧洲电影解析与实践""电影与文学批评方式""中国新电影"等课程。发表论文10余篇。

朱彦 大英部副教授。研究领域为应用语言学、外语课程改革、外语教师教育。教授"英语学术论文写作""应用语言学""外语教育研究与实践"等课程。发表论文多篇,著有《基础教育阶段英语课程标准国别研究报告》等。

邹波 日文系副教授。中国日语教学研究会理事、中国日语教学研究会上海分会副会长、上海市日本学会常务理事、复旦大学日本研究中心兼职研究员、中国日本文学研究会会员、国际芥川龙之介学会中国支部副支部长。研究领域为日本文学、翻译研究。教授"日本文学选读""日本社会与文化""中日近代文学比较论""日本近代文学研究"等课程。发表论文55篇,著有《安部公房小说研究》,编著《日本文化论名篇选读》,译有《凤仙花》《相食》《我是猫》《春雪》《日本语文教科书里的中国》《罗生门》《侏儒的话》《白兰花》《雪国》等。

邹萍 西班牙文系副教授、硕士生导师。研究领域为西班牙当代叙事文学、文化记忆、黑色小说及电影等。教授"中级西班牙语""西班牙文学导读""西班牙语小说研究"等课程。发表论文10余篇,著有《诗性正义——当代西班牙内战题材小说中的历史与记忆》等。

Gaultier Roux(鲁高杰) 法文系青年副研究员。研究领域为十九、二十世纪法国文学、旅行文学、东方主义。教授"法语写作""十九世纪法国文学""法语报刊"等课程。发表论文15篇。

Russell Palmer 英文系青年研究员、硕士研究生导师。研究领域包括18和19世纪英国文学、儿童文学、插图研究、文学物质文化及跨媒介改变等。教授"英美文学专题""英国性、传统与艺术""英美儿童文学""18世纪英国小说的兴起"等课程。发表论文22篇,著有1部专著。

Sandro Jung　英文系教授、博士生导师。外国语言文学研究所主任、杭州师范大学"马云基金"特聘教授和河西学院特聘教授。曾任 18 世纪中东部美洲研究学会主席、亚历山大·冯·洪堡基金会高级研究员。连续 12 年担任 A&HCI 期刊 *ANQ* 主编，任 A&HCI 期刊 *The Explicator* 副主编。研究领域包括 18、19 世纪的文学、文化与媒体研究、书籍与接受史、翻译研究以及视觉文化研究。发表论文数十篇，著有专著多部。

现任行政和学工成员名单

党政服务办公室：鲍伊尹、孙程、郑雯睿、陈春胜、陈从源、张林誉、袁鸿、夏佩瑶、高昕

教学管理办公室：白冰、张萍、于姝斐、陈良波

公共外语教学管理办公室：陈蕾、李晓映、苏晓欣、经炜

学生工作办公室：徐姗姗、贾怡锐、杨娅雯

附录四 1974年以来教师入职一览

1974年以来教师入职名单

年份	人数	入职人员
1974	8	余月仙、项杏林、刘春妹、张爱珍、陆效用、曾道明、俞宝发、高汝河
1975	9	黄勇民、陈良明、孙惠丽、查国生、王美娣、周石根、戎兰芳、周立芳、高顺龙
1976	3	吴建衡、徐龙顺、张雅君
1977	9	陈伟丰、孙建、方申萍、余建中、姜新荣、吴光明、夏正标、徐德明、唐荣杰
1978	5	蔡槐鑫、庞志春、徐祖琼、陈社胜、马吉贞
1979	2	申汝褆、周昭孝
1980	2	黄关福、姜依群
1982	1	袁全
1983	5	何刚强、吴德雯、赵世澄、竺蕊、胡凤春
1984	1	徐欣
1985	2	姚燕瑾、葛宁
1986	5	张萍、陈从源、程寅、符培琪、蒋严
1987	4	褚孝泉、李姚军、王滨滨、夏国佐
1988	6	方志平、孙钢、孙靖、陆丽萍、王爱萍、邱东林
1989	3	朱建新、蔡基刚、陈洁倩
1990	9	季佩英、王春秀、姚林生、陈进、梁正溜、冯豫、李定军、刘书青、赵雷

(续表)

年份	人数	入 职 人 员
1991	9	熊学亮、吴惠英、尤文迈、徐遥、朱万玉、经炜、唐伟、汪洪章、强薇
1992	11	谈峥、凌秋虹、王妹芳、孙文捷、陈雪雷、李萍、宋梅、顾兆倩、叶莲莉、万江波、陈养铃
1993	4	吴晓真、肖英、潘霞萍、姜琴
1994	7	丁瑞良、陈欣、汪琦、彭华、蒋亚萍、徐蔚、吴简清
1995	17	朱永生、孙庆祥、尤志文、陆惠勤、倪慧、朱宏月、蔡和兵、曹京渊、黄贤玉、李静、刘雯、姜宝有、姜银国、汪小丹、殷桂香、张小燕、顾燕楠
1996	20	陈春胜、徐欣梅、曹菁、陈晔、戴月珍、刘兵、张传标、曾建彬、黄小丽、李晶洁、卢玉玲、沈园、盛朝晖、汪仕清、王瑞、王晓馨、朱琰、殷建国、肖杰、傅静涛
1997	15	卢丽安、沈黎、俞惠中、谷红欣、刘亦春、姜颖、王雷、孟连素、魏立红、陶友兰、王绍梅、吴宝雷、张晓晔、石敏、邱蔚
1998	14	何天舒、丁小龙、涂伶俐、王初文、宣枫、郑红霞、艾菁、毕小莺、范烨、杨海红、俞宙明、张颖、吴琼、黄岸青
1999	7	金钟太、赵蓉、康志峰、邹波、袁莉、张素琴、赵海
2000	5	杨霞、贺灿文、李红叶、汪中平、崔英杰
2001	14	董宏乐、雍毅、何雁、时丽娜、傅佳、高永伟、艾斐、张雪波、黄莺、孙东云、李征、魏育青、曲卫国、姜宏
2002	5	李晶浩、何静、黄红霞、李焱、顾凌志
2003	10	樊重芳、张勤、陈淇、王旸、顾乡、江静、丁骏、徐瑾、王建开、孙亚
2004	7	张冲、范若恩、徐真、郑咏滟、马晶静、汪海霞、蔡玉子
2005	9	夏威、夏菁、郭一诚、徐慧玲、冯超、白冰、强晓、张琼、郭斯嘉
2006	17	吴冬青、汪吉、余利佳、赵英晖、赵艳秋、姜倩、王薇、金逸明、葛锡颖、张书田、张华、刘炜、高天忻、管玉华、吴勇立、范烨、黄一丹
2007	8	鲍伊尹、陈秋苹、陈蕾、彭俞霞、沈家春、刘敬国、李新梅、刘晓冷

附录 〉 255

(续表)

年份	人数	入职人员
2008	8	王建伟、向丁丁、朱绩崧、段枫、陈靓、王亚鹏、孙伟红、赵世锋
2009	6	叶如兰、张宁宁、刘佳琦、杨晓敏、李晓映、王炎强
2010	3	吴仙花、吴晶、赵彦志
2011	5	崔惠玲、范劲松、张晓雪、孔婧倩、张顺菲
2012	9	李倩、韦春晓、徐真、郭骅、张绪华、苏晓欣、殷婷婷、曾婷、孙程
2013	6	张帮印、杜方圆、邹沁、张林誉、金雯、赵强
2014	10	冯予力、张楠、杨振、姜林静、管阳阳、苗伟、江吉娜、吴奕霏、郑阳、陈亚丽
2015	10	宋旸、纪春萍、王菁洁、陈杰、包慧怡、鹿秀川、Miles Link、朱彦、赵静、赵昕
2016	10	苏耕欣、王升远、杨雪燕、程弋洋、周季鸣、陈婉春、Giuseppe Marino、李双志、赵翠莲、Rafael Martín Rodríguez
2017	5	马秋武、秦文汶、张璐璐、蔡雅芝、茅盾
2018	9	陈豪、山本幸正、罗英华、毕玉德、单理扬、秦文娟、王珑兴、廖静、高贺
2019	9	李昕、李佳颖、姚景晨、沈冲、张家琛、鲁高杰(Gaultier Jean Raymond Roux)、张晓艺、寿晨霖、裴钟硕(Bae Jongsuk)
2020	9	何妍、陶衍、邹萍、林维、王珊、俞一星、席坤、高洁、薛海霞
2021	8	潘写、马运怡、陈文佳、袁萍、门泊舟、金志伟、徐姗姗、贾怡锐
2022	11	王语琪、郑雯睿、傅梦菊、周菲菲、叶瑶、张会见、杨珊珊、陈可薇、周正阳、吕广钊、马济民(Guillermo Salvador Marinaro Montalbetti)
2023	5	Sandro Jung、Russell Benjamin Palmer、范灵犀、金奕含、伊静轩
2024	6	何艳华、夏佩瑶、高昕、杨娅雯、陈良波、刘海涛

附录五　1977 年以来辅导员名单一览

1977 级本科生辅导员：倪琴芬
1978 级本科生辅导员：张黎犁
1979 级本科生辅导员：龚金宝　谢永平
1980 级本科生辅导员：柯晓明
1981 级本科生辅导员：顾　昕
1982 级本科生辅导员：高汝河
1983 级本科生辅导员：倪琴芬
1984 级本科生辅导员：高汝河
1985 级本科生辅导员：李　斌
1986 级本科生辅导员：庞志春　陆丽萍
1987 级本科生辅导员：陆丽萍　王伯军
1988 级本科生辅导员：孙　钢　方志平
1989 级本科生辅导员：王　颖
1990 级本科生辅导员：许　征
1991 级本科生辅导员：王伯军　顾燕楠
1992 级本科生辅导员：姜　琴
1993 级本科生辅导员：罗新红　潘霞萍
1994 级本科生辅导员：田咏梅　汪小丹
1995—1997 级研究生辅导员：陈养铃
1995 级本科生辅导员：杨海红
1996 级本科生辅导员：朱　琰　俞宙明
1997 级本科生辅导员：邱　蔚　袁　莉

1998级本科生辅导员：艾　菁

1998—1999研究生辅导员：黄岸青

1999级本科生辅导员：李　焱

1999—2000级研究生辅导员：邹　波

2000级本科生辅导员：姜　颖　王全智　吴宗会　金晓星

2001级本科生辅导员：高永伟　丁　骏

2001—2002级研究生辅导员：崔英杰

2002级本科生辅导员：徐慧玲

2002级研究生辅导员：赵伟韬

2003级本科生辅导员：葛锡颖

2003级研究生辅导员：孙　亚

2004级本科生辅导员：朱田云

2004级研究生辅导员：汪海霞

2005级本科生辅导员：郭一诚

2005级研究生辅导员：郭斯嘉　郑咏滟　叶如兰

2006级本科生辅导员：周晔晗　王　薇

2006级研究生辅导员：张雅琳

2007级本科生辅导员：王亚鹏

2007级研究生辅导员：夏　威　汪　吉

2008级本科生辅导员：向丁丁　赵世锋　郑咏滟

2008级研究生辅导员：张帮印　陈　靓

2009级本科生辅导员：方爱丽　何　静

2009级研究生辅导员：何　玲　叶如兰

2010级本科生辅导员：徐姗姗　吴仙花　孔婧倩

2010级研究生辅导员：管阳阳　冯　超

2011级本科生辅导员：苏　丹　赵彦志

2011级研究生辅导员：王亚鹏

2012级本科生辅导员：朱旭峰　郭　骅　吴奕霏
2012级研究生辅导员：庄　稼
2013级本科生辅导员：缪　蓬　崔惠玲　茅　盾
2013级研究生辅导员：张　侬
2014级本科生辅导员：殷绯叶　单理扬　茅　盾
2014级研究生辅导员：管阳阳　孙　程　宋　旸　段　枫
2015级本科生辅导员：汪蒙琪　潘晨曦
2015级研究生辅导员：杨　振　袁　晶
2016级本科生辅导员：王　璇　任学欣　龚婷婷　高　贺
2016级研究生辅导员：包慧怡　韩　蒙　李新梅
2017级本科生辅导员：陈婉春　龚　璇
2017级研究生辅导员：陈　杰　李　娜
2018级本科生辅导员：贾怡锐　徐　晨
2018级研究生辅导员：廖　静　许永健　赵世锋
2019级本科生辅导员：包妍佳　班乐君
2019级研究生辅导员：安　宁
2020级本科生辅导员：宋喜康　王　馨
2020级研究生辅导员：杨娅雯　程弋洋
2021级本科生辅导员：王一诺　高梦晗
2021级研究生辅导员：李慧娴
2022级本科生辅导员：张君慧　程文曦
2022级研究生辅导员：贾怡锐　杨晓敏
2023级本科生辅导员：夏　霈　孙奕霏
2023级研究生辅导员：简丹丹
2024级本科生辅导员：武以宁　杨娅雯
2024级研究生辅导员：袁烁莹　何　妍

附录六 改革开放后曾在外文系任教的外籍教师名单

(1) 德语教师：

Wolfgang Hohn　　　　　　Kurt Rothmann

Karl Friedrich　　　　　　　Georg Wenzel

Peter Hayer　　　　　　　　Christianne Sclnnoz

(2) 日语教师：

山口守（1979—1981）　　　松田章一（1985.9—1986.2）

石山敏郎（1981.3—1983.4）　古贺嘉之（1985.3—1987.4）

平吉俊美（1983.3—1985.4）　田洋一（1987.3—1989.4）

山本昭（1982.3—1984.4）

(3) 法语教师：

Isabeole LLasera　　　　　　Dominigue Geslin

Rober Ruhlmann（别名于儒伯）　Pafrice Quiguem Pois

Jeanine Hall　　　　　　　　Denis Forest

(4) 俄语教师：

［俄］加林娜（Галина，1996.9—1999.6）

［俄］塔吉娅娜（Татьяна，1999.9—2003.6）

［乌］瓦连京娜（Валетина，2003.9—2007.6）

［俄］萝扎（Роза，2007.9—2011.6）

［俄］伊琳娜·安德烈耶夫娜·吉娅科娃（Ирина Андреевна Дьякова，2011.9—2013.6）

［俄］谢尔盖·维克托罗维奇·楚巴耶夫（Сергей Викторович

Чубаев,2013.9—2017.6)

〔俄〕罗曼·巴兰诺夫斯基(Роман Балановский,2017.9—2018.6)

〔乌〕娜塔利娅·弗拉基米罗夫娜·安德留先科(Наталия Владимировна Андрющенко,2013.9—2023.6)

〔俄〕柳德米拉·根纳季耶夫娜·尤恩(Людмила Геннадиевна Юн,2018.9—2023.7)

〔俄〕安娜·米哈伊罗夫娜·福明娜(Анна Михайловна Фомина,2023.9—)

〔俄〕娜塔利娅·瓦列里耶夫娜·米罗诺维奇(Наталья Валерьевна Миронович,2023.9—)

(5)英语教师：

Simon Schuchar	Joann Rosemont
M. C. Ross	Heather Smith
Iffla Carolilce	John Antony Tagliabue
Ruth Hayhoe	Grace Teneyck Tagliabue
Andrew Ness	Melisa Stainberg
Barrett Mandel	M. A. Beaken
Priscilla Oaks	Jennifer Beaken
Edward Charles Hill	Carl Deangellis
Dana Sue Garrison	Kelly Deangellis
Stuart Ashley Bowes	Laurence Giffeman
Bruce Wilson	Jane Peek
Teresa Wilson	Tirion Richards
Gerald Bentley	Kathleen Mackinnon
Elizabeth Bentley	Stephen Fredericr
Henry Rosemont	Kathryn Bridges

Janef Helfand	Jandt Rokerfs
Michael Helfand	Graham Smith
Victoria Middleton	Peter Bracegirdle
Barbara Ramsell	Demaris Payne
Howard Burchfield	Michael Levy
Olivia Lillich	Anne Bock
Daniel Silverman	Andrew Stone
Colin Lewis	Alec Stockwell
Andrew Renton	Carmen Esteves
Linnea Alfshuler	Louis Chafagnier
Mary S. Temperloy	Adclaide Suifs
Edmund Brodford	Anthony Ward
Steven Griffith	John Rosenwald
Barbara Rossiter	Ann Arkrr
Paul Sporm	Sarah Jessup
Barbara Rothenburger	Craig Breon

附录七 毕业生名录

1929级校友

胡　钦	章锦根	谢德风	胡　侠	薛铨曾	夏志敏	
黎　沁	唐远藩	右清福	陈鼎信	沈荣桂	顾正本	
曾华霖	曹右民	吴策机	韦小容	吴灼光	邵鹤鸣	
江秉又	麦文康	吴忠民	朱　烈	胡金水	吴炳光	
佘贵棣	司徒荫	田鸣韶	陶　樾	徐隆仪	施鼎元	
袁湘生	邝善武	任意为	何朝松	黄友奂	魏蕴轩	
全巨苏	陈振声	谢保康	高鸿勋	杨则润	周善廷	
柏朝鼎	张彭樾	王铁崖	金宝昌	赵俊生	吴鹏飞	
郭先康	周壬林	徐焕藜	温源益	熊志兰	汤国坤	
熊绍琦	徐毓瑛	胡景新	范同璋	祝兰芳	顾培恕	
陈凤珍	杨秀娟	许竞英	陈端宜	江　蘅	蒋浚瑜	
梁培树						

1930级校友

黄荣周	吴良伋	曹祖光	彭士骢	孙俊在	周　竞
周季荃	金新民	邓冶谋	李家藻	汪少怀	朱向日
卜韶承	雷克勤	周瑞和	丁期光	汤仁溥	陈宝庆
季婉宜	李　振	江彼得	殷德明	施文石	周　雅
闵懿群	王　鼎	顾肇曾	陆鼎雄	洪泰洲	陈汪伦
孙用霖	王福盈	陈鼎文	徐家齐	沈嗣华	殷作洮
华志贤	江禄炜	马定兰	盛澄华	叶肇范	卢育宁
陈鼎利					

1931 级校友

严　格	陈业钫	林　靖	林永坚	尤其彬	任传振
卢少梅	黄存黄	陈　明	汪福盈	周覃钹	廖晨樵
陆颂凯	黄树藩	包光第	周骏昌	李莘唐	胡树伟
沈　嗣	张光橘	周树模	宋亨豫	钱曼予	刘作均
顾曾彝	吴子铁	黄振球			

1932 级校友

汪福瀛	汪禄炜	金宝善	李宗武	郑通鹭	钱在勤
张文波	程金冠	余道南	汤韵和	郭亨士	王镜清
周勤笃	韩友梅	莫栋选	林鸿西	阎锡瑛	黄劲草
庚亚华	黎静婉	鲍幼晖	陶映霞	钱人仰	张广勋
盛维荣	伍梦窗	刘宗仁	柯存枫	彭大同	钱　浩
周会械	武强农				

1933 级校友

安炳武	周经彦	徐洪发	庞子翔	曹忠信	夏善瑛
赵耀汉	程一戎	房师俊	姚荣贵	姚树勋	刘桂声

郑　虔	黎敏斐	谭仲将	蒋滂孙	王应铕	韦以皓
许云龙	盛约翰	李安乐	唐振彬	刘鹤云	余鸿业
萧心田	吴成根	游其兴	王庆和	周华国	张大椿
王傅和	陈仲铭	徐延文	王福瀛	顾会彝	

1934 级校友

金镇东	刘桂馨	江椿年	吴景介	马广安	伍穀儒
史亚璋	吴　桢	陈忠夔			

1935 级校友

成吉冠	方　策	余泽汎	胡家文	朱振庭	林沧州
王德远	吕一民	楼存贤	熊　菲	刘斌瑜	田玉兰
严玉华	沈文燦	龚子文	黄世光	林春明	宣传京
贺方英	王太和	曾既划	蒋士杰	王传和	毛应瑜
李兆昌	谢宝明	黄子文	何光沛	陈祥麟	周玉清
李嘉德	蒋玉瑛	黄淑谦	黄蕴瑜	吴瞻曦	王亚英
陶凤翔	张宁珠	梁培缜			

1936 级校友

张名彦	张　时	曾乃祺	郑世栋	杨　俊	张侨文
陈汝礼	余泽泛	陆汝怀	冯锦剑	刘纯根	唐瑞明
王中成	郭明玺	徐杏钗	林沧洲	韩泽兰	李瑞明
孙仁浛	王文芳	张万芳	安莲生	霍本枝	曾乃淇
屠用华	李伯岐	江炳仁	张文泉	刘毓珩	丁必彰
蒋兆华	李家明	杨德坤	顾俊良		

1937 级校友

朱振廷	冯锦钊	谢惠民	唐觉后	赵伯诚	陈春莲
刘煜林	康　穆	华瑞芳	施成龙	黄　松	何高洁
钮泽遗	蒋炳如	盛　如	曾子田	李　耿	隆有仁
杨云美	于乃立	肖　明	刘丽珊	周诵芬	周玉琳
胡高纯	纪德申	吴企源	荣锡椿	张炎培	高训铨
陈裕年	王翼雄	潘达鎏	陈东生	刘古耘	徐系宇
倪宁芳	周杰生	宋依嘉	陈福英	胡昌度	黄铁珊
李新民	曹　慧	曹越华	张继钦	周少梁	陈福祥
何兆南	陈正鹄				

1938 级校友

沈　寂	李　芮	蒋　森	王启明	詹　敏	张松年
彭家兰	孙家澄	李云楣	牛述祖	储敬六	傅治常
孟福礼	段达豪	杨　鸾	万林先	胡康伯	邹文荣
张小伟	张文浩	刘希孟	杜屦和	朱令宜	李宗葵

1939 级校友

赵世洵	黄振亚	龙子麟	黄铁珊	朱志泰	张清水
郑启聪	汪维泽	梁广佑	方尔牧	胡子和	鲍茂利
张名扬	徐承葵	周学勤	黄静娟	冯志琼	黄汝珍
徐侣芳	袁振华	丁于性	徐国楣	谢筠青	沈　澧

徐延桢	杨巧真	马德修	曹建华	陈正鹄	蒋　森
曹　慧	郭良玉				

1940 级校友

赵　钟	王世德	万君良	范镜清	丁懿明	黄革非
欧阳丽	徐长庚	杨　渊	吴华雄	叶中允	马士栋
许宗濂	白敬重	朱季林	范善媛	周少梁	邹抚民
胡昌度	王在原	曹越华	王启明	孙象澄	牛述祖
孟福礼	傅治棠	段建豪	李　芮	朱慎言	彭家兰
李云楣	谭家昆				

1941 级校友

龚子麟	方雨牧	陆沛然	曹厚德	郑志康	陈振昌
周志强	张宁伯	程鸿林	萧君起	谢廷生	陈泽东
王乃彬	吴继美	王金浩	杨继诒	潘祥贵	范镜倩
徐延祯	薛纪淑	张铭瑛	周　亮	郭进先	李敏珍
郑有龄	潘世徽	虞织云	林麓瑾	王洁身	郑仪威
程惠君	王文英	夏国瑛	俞成椿	叶孔璋	管震湖

1942 级校友

王　殊	顾　亟	骆之怡	温崇实	胡文治	关肇洪
程雨民	萧耀珍	项克平	张　蕙	缪天予	叶嘉范
陈　恕	万本贤	王树平	萧登惠	张中敞	高　斌
吴建平	王邦贵	曾鸣春	李鼎元	王贻荣	赵　冬
赵荣经	张英兰	廖启明	蒋晓礼	刘一萍	卜永君
文如松	查日澄	韦建业	朱曼玲		

1943 级校友

许建芬	杨小石	沈珠英	乐　音	许志华	潘仁爱
王寿彭	樊明寿	胡实秋	钟雯娟	王　衍	王荣兴
胡冠林	林君直	胡美珍	雷慧仙	项剑霞	曾桂英

李锡胤　　汪　培　　缪希文　　章履通

1944 级校友

赵渭青　　许世琪　　颜容华　　章自求　　马国芳　　项鑫宝
陈致远　　洪敏生　　徐匡会　　吴济民　　应锦春　　项贵珍
张厚泽　　吴狄翰　　嵇生龙　　蔡美卿　　林心傅　　方韵摩
郭文琦　　沈兰如　　黄益龄　　蔡可读

1945 级校友

伍卓伦　　杨继诏　　陈善魂　　熊映飞　　李宗杰　　张明珠
陆忆湘　　何书香　　马悦意　　丁菊生　　徐　深　　杨　晟
余美生　　姚琪龙　　汪奉芳　　徐畅愉　　施琳瑛　　钱露琦
王灵源　　汪曾锦　　金邦源　　庞守羲　　朱瑞龙　　李　祯
程伯骏　　朱国藩　　田　佑　　张波剑　　邓镇东　　汤永宽
王鸿力　　梅蒸棣　　李心岩　　姚琪飞　　吴杏秀　　徐　捷
杜木兰

1946 级校友

陈家庆　　张则谦　　孙　珏　　江　忠　　张毓玢　　曹钟燦
郑　强　　程震光　　林心传　　高铭盘　　沈泽芬　　李统亚
龚继光　　陈景熺　　葛绮云　　陈志强　　沈　伟　　王沛雯
罗芭龄　　王　颖　　李玉鹭　　林　潋　　施家训　　余俊音
王月华　　蒋汉文　　李恩隆　　权化玲　　梅正棣　　周在行
季湘灵　　马有信　　余达人　　林人豪　　胡方兰　　王次天
许逸凡　　王克廓　　李心岩　　茅春江　　龙继光　　陈景喜
万家祥　　白鸿生　　曹零嬿　　黄静珍　　胡申容　　毛振鄂

1947 级校友

陈安民　　高振奇　　黄千一　　卫久丽　　曾鸣春　　王科一
王伯威　　徐绪霖　　冯惠端　　余淑清　　叶孔瑳　　刘娴德
张寿桐　　郁怡民　　商　玄　　胡　明　　钟兆榕　　叶　凌

瞿 麟	陶复岐	汤 瑚	张广仁	陈元盈	谢 基
许强华	周国珍	汪向同	吴文华	翁柏年	廖国芳
袁 樟	林祥铭	蔡友谅	易家详	孙方玖	张瑛华
徐孝淳	张俊泽	马作云	邓群根	谭景彝	李永莉
王仁杞	袁善如	何念慈	叶肖梅		

1948 级校友

孙怀贞	单志玑	叶奋生	林尔康	希如春	姚昌忠
周汉林	陆廷章	谭致祥	汪冈陵	赵师羲	刘 劭
孙一德	许卓荪	亨斐利	王万寿	过家鼎	罗光含
蔡孝戴	胡斐佩	鲍慧宝			

1949 级校友

吕崇治	罗苞龄	施济民	潘俊英	洪水鏞	徐孔麟
胡德润	姚德玲	郝展君	杨成绪	张珊朵	李慧君
薛昆华	王民娥	王畹馨	林相周	周天佑	闵大勇
项季寅	宋肇基	邝耀宗	高年生	黄 菩	励瑞骏
雷烈江	汤金生	张海珊	周姬昌	顾启涑	余益志
杨邦炡	蒋尚义	廖忠需	董秀芝	易中兴	曹瑞臣
俞保丽	陈美瑛	沈 伟	蔡锦涛	宋文林	黄棠基
阮康兆	翁世衍				

1950 级校友

张一飞	樊辛生	袁传琨	董庆安	西门露	梁志轩
陈洪钧	朱永青	林维恭	许立人	张启莹	罗国松
张琳梅	经少英	胡觉轩	徐文安	查佩君	张舜玉
张永鼎	赵玲玲	陈仲贤	陈祥丰	程锦圆	金约瑟
朱淑秀	范松鹤	徐蕙华	徐蕙骅	胡季慷	胡志清
胡志挥	黄爱仪	任孟昭	李映辉	陆 榕	潘家敏
潘 月	沈志英	沈宝珠	沈雅琴	王履安	王明仁

王培清	王淡雯	王维因	应道宏	游明励	奚蓓萼
陈仲生	曹慰萱	薛 纯	萧耀德	张锡瑛	姜文彬
朱则筠	范娟蒨	张珊珊	邓修梅	李宜华	张丽蕾
杨爱文	吴经熙	谭振威	朱慧丽	费冠桢	胡尔俭
施旋坤	高啸庭	江祖埔	朱雅美	李光辉	程映玉
韩文光	孙开汉	吕慎铸	钟锡知	赵增午	陈华实
诸光明	金会虎	华秀珍	董秀英	张锡麟	袁晚禾
白芝明	杨文英	尤承禄	马慧君	张 琛	王大本
陈妙妙	李济森	杨 遂	陆耳顺	郑伯霖	林自享
吕文涵	王克澄	韩世钟	朱成珉	李文华	伍其稳
武维鸿	张佩芬	惠 民	齐书礼	童 达	黄增英
沈冰予	李荣根	蒋品相	郑际彬		

1951 级校友

颜一德	翁宁煌	孙涤灵	杨伟钧	陈焘宇	谢延光
马家骊	臧 健	黄次栋	王庚尧	费蔼薇	贾蔼美
吴剑虹	颜兆华	王长康	罗国梁	吴应良	张国昭
张月祥	薛志懋	潘妙媛	沈景莫	沈蕊蓉	吴洵美
巫漪云	陈绮霞	刘子翰	周 鉴	马少安	宋佩铭
薛子平	徐 珩	裘翰芳	李国标	李永馨	卓咏琴
章 婉	程 杰	赵凤珍	范咏舫	胡丽安	于德生
顾定益	李家裕	陶后仙	王运鸿	王式樱	朱以方
李 杰	李孝嘉	李宗华	陈毓芬	刘启震	邓美雯
颜景灌	朱慕留	纪昌龄	刘飞长	范宝慈	钟绪彰
夏福安	王龄芳	汪 正	郑义湍	杨德娟	魏佩荃
唐孝慧	赵仰温	冯慧妍	董景蓉	高燕珍	朱梅丽
李荣辉	高天锡	吴斌杰	王纪德	杨伟钧	陈寿宇
邓可成	高根福	余郁郁	刘锦杨	史美煌	邓福和

张友舆	汪新兰	黄双璧	郭鼎生	查剑英	陈家足
许子森	厝正磐	石　霖	孙介铭	高更夫	张友兴
李永令	杨永荟	刘锦扬	夏仲翼	邵维文	

1952级校友

钱镇龙	张旭安	范敬姮	杨玉英	项振恺	徐钟桔
张国玉	陈德宜	孙嘉谟	卢思源	谢丽琳	田　方
潘崇基	稽书佩	胡炳堃	徐润慧	吴垚东	胡梅贤
谢基铎	干德生	许政中	刘榕光	钟郁文	陈振时
容再光	曾令筠	傅启人	骆成林	许士正	赵　振
宋英进	黄曾英	贾志文	孙霞城	谢洵华	吴薇薇
林　慧	任治稷	章敏春	叶宝懿	黄牧羊	沙昭宇
高培仁	杨思钦	李曼莉	项定益	项阴定	王玉珍
陈念祖	陈伟军	钱中正	苏国祥	赵仁娟	徐叔仪
李永龄	俞志豪	陈为光	冯德乔	麦惠民	罗舜贵
裘宗光	李　琨	胡慕光	金重远	叶家和	狄原澧
许心浩	印维文	龚美媛	张鸿锵	黄少南	谢瑞偕
彭石安	龚　裕	罗士鹗	杨子江	易淑仪	刘鸿烈
崔芸皋	周修园	孔怀德	曾文俊	赵振生	赵乃斌
高　锌	沈宗济	潘世强	黄国安	周徽华	邹　崇
许志文	陈志方	张　凡	程邦强	罗国棵	刘启霞

钟桂芬	陈伟民	范永舫	方锡琦	黄敏贞	黄敏璇
卓永琴	程 桀	王亨祚	金瑜玉	奚禧萼	项子贤
衡晓鹏	周大娴	李 桀	朱永清	王羲培	王 群
金 美	张伟民	王羲和	张启莹	王兰香	王衡虞
陆菊秀	朱庆珍	胡觉民	蔡文尧	仲家珍	吕德第
陈仁煌	林育智	刘世点	陆培中	华家玲	王慧玲
翁庚庆	杨维和	黄爱义	吴上元	胡文梅	董寿宇
赵义鉎	华宝懿	朱蓉珍	朱美伦	朱叔秀	钟绪彰
陈祥壹	陈明义	陈 培	宋光予	蒋正明	胡季康
潘仪苹	曹 静	黄椒龄			

1953 级校友

童志祥	李 斌	潘志新	谭兆龄	童秀琏	冯国雄
邱启锐	张嘉芳	史元达	陈韵芳	徐小鲁	周鸿森
胡中堂	沈克定	项惠钦	叶奕良	于庆瑛	杜炎坤
朱锡炎	刘荣聪	张绍麟	项洪元	王宝明	冯子坚
曹之清	王惠云	华 威	林鹏翔	孙维祥	潘克明
郑 凯	戚怡德	王 鹏	方维敏	郭重梅	曹雪贞
张妙珍	胡 真	张介眉	麦 玲	孙大焜	戴慕虞
丁一薇	俞爱珍	宓剑曼	朱国屏	屈炳贤	陆廷洁
韩福娣	仲梅芳	陈景海	毛正坎	薛国屏	吴克诚
孙润玉	葛秉旺	王姗梅	戚鹏风	李树澄	王松涛
郑贤鑫	虞华封	倪知英	张周发	王式谋	翁义钦
周序鸿	翟继栋	沈 峻	张在祥	孙天惠	杨吉报

1954 级校友

沈支远	吴妙发	姚保慧	乐 华	徐钟钰	吴济民
过启沅	陆熙申	秦德林	韩祖铎	孙庚馨	马祖毅
张绳平	薛诗绮	朱宝玲	韩德新	黄 风	沈国祥

周能珊　　宋怡容　　杨崇正　　马智群　　方鹏钧　　谭天健
胡志兰　　朱萍影　　乔培圻

1955级校友

郑须弥	蔡美琍	沈志熏	邹家元	林睿珠	张梅丽
鲍克红	朱余生	薛福清	张永忠	王根明	李吉祥
万树玉	王华丽	范家材	黄美美	郭兆琦	黄龙驹
许家琦	林秀清	张炳芹	唐家璇	丁德芳	孔泉德
粟美娟					

1956级校友

毛思孟	蔡星泉	方正霞	姚伟民	周祖年	孟庆栋
华李荣	张仲红	周正坤	林淑仪	杨张基	黄伟嘉
史济华	邹国藩	姜树东	平广耀	胡 敏	赵守根
陈新一	陈良沾	邓叔林	朱海伦	何福希	陈孝模
陈锡麟	沈子文	高振宇	孙椿海	黄怡南	朱恒耀
龚 平	楼逢英	胡木疑	刘泽圣	游振发	姜存英
虞开泰	吕林芳	沈国强	吕菊林	谭中行	王沂清
郦慈沁	朱炯强	唐庆民	徐 磊	张仲仁	邓叔野
张绍麒	赵守垠				

1957 级校友

壮志伟	夏孝川	陆谷孙	姚进荣	马贞勇	士瑞辉
袁玲玲	魏元良	郭　坤	马绪九	张　钰	顾跃宗

蔡德崑	薛慕煊	徐增同	翟象俊	胡润松	陈湘辉
陈圣生	高亚扬	费祥镐	莫慧敏	夏乙琥	范立湧
王德华	张福基	袁士檪	邹 璇	黄素霞	史美藜
祁安璋	杨修远	朱自坚	姜 炜	李继声	梁德成
杨有华	李松茂				

1958 级校友

薛理复	曹国祥	毛雪华	金维康	袁静玉	周仲安
黄绍勋	徐玉清	郁明亮	马文瑜	张宥甫	刘 逸
曹玉志	刘幼珍	朱德遒	徐斌良	黄秀高	邱克平
钱右林	庄和玲	黄彭年	林文忠	钱雨润	陆寿筠

1959 级校友

过珊珊	谢 钰	黄关福	巢学忍	陈孝模	邹允中
陈雄尚	傅祥真	何赛赓	叶秀牧	倪安雄	张云林
陈 健	张孝瑜	杨宇光	王德明	柏成鹏	刘宪之
邱胜云	李荫华	庄海骅	胡忠茂	范玉楷	张锋元
李宏生	张毓度	魏征华	付祥英	朱伯良	王炘娍

1960 级校友

| 陈雄刚 | 张慧芬 | 朱马杰 | 杨洪兰 | 吴延迪 | 丁德芳 |
| 林秀清 | 张永忠 | 粟美娟 | | | |

1961 级校友

许启玥	顾伯清	夏　平	支叔良	朱小均	程　德
邵倩芳	刘新鹤	陈　梅	张增健	俞惠中	倪　俊
陈昭和	吕菊林	赵守垠			

1962 级校友

陈惠芳	陈青海	陈向荣	陈兆箕	从莱庭	费雯雯
黄伟敏	赖宗义	李思国	李永苗	刘明明	马福康
莫德蓉	潘明娟	潘文国	乔艾宓	孙亦凤	滕养忠
汪静娟	吴文中	吴裕霞	杨怀祖	杨明娟	姚　翔
叶　逢	尹春祥	俞士星	袁琼倩	张叔强	张为华
张维生	张忠烈	赵荣信	郑国强	郑树棠	周方和
周玉书	朱英璜	邹伟伦	陆谷孙	陆国强	

1963 级校友

汤关根	包信宝	许哲民	周永平	李淑敏	沈丽萍
曹景忠	瞿世镜	李莎莉	林敏达	陶和平	陈冬林
王华光	吕忠捷	卢微央	赵来平	朱兴发	李明芳
周梅英	过大江	黄志宏	陈燮芬	钱泳秋	金义敏
郑明达	邵燕燕	赵文兰	赵庆发	谭宝全	许秀芳
许伟明	翁德寿	童海观	秦宗梅	盛 宁	何匡辅
关胜渝	刘祖华	劳元一	周全林	周冠临	周荣鑫
孙佩芬	孙月珠	尤正身	屠天瑛	彭志刚	徐文博
徐福根	曹义忠	朱安莉	李梅丽	林智玲	毛浚纯
潘秀娟	王惠棣	江友焜	王维源	毛雪琴	王广勋
屠绚如	陆志明	张明敏	赵立坚	朱丽华	袁 瑾
缪一琴	毛俊仁	江元芝	曾庆丰	钱咏秋	王希苏
顾志敏	靳 步	孙佩芳	张妙珍	冯嫩兰	李梅莉
杨雷生	史 玮	张茉英			

1964 年校友(5 年制)

宋庆祥	周锡康	邵士廼	戴惠兴	费正清	张兆良
蔡志英	沈永良	舒秀珍	高永富	戴芷华	郭兆康
张翠英	洪志富	陈秋珍	张君法	吴远恒	王伯良
朱学芬	李秋月	张雪华	滕桂兰	张丽珍	魏红锦
黄允德	顾正祥	陈思兴	余　正	毛荣贵	吴德荣
陈明道	沈凯旋	颜莲青	贾鸿田	董其芯	叶国强
徐琴珠	潘玉薇	王能发	王冠国	任关根	刘惠宝
俞兆湘	徐海泉	孙德霖	张伟宗	谈丽丽	王国良
聂崇慧	方乾民	陆静逸	王焕英	俞璟璐	华钟尧
刘伟平	居延安	朱志明	刘剑萍	宓益鸣	刘赛玉

1964 年上海市英语师资培训班校友

顾雪娣	张苏苏	童土妹	陈金娟	张荣宝	陈宝璇
王玲娣	李渝梅	刘龙娣	葛杏娟	王厚珍	尹福昌
孙林振	陆永春	应启敏	余坚冰	朱发弟	沈文彪

李　方	龚国平	宋红味	章洁思	缪一琴	陈福媛
瞿惠芳	高金兰	卢微央	王肇琴	孙娟芬	谢慧英
李惠琴	郭庆和	冯鼎诚	刘德洪	赖宗光	李其兴
华永庆	郭葆晋	殷建中	虞顺杰		

1968年春毕业前最后一学期室友留念

1965级校友

陈长青	吕复兴	王金耀	吴振华	赵慧珍	朱健暐
虞顺平	周道根	黄沛成	黄群满	顾正中	熊景蕊
王世运	刘慧宝	王　芒	孙翠萍	孔翠娣	黄理芳
章国蓓	傅美莲	姚蔷珍	吴邦仪	吴美玲	李　斌
张达民	陆一珍	沈毓敏	张瑶佩	金婉贞	林雅韵
王丽芳	郭　明	赵惠珍	陆效用	孔锡凯	唐仁琪
曹福盛	刘志明	张见文	曹国良	刘治平	顾里广
潘仁义	葛纯国	吴振华	黄正财	陆振南	苏履善
黄惠民	黄宝良	吴伟高	刘长国	刘永吉	王竞波

| 汪慧章 | 田家栋 | 华剑明 | 马绍才 | 朱士良 |

1970级校友

李　冲	侯福琴	王灿芬	曹京华	张爱珍	陈苏东
孙秀英	臧来娣	高亚代	陈景和	蔡军涛	于　文
石卫平	曾道明	郑明郎	俞宝发	林骧华	顾东云
姚明福	李　英	邹惠敏	沙根林	倪琴芬	葛林荣
盛国英	谢林华	李　琪	何勤芳	杨永康	杨永斌
王邦健	唐朱昌	顾　昕	吴慧贞	项杏林	顾月花
沈雪娟	邵世祥	周林娟	黄财龙	严福官	冯卫斌

复旦大学外文系1974届毕业生

复旦大学外文系1974届毕业生

钟庭甫	余月仙	张文英	黄昌利	沈兰芳	顾聚兴
乐汉波	王文庆	蒋凤祥	吴惠如	唐安生	谢永平
阎淑华	薛　军	张菊娣	赵　桂	曾庆茂	沈关荣
朱士昌	唐国强	李孝达	吴仙良	徐启生	吴早凤
孙月英	李　华	李小丽	周亢美	朱琼花	栾学先
王永明	赵振康	施跃忠	赵宝龙	金吉成	沈培娣
秦凤霞	钱永珍	杜招娣	林恒真	王双兰	耿惠昌
王贵喜	吴洪俊	朱幸福	李怀发	陆文祥	乔锦龙
邵祖新	孙新国	蔡士良	臧才娣	张浩宇	黄国平
王玲芳	周　华	李天林	王小星	徐　栋	叶建民

李正平	曹恒彩	周慧敏	江新文	施耀忠	刘朝昆
陈逸华	胡 萍	漆新民	刘新德	王桂林	凌国兴
庄武贵	项钢雪	周国云	马 彦	陈爱菊	韩 晶
梁效春	孙 良	胡根女	诸炳云	漆承和	薛洪明
于小苏	王爱民	朱庭夫	刘 莹	陆 忠	龚元兴
仇美玲	刘月明	孙新和	章瑞芳	郭正祥	奚根娣
李玉海	章淑渊	陶玉娟	叶顺弟	王长兴	邵立华
蒋星卫	艾比拜	王有志	王长贵	徐志成	于 贵
吴明新	王洪权	黄德娟	马玉龙	孙玉发	沈卫国
朱理胜	胡金姣	林 涛	吴 燕	董满仓	高汝河
蔡翠萍	刘春芳	陈益虎	袁分地	杨 华	陈振甫
邬保平	王福根	黄美奎	邹惠敏	周 颖	

1972级校友

焦长坤	施 红	徐北军	蔡丽英	谢延青	姚宝银
唐文青	傅耀芳	唐粉玲	黄莉莉	马娅飞	丁桂珍
刘 励	师秋萍	杨卫民	吴 宪	唐永林	王忠樑
许松鹤	徐曙新	李嘉平	唐荣杰	洪小龙	孙 建
王明华	张爱平	薛德怡	樊向群	崔渤海	沈建华
王沙克	叶小敏	张 青	周曼钧	方申萍	王 磊
孙美俊	施玲芳	郁菊英	刘 敏	黄永萍	包永根
张正兴	邹立辉	符锦勇	陈良明	许国华	李 隽
吴芳芳	王杏娣	谢湧海	陈劲秋	缪维祥	赵方华
杨永平	沈志平	黄国琪	浦新建	张 彬	徐亚光
隋新国	丁小龙	陈 康	袁先良	桑乃华	吴志明
张建华	应云卫	裴锦珠	冯建国	徐德明	单传博
梁正溜	姚铁军	高振民	唐丽娟	刘海卫	董亚萍
徐佩丽	王惠兰	韩建军	章 玮	吴粉银	姜新荣

曹维敏	史舅娣	严海燕	沈国华	郑国强	郑灿平
韩建新	林建华	黄 明	金政平	徐 峰	张根龙
赵宪成	季伟春	金培坚	张中越	陈鸿兴	周志聪
邵伟建	张文光	虞 伟	耿和平	成勇伟	曹国平
郭金华	金友华	陈寅章	黄勇民	蔡永明	冯善萍
袁泉鑫	查国生	周建平	黄秀贞	保建新	陈亚萍
吴聪林	朱建新	李文兰	吴月兰	陈荷琴	张美英
晁文敏	计美娟	刘英莉	莫娅芬	张木兰	李 玲
徐钢明	姚玉萍	刘银娣	陈德明	蔡建国	孙虹英
杜泽霞	樊善发	支忠宝	侯妙琴	朱丽娟	孙惠丽
陆福英	李 茂	郑修虹	李文娟	涂秀兰	夏玲英
周石根	王逸琳	顾士兴	姚龙宝	陈长根	庄起善
沈志宏	王庆华	顾 达	武桂云	戈培莉	周 颖
杨心宇	袁雪琴	于国畔	王国珍	张黎犁	方永楚
顾生根	单晓东	何小原	唐 静	曹翠娟	赵宏伟
冯龙龙	陈传兴	赵士家	丁肇新	余建中	高国龙
徐锦康	金立光	周民芳	周 莹	郑金英	陆霞莉
何宏英	张韶琪	王国新	王品高	夏正标	赵鸿镇
刘顺生	周宏利	丁伟祥	刘耀新	梅国梁	李兆雄
宋新新	蒋国平	陈传明	耿建伟	谢叔荣	姜海林
陈颖娣	胡雨春	吴秀兰	翁紫美	殷介敏	杨雪梅
蒋敏华	陈梦觉	尤宪迅	陈维平	张岳林	王庆根
徐多荣	陈康平	许建国	俞瑞良	赵 申	黄忠全
俞菊生	张铁志	蒋爱玲	王伟军	陆 洁	王叶华
徐建美	王美娣	朱群英	倪福英	倪克忠	赵继东
张家振	李 炜				

复旦干校外语培训班(三班)首届师生毕业留影

1973 级校友

唐兴华	周余萍	陆立华	王素娥	于丽丽	薛建华
徐　杰	柳卫玉	杨方明	邬慧琪	孟瑛瑛	陆　萍
孟琴珍	陈丽华	孙佩君	张红雅	张宝玉	朱一丽
金爱华	陆立珍	胡茹娣	周雪芬	李建萍	朱银妹
林惠珍	李志美	宋柔波	朱　毅	李然芬	陆佩玉
王慧珍	刘　玲	夏莲莲	孙乃飞	陈莉莉	董国英
肖　选	邹　申	朱丽华	陈　群	黄琴芳	张秀珍
奚美芳	谷招贞	王黎霞	李友梅	孙朝晖	朱珍芳
徐建萍	孙爱华	毛彩虹	张曼璐	杭美珍	肖　玲
吴建平	秦桂芬	邬爱萍	范雪玢	晏利民	诸国庆
袁玲珍	金雅敏	顾月萍	冯惠芳	邵国平	陈建安
叶伟敏	徐惠明	曹德华	石恒余	陈爱国	周龙山
张凯华	虞振祥	彭大富	吴怀根	张志华	华嘉庆

季　建	杨小彦	夏家翔	章鸿康	郤洪海	徐国声
徐向明	江建青	王志祥	徐伟忠	王发祥	张海宁
许旦生	林维克	金炳生	薛祖华	尤安山	羊志伟
宋霞生	林建强	李培明	姚　明	张国平	罗东耀
陈育强	鲍飞鸣	林　良	俞建德	顾建飞	胡志昂
王根喜	张显平	蒋明明	周云君	张新国	刘建华
狄延银	邬柏勇	徐德华	何林发	施国华	金奇平
董　琦	杨任明	宋锡祥	闵　磊	潘国经	周　恩
张国强	单保平	邢震堂	蔡槐鑫	邵雄伟	吴晓枫
俞新业	张宝弟	奚志强	蔡明强	汤逸毅	戴建浩
朱国炜	蒋德嗣	李捷理	陈社胜	曹大明	朱伟国
胡炳生	李秉华	徐嘉华	陈长林	黄　山	孙嘉培
毛申健	任建国	龚根德	傅东辉	徐迎风	邵康铭
朱肇桢	周希平	陈秀刚	郭鸿平	丁　桦	薛金宝
姚本祥	张新元	刘海平	黄建民	蒋国健	杨福平
蒋善德	付洪飞	姚晓明	李海林	张建平	张曼璞
沈昆鸣	袁建华	袁庸新	刘　捷	陈友刚	钱学明
曹庆强	喻光明	魏志勇	李　雷	宋浩俊	纪效山
方慧雄	季　前	潘培庆	于铁龙	张　斌	戚浩民
裘根祥	竺培基	倪建新	居朝清	汤一平	李新增
黄智勇	房　毅	毛丽英	肖　进	万海珍	孙晴霞
李景龙	黄培君	林世军	张明华	柴肇俊	毛德敏
王建中	李巧玲	李　炜	王国庆	张庆文	朱敏琪
蔡永生	黄惟洪	马庆发	徐通州	杨建建	缪兔根
黄　申	梁月珍	崔立如	李　炜	黎　奇	徐龙顺
刘力平	吴建蘅	姚火官	贝雅丽	杨才娣	刘友琴
葛小琳	林猷红	傅义礼	罗可达	庄慧芳	朱懋耀

罗秀妹　　钱建新　　周申江　　顾文鼎　　伊阳明　　张玲儿
张　青

1974 级校友

谢营樑	郑宏彪	丁文兰	须曙青	施洪娟	张　瑛
田丽娜	施宝兴	周惠丽	宋琴美	陈永平	郑　伟
倪元珠	李维屏	唐国强	顾振德	夏红喜	虞慧芙
郑　敏	孙贵弟	宋安祥	薛慧芳	步贵凤	钱敏明
宋加洛	孙镇远	陈伟丰	姚正财	戴建祥	姜依群
徐蔚珠	程　慧	朱培克	沈良全	相鸣放	周庆云

1975 级校友

王　晶	刘哲萍	杭爱萍	黄雅珍	金　瑶	谈文英
孙建萍	黄志琼	朱慧萍	黄玉琴	李　萍	洪佩蒂
张春风	庄恩平	王伯言	王伟民	许文明	陈　琪
周才喜	许晶晶	夏宏喜	牟　强	章士林	鞠宏文
姚　秉	赵　鸣	唐中华	张建伟	雷建共	范存利
李依明	冯天泽	张　俊	沈晓明	丁建明	郑万铭
徐建华	周革鸣	秦建勋	张建新	虞良基	叶卫华
王重芳	林伟成	王　水	王清奇	王耀荣	周燕群

复旦大学外语培训班四班毕业留念 78·8·1

周小燕	于淑珠	王玉珍	韩云娥	沈翠英	康　青
王海萍	倪伟英	胡庆萍	吴咏梅	沈　依	黄辉兰
王莉娜	吴玉智	姚尔欣	章晟曼	孙秋萍	沈良金
洪陈邦	高恩浩	冯锦芳	陆培华	胥瑞英	谢雅芳
叶　瑛	杨鸣放	钟尧春	李卫东	周可甫	康鹤麒

李玉萍	范满怡	徐伟忠	吕景宝	金越明	梁　萌
何幼平	胡小玲	黄万红	岑建君	胡似刚	黄晓云
沈肖肖	张晓帆	朱金芳	张广明	虞惠英	顾为鸽
范新中	刘邦伟	黎　新	徐新华	陈丽琳	李　维
张　迅	张珠圣	彭　林	董剑珍	张积福	孙贵第
胡荣花	冉　军	黄延龄	江国滨	金　玲	潘志琴
陈悠耀	陈利强	李玉广	程　敏	林孟成	于　沛
李　平	方德义	曾爱玲	周永莲	徐海良	顾玉芬
季　平	周森甫	王　毅	宋安详	王丽萍	王　颐
王福生	方亚平	宁克俭	吕力萍	朱一星	朱　捷
邬利明	刘蓓华	许良村	孙国震	严　明	步桂凤
邱银娥	何应德	余国利	宋嘉洛	张加贝	张志庆
张佩芳	张慧珍	范申菊	茅　良	郁伟忠	庞志春
郝跃英	胡智杰	顾玲琴	徐凤英	徐宏娟	徐国伟
徐玲霞	徐　鸥	高慧敏	黄爱民	蔡建新	蔡敦达
薛惠芳	戴明敏	林善震	顾智勇	包智明	韩　勇
朱陪克	郑经伯	陈起明	杨育明	徐中伟	郭时立
徐惠忠	戴晓富	朱建民	王觉平	沈惠忠	裘文国
徐达中	王美丽	刘雅娣	陈佩菁	陆秀琴	朱春娣
王慧娟	孙丹凤	李　惠	徐荣玲	施金风	吴晓云
吴淑明	陈　慧				

1976 级校友

汪 醒	胡志雄	赵文伟	陈建新	刘爱成	魏玉琨
陈国珍	王爱华	陆小芳	陈跃新	汤庆华	黄星星
吴晓红	毛伟明	费秀梅	姜丽莉	孟建良	吴秀兰
项桂芬	刘兴才	蔡建国	沈 平	陆抗美	施光耀
戚星华	蔡宝妹	曹丽景	尹小翠	钱凤娟	吴国萍
汤利恩	励伯贤	金秀芳	李德炳	于 海	屠焕林

1977 级校友

朱民华	张良华	张国强	黄士耀	都文伟	宋柔波
李然芬	孙朝晖	邹 申	项 菊	施伟军	周海闰

葛小远	尤伟顺	洪建军	朱湧协	张林忠	韩智渊
戎大伟	张志民	李捷理	高 航	李 键	倪培君
胡玉明	汪东台	洪 霞	霍玉庄	朱怡令	邱 怡
叶 锋	李江琳	洪文伊	陈巽初	陈道明	杨小麟
齐 辉	施伟强	龚国龙	陈莉达	简丽莉	王江龙
夏行义	张 卫	柯晓明	宋耀珠	周祖炎	王小镇
汪小宁	毕耀东	丁 立	曹洪伟	高天增	宋迎跃
王月玲	王后珍	陈明光	付敏跃	郑 言	王洪远
庞 森	王厚杰	张军蕾	李 欣	王静萍	王小为
齐慧生	邢 勇	唐洁元	施小炜	张 勤	陈伟明
夏 勇	王建康	范晓平	于莉玲	武继平	郑 强
沈佩璐	彭 飞	邓南妮	刘 敏	郭洁敏	董唯俭
谈济民	何振强	徐建萍	陈海洋	李 洁	周 元
姚国强	王 英	宋晓萍	张筱薇	张丽京	潘培庆
汪纯子	胡 湧	陶 明	李惠增	钱培鑫	蒋翔宇
宫宝荣	党 刚	吴建平	万 君	付建中	刘慧儒

复旦大学外文系八一届毕业留念 1981.12.20.

王卫新	张 宽	周益民	陈希宁	谢如静	许 旭	
陈 梅	颜 恒	史 欣	邹 进	卫文珂	赵小军	
章建康	薛春建	苏 蒙	叶 扬	曾洪伟	陈启明	
刘 辉	颜 慎	蒋持衡	陈众议			

1978 级校友

本科生

袁 全	苏红军	邹旭东	徐洁虹	李 萍	周革鸣
吴小平	谭震华	郑罗靖	姚以萍	刘国萍	陆建德
袁履庄	余 鹿	顾炳炎	李世良	张国平	陆文岳
沈 蔚	门苏华	朱正健	俞建军	李卫东	周可甫
陈起明	叶 杨	沈惠忠	高恩浩	胡似刚	周雍新
周燕群	黄辉兰	李 惠	钱玉立	韦 红	夏维惠
杨曙辉	李立昂	袁 铮	康 青	章大纯	李珍军
陆 东	韩建军	刘涤瑕	俞理明		

研究生

周敦仁	屠绚如	黄关福	邓德华	俞理明	张廷琛

复旦大学外文系英语专业82届毕业留念 82.7

陈奕华　　胡志昂

1979 级校友

本科生

汪跃进	李国华	杨　晨	叶卫华	周　骏	周路平
陈学良	竺　蕊	吕　胜	干建美	姚以菁	江华葱
张　翎	梅慈敏	陶履茜	沈　奕	柴国兴	麦　伦
罗东晖	余　宁	赵是基	陈鲁明	周　芸	倪珍珍
谈　敏	朱建源	沈亚萍	陈　霞	孙　珀	邓锡军
金伟平	张申伟	庞志春	张　涛	项元整	邱根成
朱建民	杜　毅	杨震宇	沈　洁	陈　琳	顾文艳
蒋红霞	吴军华	贾红霞	曹井冈	孙运卫	王　毅
施新妹	陈　迎	刘建敏	袁震华	杨光正	罗祥明
丁丽丽	石平平	吴　泠	陈　婴	李　江	顾为鸽
周　华	傅石球	夏　勇	周　军		

研究生

郑大民

1980级校友

本科生

蔡国英	陈秀梅	何小聪	张 琪	陈江雯	徐 瑶	
邓 苇	张 蕾	陈 伟	俞张麟	苏 晖	刘 佳	
安莉芬	戴建方	周保雄	范云涛	钱伟荣	王章才	
陈文俊	张文祥	郭南燕	曹 漪	高宇葵	封福全	
张 晋	毛孝敏	洪舒凌	邹咏枫	郑予南	章勤能	
张丽萍	张 萍	汤 慧	陈小红	李 雷	周 岚	
张雪芬	黄燕萍	金国强	周 卫	张 鸣	叶 颖	
屈美娟	符 蓓	胡国芳	张 萃	金跃华	何乐群	
闻耕余	励 寅	丰南颖	张智萍	张 薇	曹丹松	
朱玉意	贺红杨	陆 琰	夏宜人	王佩莲	张晓燕	
龚华星	俞荷艳	李 雯	李 洁	丰 盈	陈祖蓓	
陈红英	吴宇平	孙志华	曹国良	沈美芳	沈 淳	

复旦大学外文系84届全体毕业生合影留念 一九八四年六月十五日

闫子谦	赵没名	梁宁安	陈文燕	仲松华	吴四海
李重光	许慧玲	林艺扬	夏　岚	刘晓春	张　薇
周　敏	李韦扬	于佳华	王慕兰	黎天莹	徐　欣
吕　欣	郑　雷	曹凤元	吕　水	戚曙光	蒋　严
王庆明	杨恒明	钱以知	郑　艺	汪一帆	何佩群
邬文华	霍　凌	陈　琪	黄　珏	程　寅	隋建敏
沈　钧	张　逸	斯　榕	吴　毅	陈　芹	韦　勤
刘红英					

研究生

夏志明	何刚强	王聿蔚	付石球	冯庆华

1981级校友

本科生

唐丽维	何培林	曹旭初	郭青业	岳同光	顾卫国
陶敏芝	许文蕴	王爱萍	孙仲瑜	陆　奋	刘滁凡
姚燕瑾	邱家明	李　加	林艺华	柏小玉	马列扬
杨祖齐	徐　雄	李　靖	蒋晓慧	王游华	颜振花
王大鹏	万国兴	彭　夏	吴谷丰	庄　玮	周红军
杭　晓	常东跃	吴　明	孙燕萍	缪菊娣	李　明
潘鲽芹	徐　敏	王露珍	孙　进	顾　明	钱玮平
徐　旻	殷剑锋	杨慧敏	林　琳	陈锡生	宋玲芳
秦惠荣	钱坤强	程思俊	李　航	陆卫华	熊海虹
原瑞清	邱　晶	姚梅华	杨金伟	黄炳钧	雍　荣
张　洁	顾　健	王春沪	高莉萍	郑春华	吴　强
王建军	宋耀来	许金生	郑竹筠		

研究生

卫文珂	张　宽	倪维加	王月玲	戎大卫	周祖炎

外文系一九八五届毕业合影

复旦大学外国语言文学系一九八五届毕业留念 一九八五年六月七日

1982级校友

本科生

张　煊	冀人伶	刘弓强	张　莹	刘　伟	张正军
张　林	沈晓敏	魏　青	叶周章	魏小明	蒋殿文
吴德根	郭海燕	罗丽珠	朱玲玲	张宏伟	侯　寰
陈　瑜	顾惟洁	焦　健	张　玲	丁　纯	钱　敏
宋利根	焦禾如	周　琪	邵爱红	朱　琍	李文颖
周益民	丁荣芬	张　漪	周　芸	孙美娟	沈云卿
解瑞生	李三古	顾　菁	王维菱	翟志龙	戴红珍
温东晖	曹建静	黄文广	高　川	党明明	江和民
宣抒韧	叶在棋	竹建丽	张廷娉	王金钗	周国春
陆　钧	梅　琼	李　斌	叶建平	刘　荷	吴　刚
刘滋鹏	沈思国	王　颖	朱　彦	华正平	褚卫庆
蒋　励	陈　燕	陈　蒸	石　瑜	邹　羽	昌菱艳
郑光子	朱加麟	华　军			

復旦大学外国语言文学系1986届毕业留念 86.7.

研究生

陈起明　　袁　铮　　顾静宇　　彭国跃

1983 级校友

本科生

杨　静	秦沪琛	郝丽霞	丁　娇	成　锋	何晓璐
毛仲舫	周　峻	黄忠明	殷　杰	胡爱世	李海靖
杨　洁	焦小乔	梁　红	洪　晨	朱　弘	龙　君
徐　敏	陈力行	周立钱	潘　澜	黄　伟	汤传忠
于鑫鑫	王春铃	王正东	王　玮	钱　鸢	徐志英
钮燕回	朱长菊	王春华	王　晞	吴湘飞	叶城湘
张　裕	姜乐平	赵克华	邓金波	邓志勇	王　军
李少钢	周飞帆	袁少军	梁海星	戚亚芳	丁　晴
朱龙霞	白伶燕	应群华	阮　野	朱立英	高建国
蔡　林	金龙革	王　平	何旭燕	黄福海	夏雅芳
柳　霖	刘书青	朱　丽	郁晓明	杨会勤	徐福兴

复旦大学外文系八七届全体毕业生留念 1987.6.5

傅伟	李洁	丁洪	徐金宝	陆佳平	夏平
王美彪					

研究生

谈放	余宁	曹慧毅	张国平	刘建敏	武佩荣
杨震宇	庞志春	蒋严	钱以知	葛人杰	叶宪
严小平	王承炽	游滨	潘宁	邹凤群	何佩群
程寅	蔡国英				

1984级校友

全俊宏	梅亚君	徐军	王智渊	戈羽人	瞿瑜虹
彭军	王学军	任广岷	李晓芸	郁东晨	梅玉君
郭敏	章平	张海蒙	胡萌洁	章洁红	龚志谦
王慧琼	唐杰	朱霞	孙玉明	童小波	谈峥
徐建华	顾伟伦	黄慕	张建敏	王时芬	陆丽萍
范千红	宋瑛	刘亚民	张迎敏	陆红毅	方敏

王　颖	钱华屏	程　昕	上官政敏	于红远	倪一兵	
唐旭日	曹　峥	秦向东	钱桂龙	朱志奇	杜宝明	
张　菁	范　娟	曹珍芬	蔡　萌	贾士丽	朱　慧	
欧阳燕萍	毕亚群	徐文惠	蒋　耘	丁　弘	马　巍	
徐开元	俞志暖	游衣明	周　杰	吴　伟	宋　源	
杨士琳	唐红琳	施秀蓉	赵　玉	钟发丽	田　红	
耿　军	庄　苇	洪晓炯	张　华	许　静	于　勇	
严　庄	王　培	刘　娟	黄　雁	郭骄阳	刘淑娟	
洪　悦	张　明	刘彤华	奚晓敏	蒋　静	蒋　青	
安吉霄	郭晓红	王　谦	王晓光	刘碧峰	赵亦伟	
储梦丹						

1985 级校友

本科生

沈惊珠　胡　红　宋海欢　宣　红　陆　文　姚　群

复旦大学外国语言文学系85级学生毕业留念 1989年6月卅日

凌 红	杨松英	刘林君	史冬梅	马 珂	宋 勇
张 明	朱建新	朱翼飞	马 婕	章晓文	杨敏霏
李 敏	王谖驰	董 琳	华 彪	郭 蕾	常艳艳
孙晓敬	张继萍	宋 梅	束长生	乌会敏	王晓朝
金卫华	朱光耀	朱玉成	许伟忠	李 杉	陈方红
张 帆	戴 静	桓晓韵	金伟华	丁红蕾	王 珏
詹 睿	左 红	窦文震	佘伟骏	江忆文	陈 骥
王 键	潘天舒	斯建业	肖永武	劳新兴	王连杰
邵 彤	项小英	袁 阳	黄 琦	孟 耶	朱学杰
顾红阳	郑文航	丁 武	肖平安	张要武	王芳雀
穆雪飞	成晓虹	金言文	田与健	汪健林	金 剑
赵亦斌	谢丹燚	韩英玉	翟 军	任 敏	丁一兵
李义东	王 玮	尤 红	何 溯	王 虹	徐质兰
屠怀青	杨大飞	丁 琦	项 坚	吴 征	邹 翔

研究生

钱坤强　陈锡生　王爱萍　方志平　袁宪军　孙　靖
顾　健　彭国良　蔡晓明　侯春艳　张名高　虞良基
王佩莉　林伟中　郑竹筠　颜艳秋

1986 级校友

本科生

陈建平　朱凌峰　袁承纲　罗振元　徐忆红　吴　彬
张　镭　陈子健　陈　萍　陆韶裔　郑维霖　钱　忌
郭有俏　崔　文　周艳兰　管　莉　邹文矜　贾小彤
郑　伶　骆华蕾　奚丽萍　支蓓蓓　陈和芳　吴　清
杨彬彬　李述顺　张　俊　阎　俊　戴文捷　赵小云
陈海英　胡云珏　胡　亮　周　红　俞　蓉　黄　姝
王　琦　凌　倩　陈　进　吴燕楠　林　玲　林　洁
张　蔚　张英姿　陈　隽　延　梅　郑　丹　柏中华
赵　雷　吴冬青　冯　豫　陈明磊　蔡　蔚　张晨极
黄　勇　应　雷　薛　琦　朱晓茜　陈　萍　王　嫈
彭芳琼　袁德铮　何建华　吴锦怡　陈　曦　张　桓
樊宇峰　江　峰　屠晓鸣　邬　瑜　朱兹镐　王志勇
彭　川　胡　晨　刘东兵　冯　兵　经晓虹　伍晓怡
郑　玲　高　洪　施　浩　汪　洋　林　立　李海峰

研究生

韦遂宇　王　颖　陆　钧　曹建静　王赤韧　沈思国
解瑞生　韩　萱　路卫国

1987 级校友

本科生

庄国伟　张吉明　凌　活　朱晓旻　潘忠辉　吴简清
苏耕欣　陈　伟　李怡昶　杨浩斌　陈　捷　沈建勇

张世广	宋如安	何 翔	盛 飚	黄 昀	胡 捷
楼依群	何咏梅	强 薇	王正容	费磊磊	周咏梅
徐 遥	何天舒	干敏姿	张英姿	胡晓红	黄宇清
崔文琦	邱 梅	陈 萍	徐江燕	徐 臻	杨 俨
俞 澄	黄 铿	张 英	朱晓蕾	林金萍	孙晓娜
王启心	袁伟芳	王晓凌	孔速婷	李裕清	袁 敏
梅 燕	李 敏	可菁菲	吴 玲	朱红靖	吴 倩
孙 红	倪成玲	陈 娟	钱 敏	杨 东	沈 莉
张 能	卢 坚	徐 峥	陈盈萱	侯咏辉	罗新红
孙 健	孙伟红	李 徽	张 羽	张 雁	黄锦如
吴 萍	何 祺	王 敏	方曼群	蒋 欣	朱 弘
陈西苓	陈 建	魏海文	戴 颖	李齐红	孙 玲
王琳琳	喻 昕	张联方	袁雪平	陈喜冰	马晓军

研究生

周国春	杨全勤	王瑜生	罗家礼	于宏伟	张永玲

1988级校友

本科生

盛　健	王忠宇	阮　琼	马宏伟	吕　咏	王　迅
石险峰	陈志斌	毛　亮	汪茂森	鲍旭东	周　青
徐　捷	王元春	赵　希	励　行	杨　坚	李　蓓
钱　岚	浦慧群	张　弘	朱　焱	孙爱玲	黄　薇
王海韵	陈　民	何　慧	王　蔚	宋哲敏	唐　莹
杨　璞	计海珍	李文郡	汪　薇	余　南	高　芳
黄海昕	于　鹏	聂延伟	陈　铷	周艳萍	刘　毅
郭惠林	周立斌	陈广明	朱　军	赵　青	刘　妍
朱　莹	卢　捷	王琦敏	宋云慧	丁　蔚	陈　芳
张晓明	谢黎明	黎绍晶	钱思炜	万　青	郁　玮
肖　毅	陈　雷	杨　颖	俞宙明	徐　杨	邵文莉
张　锷	陈　颢	倪　捷	张　罗	施　晨	王元栋
张　涛	彭　聪	孙　培	周　霞	汪　靖	宣路雯
周　磊	韩　珏	顾文琼	毛学琦	王　琴	过　蔚
严洪文	陈　纳	干敏芳	徐　虹	汪莉萍	朱　蕾
斯　军	徐知音	毛孝凤	王　凡	许奕琦	施亚香
苏　敏	陈　仁	吴　翔	解　冬	朱爱琳	胡　芃
蔡慧霄	朱　红	袁　巍	王　刚	蒋真臻	张　滟
卫　东	吕　赫	林朝武	顾　周	张　琪	王　洁
茹天抒	朱健吴	李　季	詹　梅	蒋　颖	金　勤
郑明眉	闵　红	张　军	王一薇	余舸西	朱忆岚
郑凡丁	张　茹	汪薇漪	刘　伶	蒋亚琛	桂　虹
桑　缨	陈伟茹	唐　澜	陈　臻	王　怡	黄童蕾
马晓军	王晓岚				

复旦大学外文系九二届师生毕业留念92.6

研究生

熊学亮　　范千红　　王腊宝　　朱　洁　　张慧明　　高　鸿
李　荧　　汪洪章

复旦大学外国语言文学系1991届研究生毕业合影

1989 级校友

本科生

陈玮春	周 青	李云峰	龚 磊	孟宇红	徐 侻
王越芳	孔宇洁	王 洁	常 毅	刘利群	崔云青
潘霞萍	李 珏	刘 双	汤明然	查亚磊	陈惟颖
金 屏	姜 琴	高海虹	徐慧芳	吴晓真	黄 劼
曾 峨	马 敏	魏立红	徐欣阳	李尤尤	罗小薇
张大为	许激扬	殷 雷	何勇韬	蔡学义	朱晓宇
夏奕奕	蒋轶青	张 英	赵凌云	杨 虹	蒋 青
袁茹敏	沈丽花	戴 蓉	张 前	相 芳	杨文新
陆 寒	陈学明	姚力静	孙 华	曹晓燕	周 营
时可佳	朱睿婷	杜 蘅	陈天飚	罗中杰	陈 亮
杨惠峰	龚 浩	周海东	陈鹤峰	颜 宁	陈 晓

复旦大学外文系九三届全体毕业生留念
九三年六月

李佶之	冯雷鸣	胡勇敏	赵万祺	陈奕彬	丁 嵘	
唐京华	赵争鸣	成 玲	袁 巍	徐侃力	王晓彤	
许 霖	尹 静	易倩茹	吕 蓓	王晓夷	章可淼	
崔凌洁	包 丸					

研究生

张亚非	常艳艳	陈养铃	何伟文	汤世芬	沈志宏

1990级校友

本科生（5年制）

胡传国	袁 帆	曾卫良	李振华	唐飞跃	陶广大
王 骥	王思群	高鹏飞	陈 灿	符 琼	符韵燕
贺孟辉	黄小凤	吕 瑛	皮 莉	肖 燕	袁益娟
卞文岚	吕尉青	朱学春	伍 倩	杨浩昌	邹 涛
葛谨雁	李梅芳	辛晓冬	薛 勤	殷 瑜	瞿 炯
卢 瑾	章 筠	汪小丹	杜 云	蔡东巍	李 斌
强小平	盛晓明	田 仲	涂殷健	招 磊	虞建辉

车建国	庞　博	陈　怡	陈兰宁	陈利明	崔明珠
高　虹	顾　怡	胡　颖	黄文瑜	匡　洁	秦　谊
孙　岭	汪咏键	王　玮	卫　英	吴　昀	吴佳明
吴燕来	杨海红	殷　嫣	周　玮	朱　琴	邹　洁
裘莉葭	韩春萍	宋建宇	朱　宇	顾伊琳	郑心闲
郑颖峰	郭　红	蒿　青	陈京蕾	徐海静	熊莎琳
曾佩玲	朱娉华	徐　艳	樊晓红	陈　萍	侯荣康
季光明	刘　勤	汤嵩彦	唐晓蓓	王定美	王卫玲
张　颖	赵燕央	周丽君	滕丽英	周国平	诸红霞
陈丽阳	闻人弘	符　东	贾春仙	李　燕	

研究生

谈　峥	朱晓茜	郑　伶	杨彬彬	江　峰	王庆红
蒋慰慧					

1991 级校友

本科生(5 年制)

李　红	汝　峥	张轶杰	庄　莹	封　颖	黄　蓓
蒋坚萍	姚晓燕	易上峰	王　霞	林　娟	何锐锋
王海颖	杨　菁	祝牧君	龚江宁	罗敏青	李　涛
张立芹	陈孝杰	曹　扬	侯雪铭	孙　斌	许　晟
张　云	赵　强	朱　毅	陈多佳	陈海燕	冯　艳
贺睿筠	刘　珺	刘道宏	吕　璐	王　瑞	王佳岚
卫　军	卫　蕾	肖　文	徐　珏	杨绍雯	于　菁
余哲明	张　琪	王　旭	朱　健	姚　云	周　洁
阮晓亮	戴　虹	齐大海	李晶洁	赵　阳	吴芙芸
曹　青	张　静	景朝晖	肖　杰	陈子昂	傅静涛
高　燕	顾　珏	李　赟	李　兰	马开青	王玉梅
张虹昉	朱　琰	邵雪梅	徐品华	陈致仪	张惠芳
黄小丽	阮文娴	程文伟	杨　亮	张　琦	孙　毅

复旦大学外文系九六届毕业留念　1996.6

硕士生

| 徐 蔚 | 丁瑞良 | 刘 锋 | 杜学萍 | 张云波 | 尚绪谦 |
| 吴简清 | 张小燕 | 陈 萍 | 朱家中 | | |

博士生

白济民

1992 级校友

本科生(5 年制)

黄朝寅	蒋劭清	王公一	俞 巍	张 悦	沈 健
陈 剑	高思团	甘国栋	吴晟昊	姚 明	王康力
高蓓蕾	黄 蔚	蒋 珍	梁 薇	陆 静	吕 珺
马晓赟	王海莉	吴瑾芳	夏 挺	袁世慧	赵 清
支文磊	朱 虹	唐 敏	杨 央	郑罗娟	林 翔
刘 静	王 毅	潘华丽	杨向群	仇兆晔	沈 坚
朱宗仪	周 鹏	黄良之	陈 励	樊理理	顾以敏
李晓丽	卢 峻	吴惠莉	许 欣	许 雯	邹春霆
顾莉莉	汪 泳	赖小鹰	王顺箐	沈晶心	施 祺

王 巍	张 涛	徐 捷	于坤明	曹 奕	黄皑林
诸菁菁	王丽萍	高天忻	谭 渊	欧阳海洁	吕静静
蒋晓炜	程 康	施敏捷	程 娟	宋 欣	王 凌
夏海峰	奚艺波	陈俊萌	孙祝旻	宋苏玲	郑 俊
黄立维	黄怡冰				

硕士生

刘 雯	计海珍	解 冬	宋哲敏	徐学渊	张小燕
江莘黉	赵 希				

博士生

程 工

1993级校友

本科生

李荣华	王 晟	张 冰	杨晴红	薛 菲	徐 凤
王凯燕	陆 伟	林 琳	何敏仪	韩敏露	王春良

韦国锋	章重远	陈 始	陈亚飞	冯 挺	卢 健
潘 丽	戚乐今	徐 环	张晓晔	周 怡	周琮瑜
樊 承	李敬福	刘 巍	方 芳	冯 琪	符雁声
李 萍	李建云	钱洁雯	孙 悦	孙 瑾	谢煜琳
叶 潇	尤兆芸	陈 杰	程 可	马 骞	王 琳
顾 雯	展霄峰	张 瑛	杨心宇	杨向群	李建云
袁雪琴	周 颖	王国珍	林 晓	王 静	汪劲钰

硕士生

杜 蘅	沈 园	姚育红	高笑梅	卢玉玲	曾建彬
赵 君	张伟新				

1994 级校友

本科生

吴 佳	浦 江	范志燕	贺遵辉	陈旭虎	裘 磊
吴 蔚	张 颖	李 元	杨 柯	徐 杭	周 征

黄怡珉	何晓曦	陈 戈	黄轫霆	袁音之	褚迎春
孟 燕	施蕴锋	刘 恩	骆洋娇	钱 靖	关 越
李晓泳	严欣泉	沈一鸣	陆 凡	栾继军	苑志国
葛 伟	张海鹰	梁有昶	朱艳莉	俞芝红	江 慧
岳 韬	贺燕萍	黄蕴慧	周 嫣	朱文君	施 俊
张萌亮	王 玮	赵东子	曹 倩	张颖燕	方 芳
曹 磊	龚 燕	岳向琴	谭珍莉	陈 俐	艾 斐
李晓源	周 萍	吕莉萍	李琳敏	王起龙	麦 华
徐春海	彭新俊	张 燕	赵 悦	吴颖斐	艾 菁
孙 岚	王 蕾	苏 遐	林 琰	李娴婷	王从兵
丁 鸥	吴雪松	宋克非	江 安	林 琳	陈文敏
劳丽萍	钱 靖	艾 怡	苏 芳	姚立群	吴庆园
龚涛霞	张凌青	王 永	戴国清	闫 峰	王好芹
赖振蓉	黄晓媛	吴 越			

复旦大学外文系九八届毕业合影 98.6.

硕士生

石 敏	朱湘军	孟连素	魏立红	王文科	刘大伟
王 雷	周艳蓝	姚 为	林 玲	王 辉	田 筠

博士生

谢晓河

1995 级校友

本科生

张　璐	郭　姣	陆盈盈	刘睿旻	李　焱	方　华
魏云磊	苏嫣娴	董　黎	黄　蔚	江小红	张骏超
肖　妍	竺嘉艺	张群峰	吴　闻	李罕娜	龚　麟

黄　冶	赵会晶	章志凌	戴征骏	蔡红星	郑　怡
顾　奕	周俊芬	王姝男	余海粤	朱静文	吴　令
乐岩鹰	金　乐	武峥灏	林　昳	沈崖枝	孙晓放
高　欢	姚婷婷	周颖嘉	刁卿雅	李恒之	归　华
马颖慧	孙　菲	陶蓉蓉	韩　佳	倪冬翎	崔升禧
毛卫飞	蔡磊霞	邓倩颐	王灿艳	俞　茵	吴亦怡
陈　琳	李　玮	蔡　良	王　嫣	黄　轩	蒋　欣
曲　铭	倪建平	刘　晖	许　超	瞿　洁	张　颖
李　勤	王秀红	唐　晨	吴　蕾	陈　蓉	李　峻
王　洋	徐　静	袁　晶	苏　倩	杨　帆	夏倩澍
骆海生	王　婷	周　琳	张　莺	周　怡	朱莉莉
徐　骏	朱蓓蓓	朱　琰	黄　麟	王振华	熊念恩
沈　汀	江　琳	骆　珺	章一苇	苏　娅	庞　来
尚　岚	田怡琴				

硕士生

蔡　晖	刘新萍	樊晓红	杨海红	俞宙明	朱云生
黄德文	高永伟	张　沛	张大晟	唐海东	

博士生

李宣松　　汪洪章　　谈　峥

1996 级校友

本科生

徐　天	赵亦斓	方海杰	顾梦佳	张冬雪	吴旦丹
林　孜	蒋　冰	郦惠敏	莫文婷	陈震方	范琦慧
汤颖蕾	宋　俪	曹亚男	傅骞骞	王益康	朱应瑛
吴　维	陆蓓祎	沙　慧	金春华	宋镇燮	曹　炯
杨　沫	尚静静	孙晓盱	施红霞	裘红云	王奕曙
朱家康	王　钰	季敏睿	姚　鹰	官文蕙	陶旦阳
吴匡贞	黄慧霞	管玉华	牛文怡	伍伟平	程菲菲
何三凤	刘文洁	方　磊	富思渊	韩岚岚	邱筱艳
姚　娃	褚绍南	张　琦	毛艳琳	徐　聪	陈　婷
丁　骏	林　森	唐　磊	钱　慧	沈　群	赵　霞
周　晔	张　晴	李　响	王　蓓	毛　羽	王晓东
金　雯	殷　实	张　颖	沈　莺	许　悦	张　浩

陈　静	倪　雁	王　琛	庄　敏	孟　琳	张英英
李　凌	徐　政	徐　昕	徐　皓	周　珺	张　超
高　波	朱晓静	戴　凌	汤　静	唐文卿	高　雅
俞　珺	刘　佳	何　凡	袁　琛	徐明锋	鲍宏铮
耿雪斐	徐晴波	陈怡婉	孔　见	姚　婷	陈　曦
张　睿	夏奕奕	翟　隽	胡天一	王　珏	宣　峰

硕士生

宿玉村	黄　蓓	邹　波	刘安凤	张素琴	顾思兼
康志峰	卫　蕾	祝牧君	杨　菁	王文芳	张立芹
张　轶	杨　谊	王海颖	杨　辉		

复旦大学外文系1999届硕士生毕业合影

博士生

辛　斌　于海江　苗兴伟　陈腾澜　严世清

复旦大学外文系1999届博士生毕业合影

1997级校友

本科生

王琼琛	叶唯立	周登强	刁莉莉	潘丽君	夏良根
蔡卓亭	顾嘉臻	包　玉	楼赛敏	方毅杰	姜　赟
侯美琴	施政婕	周　翎	郑咏滟	包　军	马晶静
王娟萍	沈　虹	刘　毅	孙　毅	潘　华	袁　骏
陈　洁	吴　艳	周　慧	王　峰	邵　敏	金　辉
王晓怡	毛　雯	徐　娴	张　彬	张　楠	姚霂也
姜　楠	姜　薇	钟　雷	朱　琳	陈盈盈	丁　婕
顾　闻	林　燕	方　茜	胡　磊	凌旻华	秦　楠
陆　萍	唐　蕾	陆　征	陈文怡	朱利芳	张雯怡
吴　玥	陈晓蕾	陈　颖	张　晨	徐佳卿	曹　蕾
黄　歆	王　菲	董　璘	曹晓芹	蔡蓓怡	瞿　哲
支　慧	孟丽凤	俞　侃	范宜贤	全慎智	陈东君
文姿英	范建年	乐　扬	唐　怡	姜宇秋	谈　芸
温盛钦	王璟琛	姚佩骅			

复旦大学外文系2001届本科生毕业合影

硕士生

徐则宇	汪中平	朱涛	李建云	王伟	王凌
李洁	程娟	程康	宋苏玲	孙祝旻	施敏捷
谭渊	章重远	陈俊萌	宋欣	欧阳海洁	

复旦大学外文系2000届硕士生毕业合影

博士生

王建开	徐立新	周　斌	董宏乐	钟　鸣

1998 级校友

本科生

薛　倩	赵思思	楼淑林	房彦昊	陆学聘	金元涵
何佳艺	时佳颖	乔云青	陈芝赟	史贝佳	徐依妮
施臻娣	项妍琳	薛晓琳	袁嘉琳	李世彦	杨亚琦
翁　霞	郑程刚	岑　颖	陆妩彬	徐慧玲	朱主君
陈慧青	黄　芮	陆　茹	杨喆宁	许凌莉	陆李李
方华英	乔来智	严　冰	沈　杰	徐　蕾	孙　薇
李文姬	赵　蕾	吴　赟	沈　勤	张　丽	李　静
王　磊	陈　静	王　璐	徐蓓璐	张　麟	周　圣
王　衡	刘晓燕	马新宇	胡　亮	金　翔	金晓星
邵宇扬	沈　晔	徐明霞	叶　磊	陈　倩	封一帆
陈　怡	曹　亮	黄晓蕾	钟　莹	杜健勇	邵　琰
钟珏蓓	成智渊	梁　先	沈如珺	李筱琳	谈　啸
丁　佳	余　隽	俞雯倩	汤新满	荣　源	刘敏瑜

复旦大学外国语言文学系 2002 届本科生毕业合影

陈燕妮　　吴　筠　　朱绩崧　　王家玲　　吴　赟

硕士生

杨　柯　　艾　斐　　秦怡娜　　贺遵辉　　顾海悦　　仫晓笛
裘　磊　　黄怡珉　　李法敏　　王建伟　　曹　燕　　范志燕
查　莉　　周　征　　孔　雁　　曹　燕

博士生

高永伟　　苏晓军　　蒋　勇　　孙晓龙

复旦大学外文系2001届研究生毕业合影

1999 级校友

本科生

王敏燕	李爱民	于　欧	郭　骅	叶　凌	王月倩
夏理扬	陆晓星	陈　洁	李　琳	邵静好	杜丽君
叶　伟	洪　燕	朱　琳	沈莹洁	范浩钰	郭晓波
许　原	蒋文婕	江李莉	王静书	陈立贤	庄　田
袁　露	翁雍兰	汪　滢	张丹坤	柏荣强	奚永洁
叶佳敏	丁宇岚	周惜梅	章　莹	阮凌娜	包怡文

徐 寒	邱俊炜	郑 晔	杨曼莉	陈思奇	余婷章	
赵晓蓓	李如亭	周晓辰	殷良茜	叶如兰	刘玉辉	
于 欧	吴渊士	章丽婕	钱丽文	叶 申	沈 臻	
杨潇潇	张思南	蔡莹凌	王凌燕	王艳琳	卢 瑶	
汪 婷	董晨晨	毛鸳薇	戚嘉云	刘 菁	张 华	
赵 巍	刘 菁	陈 洁	沈 洁	刘 莉	林 峰	
李 珺	周 丹	沈 利	王 琴	钟 敏	吴 健	
陈 洁	孙 妍	陈 洁	陈 燕	沈 阳	杨 眉	
赵 琰	杨 光	张 帆	葛锡颖	李 想	王 珅	
杨 楠	张 冲	周 云	张 超	刘晓艳	金逸明	
申 思	王晓丹	严春霞	王 侃	朱 雯	朱 蔚	
陈琳琳	陈 雪	毛剑青	赵 婕	王旻燕	许子静	
吴丹丹	陈 彧	方 芳	张 婷	徐 琪	徐 倩	
蔡 勤	何 灵	汤 韵	杨 媚	毛家灵	王一珅	
周小辰						

复旦大学外国语言文学系2003届本科生毕业合影

硕士生

翁乐天　洪 宁　王 璞　张韧弦　张 莺　朱莉莉

韩　佳　　蒋　欣　　曲　铭　　王　乐　　顾　奕　　韩　明
黄　巍　　郑　怡　　瞿　洁　　夏倩澍　　杨小茜　　李　焱

复旦大学外国语言文学系2002届硕士生毕业合影

博士生

汪少华　　胡　健　　王志军　　王馥芳　　王　斌　　白红爱
郑守疆　　王全智　　韦　汉

复旦大学外国语言文学系2002届博士生毕业合影

2000级校友

本科生

石丽华	蔡美凤	黄丽丽	康丽娜	赵一飞	洪祎
徐行	魏元元	孙琦	娄瑞瑛	彭敏	黄慧舒
王迪清	曾红萍	陈玮玮	奚琳玲	尹盈	方祎
胡乔乔	黄嵩艳	朱静	盛珂佳	康烨	陈珏珈
胡祎蓓	许佳	范敏汉	沈渊	吉磊	王翔
王歆博	史颖	陈秋苹	陈诚	姚轶励	鲍伊尹
杨飞	金孝英	刘健	曹煜	朱田云	邬安安
郑冉然	赵建爽	李欣婕	张洁璇	董勤文	山崎芳子
吴瑶	韩文玉	羊遥	黄琦砾	侯苏寒	张宏成
孙嘉蔚	胡爱	陈麟	张华栋	陈海音	黄颖捷
田懿	杨滢	谢丽	李莹	斜叶眉	伏怡琳
李彩华	徐颖	戴思泉	殷祺	杨棣华	金慧卿
陈振羽	黄略明	卢卫	王虹	唐文洁	戴霖
赵锴	时惠文	李燕霞			

复旦大学外文学院2004届本科毕业合影 2004.5.28

硕士生

徐 聪	丁 骏	李艳丽	袁 岚	胡 骁	承 华
颜 慧	蒋海霞	李国宏	俞 品	盛积婷	肖 茵
史 节	帅梦妮	殷 实	张 勤	顾 乡	于 颖
唐文卿	翟 隽	朱怡菲	戴 凌	郭斯嘉	赵伟韬
孙晓旴	关雪莹	袁 琛	徐 皓

复旦大学外文系2003届硕士生毕业合影

博士生

| 刘国辉 | 梁晓波 | 徐 健 | 王 颖 | 刘宇红 | 鲍志坤 |
| 马玉蕾 | 姚 岚 | 彭建武 | 孙 亚 |

复旦大学外文系2003届博士生毕业合影

2001 级校友

本科生

袁 媛	杨 宁	姚 迪	王 岳	张 婕	缪伶超
林晶晶	姚 远	姜渊卉	张晓雪	王 懿	许 晨
徐 宁	张琳敏	朱珍琦	过淑娴	徐方圆	柏 青
韦春晓	韩韵珊	单 凌	郭 威	林俊明	吴 清
卢晓赟	李雅璇	蔡宗颖	姚 凤	蔡彬彬	尹宣凤
姜雪珠	钱 谷	吴筠兰	黄 吉	苏文哲	周丹洁
宋洁婷	许思奇	顾洁芬	孙 婧	徐璐明	施敬扬
陈 兰	倪静琰	钮晨晨	刘菁菁	樊玮欣	管怡雯
钟慧雯	李 荣	王雪晨	顾 悦	曹佳莹	史晓贤
王慰慰	张舒杰	孙 洁	冯 蕾	刘毓婷	李敏艳
张靓靓	童 力	王晟旸	张婷婷	叶 戎	金伟丽
徐 羿	丁菲妃	贺琦珺	沈丽华	陆斐琼	夏静雯

郭海蓉	吴牧洲	吴意曦	陈 倩	胡丹婷	张 皓
陈爱丽	胡晓蕾	陈 郢	吴 婷	俞文静	尚雯婕
应亚亚	陈佳瑶	李 佳	徐 欣	李文君	俞周琳
沈 旭	程 绩	姚盈知	黄 磊	徐心儿	陈 昕
陈邱萍	顾佳超	沈 理	蔡倬君	杨 杰	瞿 盼
施文璋	高晶晶	朱 倩	周蓓蓓	汪丁艳	施 嘉
孙瑜真	王家麟	吕凌波	戴维佳	胡 娜	陆 澄
陈 璐	马佳蕾	张嫣雯	程 然	袁 彧	朴胤珠
沈 晔	曹香丹	程 然			

复旦大学外国语言文学学院2005届本科生毕业合影留念 2005.6

硕士生

段 枫	郑咏滟	马晶静	姚霖也	秦 楠	李晓华
吴宗会	任梦怡	郑小芳	南效锋	贺爱平	凌旻华
王 瑾	李文山	林 燕	夏 威	沈志红	

博士生

吴晓真	谭业升	高明强	李勇忠	曹道根	徐玉臣
李安兴					

复旦大学外文学院2004届研究生毕业合影

2002级校友

本科生

杨成康	杨明秋	郭　挺	顾　婧	邱　匀	姚微娜
王卓君	吴　晔	叶　舟	邬晨云	吴　佳	周禹靖
施双浩	严霁帆	黄俊青	朱加桢	朱依丽	蒋　博
孙　存	毛蓓俊	马映晖	张嬿婉	徐佳妮	邹美旸
瞿　臻	潘文倩	陆　阳	陆丹红	孙　思	陈　虹
梁玉婷	余之森	朱斐亚	韩　婷	夏　伟	曹潇怿
潘新彦	周宏妍	屠莲婷	郁人杰	禤晓路	周　璟
黄兰喜	王卓彦	马明烜	毛　婕	范　烨	邬竞竞
顾馨媛	沈梦蝶	周　昕	虞琦华	王一伟	王慧隽
赵巍巍	尹　颖	陈立群	朱慧瑜	刘　芳	金　兰
邵闻婕	邵思颖	朱祯菁	杨　敏	瞿黔超	胡　颂
胡颖川	孔庆昊	潘佳佳	顾嫣修	徐　庆	曹　蕾

周晔晗	赵露青	徐贝贝	刘鎏	王欣倩	林景君
李仁锡	袁忠骅	林逸芝	柳汉临	李晨维	朴宝美
吕 珏	罗径份	冯 佳	金升佑	黄善敬	金润美
金容民	刘美姬	洪贤基	叶佳雯	金廷俊	刘芸琪
李佳龄	李庆芸	曹冠树	王嘉舷	李智妍	程 思
王菁洁	王又安	傅艺君	王苑青	张黛英	郭 航
李冀圆	裘闻婷	姜黎明	骆家怡	周维平	江敏娇
龚晓珺	俞 烃	董静远	吴晶晶	张逸婧	施 能
恩河鸣海					

硕士生

李 婷	邵宇扬	封一帆	王全杰	徐慧玲	杨红艳
王焕珠	肖 伊	郭一诚	朱绩崧	徐蓓璐	强 晓
葛 宁	白朝霞	肖 英	汪 颖	毛羽丰	金晓星
王 珏	钱海燕	顾 华			

博士生

刘乃实	张韧弦	马兰梅	陶友兰	赵伟韬	金晓晖
张 琼	房红梅				

2003 级校友

本科生

朴晟美	钱　晶	金　晶	徐晓葭	钱　蕾	陈佳雯
董怡立	赵丽娜	沈昕琦	黄晓琦	董　暄	蔡　骏
祝　晶	刘宇耘	徐修齐	祝　琳	饶佳佳	杜　蔚
魏香君	吴莹华	蔡林妮	顾利香	唐　琪	范天超
朱桃燕	莫子铭	赵姗姗	陈　诗	狄　洁	薛安妮
陈佳欣	方　晶	丁　艺	林　盛	吴浩亮	尹佳怡
邵陆静	朱晓林	林　森	徐晓纯	张宓丝	易文家
胡　懿	尹太熙	费嘉璐	陈　秀	陈盼眉	冯健敏
朱敏瑛	伍　仞	管小鸽	陈思宇	夏天娇	史庭方
花　盛	袁佳蕾	宋美英	吕豪爽	吴铁伦	周金晶
蒋　慧	吴东伦	陈心星	袁　圆	张巧运	熊茜超
谈　珩	赵　江	黄少婷	徐　幔	丁雯妍	陆　一
曾敏昊	朱一飞	朱　媛	王　萌	李在斌	郑宇哲
黎　茵	萧世昌	吴嘉茜	孙润智	任　远	孙敏知

李芝衍	楼立力	洪昊玥	崔诚桓	田尾然子	申承G
周 莹	徐美珍	童 欣	汪苏敏	施幸妤	王 梓
靳海波	唐兆丰	秦 焱	郭一霖	王天文	李晨彪
朴昌信	安正薰	谢 殷	蔡东赫	李 勋	柳香顺
成曙东	包慧怡	文小蓉	洪载沅	刘龙起	丁桢杰
权志原					

复旦大学外国语言文学学院2007届本科生毕业合影 2007.7.6

硕士生

叶 伟	洪 燕	郑璐瑶	沈莹洁	谢琴丽	王 涛
李 俐	叶 凌	陆晓星	高天忻	张 华	谭晓妹
郭 骅	王 薇	朴由利	龚 萍	李博览	邓明霞
陈 洁	杨 光	周 冲	廖雪美	金逸明	葛锡颖
彭晓琳	夏理扬	张宁宁	叶如兰	邵静好	

博士生

姜 倩	朱湘军	许宁云	翁依琴	曾建彬	陈春华

2004级校友

本科生

杨若依	于佳妮	王大为	张雯娟	李　爽	汤嘉蓉
陈亚楠	夏善漪	张辰华	杨　丹	朱　青	崔相熏
周毅杰	天海亚里沙	朱兵兵	宋　倩	向　浪	吴泽栋
唐　阳	高恩鲜	范玉婷	潘剑波	罗承洁	杉冈淳
赵琴怡	张燕萍	五十岚唯	陆　融	孙思颖	陆婧雅
何竹丽	马　捷	杨圣亚	汤姗华	周安琪	藤园理惠
左冬慧	戴丽莉	谢晓莹	白玮琪	施君昊	陈霏霏
高韵闻	张　晶	王震雷	苏唯珍	张　立	仰欣欣
胡亚君	高　阳	金美庆	周小舟	黄　颖	李智仁
顾　倩	吴懿旻	陆艾莉	夏磊磊	蒋天佳	尹誉瑟
李　祎	施　璟	董　妙	瞿　菁	潘　迤	张　慧
汤艳婧	张敏华	廉惠仁	罗懿庭	姚　望	顾　菁
施　珵	关少波	袁　珊	陈雪璐	黄懿婷	成田玲子
陈小永	李　晓	许仲炎	范　薇	成瑜懋	朴桐桦
陈　洁	韩　美	刁梅君	李姗姗	金高恩	许允廷

刘乐怡	王忠杰	夏梦舟	赵洁滢	金莉颖	金珍英
崔元锡	黄雯婷	陈 怡	庄亦男	金 晶	南得铉
赵 静	管阳阳	林佳嫣	范佳妮	蔡 燕	薛晶洁
魏敏燕	谢澄澄	朱彤吉	邵 南	杨丽原	曹 姝
曹永铉	长田勇维	名塚百合	吴小怡	华田馨	张友荣
姜芝英	韩程媛	朴根莹	邵永毅	文恩珍	郑二先
元惠娟	胡梦莹	辛 畅	张燕萍	林斯琪	加藤清子
许善宁	赵成恩	徐寅平	景雯婷	金英花	张 颖
毛文怡	夏瑛珺	王剑鞦	范颖琦	李在民	金贤中
邵玉亮	河志松	宋济泳	金银娥	李慧苑	冯予力
杨琪申	高桥秀明	刘毅君	黄星烨	刘 颖	丁文洁
丁 咛	杨昱婷	袁梅洁	胡雁珏	白翰世	周文杰
刘振锋	杉山真	郑泰荣	余昕妮	王 越	李主荣
夏 梦	沈天音	崔沧海	李承玟	徐林胤	尹 然
白旼仙	李良慧	杨 羚	杨俊迎	方芝菡	黄 硕
刘一娜	李在喜	李岱勇	俞晓彤	罗雪景	卢清涟
岑一帆	申秀仁				

硕士生

刘寒露	姜颖瑾	刘　妍	季芳芳	朱丽静	荣　慧
刘　静	娄　珺	左淑华	张少敏	万正飞	李秀芹
林正荣	程　敏	陈希珠	丁　妍	苏　蕊	吉　磊
崔惠玲	陈秋苹	陈　诚	鲍伊尹	彭俞霞	曹　煜
朱田云	邬安安	李欣婕	朴美贤	卢杭艳	蔡越先
施　薇	姚　薇	牛苏婉	张雅琳	仇红军	

博士生

滕　梅	王建伟	刘向军	韩　丹	汤　斌	赵　蓉
顾　乡	刘敬国	何　静	刘东虹		

2005 级校友

本科生

郑敏愚	陈毅超	陈文华	张　蓬	林慧娴	缪丽娜
栗本友浩	韩成秀	夏　晴	吴重恩	唐念瑜	川崎元树
朱　赟	朱昌敏	神津由美	邵令荟	李　珺	毕　滢
黄一蕾	尹善贞	印秀祯	金甫炫	宋嘉喆	金秀贞

金信惠	姜 岑	周奕敏	周晔琼	徐正音	宋文娟
孙 汀	袁一泓	崔进成	金孝珍	崔雪梅	李帝勋
陆逸盈	吴赟玥	成庸准	朱米拉	金啊蓝	潘 娜
崔善姬	张晓芸	邵 风	叶芳芳	胡博桢	孟 喆
洪知秀	赵珏颖	金秀智	邢 琳	李舒颖	孙 烨
宋 玮	陆婉婧	蔡若晨	耿 丽	长谷川佳荣	梁海东
解 颐	张娟美	卜太淳	尹 月	施旖旎	袁 源
李 静	董晓滢	金南亨	卢 潇	玉置里奈	费仁宇
王 晨	张子见	尹贞美	洪萱珊	项萱霖	相海敏
胡舒颖	张泉力	万凌飞	祝春慧	罗惠林	徐晶睿
楼晨晔	俞 杨	黄勉届	唐鸣君	谭 玺	朴孝真
王瑾妤	张 馨	康昕昱	宋浩杰	端木筠	龚磊蕾
乐雯怡	沈揆进	林子薇	李敏柱	沈 睿	葛 琛
杨 蓉	陈宇辰	朱黎琳	张 源	解圣超	林寒辉
李晓奕	彭俊越	黄锦南	缪 淼	朱文婷	赵康妮
鲍忆夏	陈斐斐	孙 赢	张敬民	李 薇	陈杨雷
钟晓芳	王寅清	葛玲薇	杨 蕾	彭 莹	宋 磊
杨思旻	姜 慧	胡馨月	柴妍倩	梁旼娥	余晨璐
朱 雯	林瑕娜	孙继贤	朱天超	徐立峰	虞钧栋
张镐仲	权 浩	森友佳	孙彦寅	谭 薇	陈 琼
潘丽莹	范臻慧	柳昌勋	李祯吉	金率智	权赫焕
李俊熙	吉野真伊	朴峻贤	姜诗来	金富镇	丁 炜
宋东官	罗成娥	朴宇学	金娟秀	金钲勋	南宫焕
金允泰	梁昌根	韩晶晰	阮秋香	郑相钦	李 健
郭 经	陈慧稚	黄 纳	彭 颖	沈思依	秦文汶
间 琳	霍丽婕	伍伊娜	吴 雪	宋静波	干贤婧
张茜茹	黄叶娟	孔令谦	吴守矗	王 凌	蔡玉玲

丁海俊	金利璟	金惠智	李祥懋	金东玭	韩晋焕
白诜暎	周裔	木泽佑太	谭薇	陈湘琪	李周熙
陈文心	陈玲	程敏宜	陆丽婧	李惠珍	吴亦瑗
郑荣镐	朴尹英	张瑾	金侊模	方方	张楚楚
宋卿	张冬盈	申流美	李仁惠	胡琛	金艳
周宜静	柳志惠	裵采允	张宇荣	白钟贤	赵银星
薛源	申旻昇	陆颖	赵超能	李守镇	成洁
朴昶熏	李昌杰	沈菲	洪成焕	李英世	郑圣勋
胥明庆	朱文				

硕士生

秦琴	张琳敏	王习	李松月	钟志华	柏栎
耿秀萍	朱晓玲	倪诗锋	罗瑜	黄略明	沈健
武泽明	任战	赵舒静	张楠	曲春燕	周萌
徐荣娴	缪伶超	林晶晶	姚铁励	姜渊卉	董勤文
朱珍琦	过淑娴	向丁丁	李烨霖	何璐璐	刘成杰
熊况	何芳芝	曲家丹	陈缘梅	黄甲善	杨宁
姚远	韦春晓	刘庆霞	杨卓婧	田庆芳	张晓雪
金绍英	钟敏				

博士生

马伟林	王莉娜	朱绩崧	王雪明	陈 靓	叶如兰	
江 静	陆国君	张雪波	朱 捷	杨 子		

2006 级校友

本科生

朱慧颖	方龙辉	张心书	陆 诗	邵 辰	卿 慧	
钱春豪	周蓓黎	洪慧珊	丁 宏	陈佳婵	金正训	
刘雅达	唐莹菲	丁洁盈	尹惠填	金松伊	李载昌	
沈 吟	周 全	沈晓瑜	许氿雨	许必涵	林骏桉	
杉村类	李美英	姜 文	王晓敏	徐昱茜	吴 恬	
郑宰国	钱一辰	李敏超	曹小川	王乐天	郑垠姬	
木尼拉祖农	李玥炎	金世美	丁道伶	申泯志	崔文超	
刘瑜真	田高银	金多惠	金雪飞	汤茹珺	周啸慰	
燕子靓	严佳颖	林 智	徐姗姗	余川川	乔昱瑛	
黄子洋	杨 阳	金旦熙	程 雪	王欣如	杨梦琦	

孙山山	钱依黎	胡怡雯	张志洁	苏晏生	安亨晙
周苁濛	邹沁	方超	郭文严	屠洁静	李相雨
许舟叶	洪承杓	顾涓	方静	陈慧	李承勋
何珂	咸俊	赵靓	施圣阳	全宣熹	周磊
姚颖洁	赵之胡	牛佳颖	鲁雅琪	王静怡	余晨飞
康恺	汪昊	徐赞	庄稼	徐珺倩	张莉娜
沈宁晨	金莎	金裕丽	林柔政	滨田葵	范虹
唐吉云	金泰昊	苏丹	徐阳鸣	金智熏	周娇妮
徐佳宁	葛孜	陆骏	李昌垠	何香玲	吴穹
许晓斐	毛静云	陈倩卿	顾竞	顾涵婧	陈月华
张薇佳	陈锋	王玮	钱程	沈陆峰	钱丽霞
卢元俊	黄旭君	居千千	任冬冬	胡逸佳	朴泰燮
杨佳娴	李叶真	周梦	周亦菲	金兰	黄逸舟
张昱	金新美	安静思	金欢	钱之辰	金熙阿
杨惟婷	周楠	邱艳斐	金仙喜	钟磊	于婧
石原舞	陈依依	张娱	郑惠民	纪圣茜	孙立
罗桑	李胤真	任姗	郑旭初	何田田	姜晓怡
刘含	杨妍	金泰训	韩雪雯	劳颖梅	李惠邻
孙晓静	姜民焕	中原周一	袁晨	金时	罗伟鸿
肖宇	徐秀珍	权炳周	秦以平	孙贤	郑炜杰
张晓茵	车沿贞	万秋婷	程一真	黄恩卿	凌春云
吴晓明	朴玲柱	胡瀚月	周文秋	姜真弘	金智勋
魏超	陈希禹	吴春声	王璐	裘林	张涵钧
金佑篮	沈材珉	车斗铉	黄善辰	曹尚舟	全志荣
韩松梨	梁宁尹	李相沅	房辰喜	池中燮	金太丽莎
梁元丁	平野恭子	严俊	钟一	孙丽华	张雨婷
金多仁	张合欢	吴昊	张菲	顾颖琛	俞则人

朱 昀	李 想	金泰勋	郑泳澈	朴仁荣	钱秋枫
杨 天	康兑卿	金材河	具本珉	李昇骏	尹敏锡
金胜铉	江 雪	朴寿庸	金诗内	申承焕	张寅徹
蔡洁心	梁世琳	钱 婧	邬竞越	王 玲	袁雁悦
罗伟鸿					

硕士生

严 丽	付 岩	刘 鎏	周 静	吕 珏	刘芸琪
李 昱	杨晓慧	余书娴	冯 佳	杨 敏	徐 庆
姜晗之	赵露青	尉晓娟	赵 璧	周晔晗	张帮印
赵黎明	闻 华	姜 莱	袁茂红	郑贝尔	朱 洁
韩香花	杨琳琳	孔庆昊	潘佳佳	颜虹芳	刘成科
张一帆	李玉辉	张 凌	王 璐	王昌盛	王一平
贾 智	曾 婷	胡颖川	王瑞彪	尹静雅	汪文娟

博士生

项 东	丁 骏	程 寅	李金凤	朴祥希	陈 淇
夏 天	周 频	姜 颖	薛 华	赵 琪	郭一诚
张宁宁	张 勤	张雅琳	孙少华		

2007 级校友

本科生

郑运帷	王祖尉	汤兆轶	方映霞	籍怿	陈阳
陈玲斐	方雯雯	赵世熙	赵滋熙	邱凯盈	葛斐
李可可	俞盛朝	马梦柠	原悦	郭炳贤	吴格
郑嫣然	司念	金恩惠	杨柳青	崔璐	张依
潘璐	蒋宁琪	张国雅	龙佳荣	金宝美	闻意
陈艾煜	王双午	郑艾琳	李佳颖	翁欣汇	卢晓琳
李松熹	洪承杓	吴若拉	李舒叶	尹熙锡	禹薇
黄渊敏	邓丽婕	李沂	元智泳	陈超逸	潘友航
夏梦志	任晟元	徐瑶	柳炳俊	吴玮	孙璧婧
丁皓	姜捧球	闵歆琰	常磊	金主映	周铖
赵兴龙	刘惠倩	任玲玲	邢奕	陈育生	杨嘉宁
余雅颖	应宁	华沙	王亦然	侯梦	李奕沁
许昊旸	张在英	马崇智	严允智	俞慧倩	林海天
张越頔	徐晓丹	牟琼颖	田智惠	黄慧潾	沈一宁
陆丽莉	卢槿锳	朱梦诗	庄蓉	周霭雪	李钰冰
郑美贤	洪俊荣	周欢	金允贞	俞青	汪霏旸
林之纯	姚亚蓉	胡辰敏	吴笑萦	陶亮	马牧原

张顺菲	黄逸天	叶雨薇	杨　菁	许芝园	李之然
张　启	黄纯纯	毛籍贤	方圆遂	徐　吉	郑贤景
姚　晶	孙莉琼	柏忠蔚	颜思瀛	张玮婷	刘紫伦
刘珏烨	俞泓珽	陶乐泱	倪佳婉	罗天恩	万琳艳
寿莹子	成　超	申载浩	郑超然	姜声俊	张　昊
林秀贞	杨沁沁	钱　周	何明玉	崔致伶	戴倩倩
吴艳苹	谢颖谦	沈　冲	崔豪峻	徐　韵	周士夏
侯柯楠	李如珠	周　洲	肖　飞	梅润智	彭溢蔚
余之臻	冯　艳	都秀娟	黄谷风	张文婷	金兴教
朱依乔	袁亦方	吴天云	刘　一	戴澍雯	吕能能
杨碧琦	路　仪	郑依娜	栾　敏	崔光洙	陈　波
朴敏弘	郑思遥	郑元晢	申东完	吴筱洁	程千里
尹英善	金茶彬	崔珉硕	李昭仑	徐廷秀	张智源
罗贤花	李可滥	丁善美	黄天昕	尹珉熙	金永珍
郑载润	朴素姬	金映均	成仑修	蒋　焕	李承铉
张慧真	李辉圭	宋栋圭	许　净	全锺寓	姜东贤
朴宣珉	沈思佳	施悦音	谢昭昭	周　凝	童　烨
黄斯妤	武文俐	赵梦倩	金敏姬	何舒伦	严　琦
张　虹	金政珉	徐辰智	王烘如	傅慧玲	慎晋赫

王安琪	吴　梦	全焰炫	童　话	吴永丰	孙　璇	
郑智慧	林　祯	赵　璐	葛秋燕	庄辰飞	夏温丽丽	
余天丞	王深申	傅高杰	崔　镇	徐静文	沈　璐	
胡辰薇	何　璠	范　勤	刘　玥	张银惠	王　一	
广田惠	江　蕊	叶　铿	龚灵赟	冯乐乐		

硕士生

金晓琳	曹海霞	吕豪爽	李淑华	丁永祥	曾　焕
胡　静	乐　蔷	王　萌	江艳妍	邬璟璟	谈　珩
朱　媛	虞洪捷	徐贝贝	李宗政	陈　萌	袁　圆
江吉娜	包慧怡	任　远	袁　仑	张　建	鲁　芳
曾敏昊	孙宇琼	何　玲	熊茜超	宋　旸	朱小英
贾真真	张小丽	水　晶	战　敏	王程敏	张梦霞
徐　幔	朱一飞	高贤真	吴嘉茜	赵沛然	高　攀
吕　中	黄少婷	蔡　健	徐晓林	周建华	王　师
朱凤梅	陈永丽	杜方圆	王世钰	张竹莉	郑　峰
吴春丽	徐　勇	曾庆茹	陈丽红	乐　蔷	

博士生

杨万斌	李有诚	胡怡君	赵学德	湛朝虎	申美花
孙东云	应伟伟	朱长河	刘　莉		

复旦大学外国语言文学学院2010届研究生毕业合影留念　2010.6

2008 级校友

本科生

李潇骁	陈 聪	陆孜骎	郑晓敏	唐 殷	杨 颖
冯 希	陈业佳	陈 瑜	张竟垚	董 骋	李隽逸
高 原	王歆韵	莫佳菁	王 悦	邹 欢	马路遥
欧文婕	郑 涛	陈美壬	陈 励	张心怡	金荣先
郁宇婧	杨 挚	唐 莹	何洁云	吕彦儒	朴艺珍
陈雅鸥	周 倩	王羽丰	沈艺超	袁喆隽	李 琦
徐 婷	王亦翎	郭宁萱	杨雨晨	张 冬	张 赟
萧 易	尚朝敏	曲姝彦	阮沚萱	黄普暎	徐可君
周懿琼	楼文洁	沈奕奕	何嘉慧	朱咏帆	吴 慎
吴歆怡	陈 瑶	夏 焱	陆翠萍	李 杨	陈昉晞
胡雨桦	张 琳	梁海宁	杨婧文	相 楠	胡小璠
糜绪洋	虞一菲	王旻玮	武 琛	吴春园	焦世佳
吴文曦	林静宜	楼 昀	孙历煌	韩宗臻	邬小蕾
周亦鸣	吴阅微	蒋璐安	宗 楠	姜 珏	戴艳莉
陈俊超	周 琛	童绪蘅	马开辰	陈 瑜	俞 越
曹 钰	龚晓婧	许竞文	刘宠宇	沈思为	黄 鋆
杜思晨	蔡 玄	周 恺	都二焕	朱 原	刘佳佳
唐 滢	金河恩	陈雯婷	梁 乾	朱 慧	高 雯
方倩婕	吕彦臻	张 博	金珉宇	徐永锡	卢景律
林圣允	申辉男	洪睿仁	崔廷源	崔正二	裴贞音
邓天媛	徐在亨	昝旭清	李惠静	李 莹	俞一星
李思宓	陈逸群	郭溢丰	薛常乐	赵 奕	韩 楠
方 睿	阿部由佳	张贝贝	褚晶文	董泠汰	朱子渊
仇晓晨	金懋智	徐 怡	张卓骏	吴江江	朱旭峰
范秉馨	朱吟菲	金阿金	唐天怡	李艺智	张国莹

施佳莹	石　航	孙潇黎	郑智媛	宋在正	王慧琳	
钟翠银	朴秀晶	朴成容	朴洙玹	糜宏达	俞浩渊	
金柔美	萨米尔	吴艳敌	高尚焕	沈剑辉	张俪慧	
李也丽	崔高恩	梁力萌	史　岚	徐　澈	梁颂堃	
柳到庆	张世达	朴敏圭	文东喆	李雅琳	郑贺维	
韩盛镛	蒋俊洁	曹希京	金沅载	朴宰成	全成镐	
洪性哲	周藤洁馨	崔珉诚	安国贤	陆源峰	安相允	
郑真阿	朱　熹	钱哲韵	刘倍君	黄晓笑	金佳仁	
赵云善	侯凌玮	朴奎姬	施亦非	张一冰	谌　悦	
郑相玄	李读理	李　霄	陈　曦	于　玥	鞠真娥	
崔松爱						

硕士生

林丽辉	王　倩	韩彩虹	王　娟	张莎莎	邵　贤	
吴沛瑾	蔡　燕	潘颖洁	李　睿	郭婷婷	谢澄澄	
刘丽娇	凌春华	阎　慧	杨铭铭	林佳嫣	夏骏刚	
彭　燕	刘晓卉	王玉宁	万宗琴	江淑婧	吕晓棠	
章　恬	白　勇	林菊洁	谢湘晖	胡　荧	田宇轩	
张　吉	秦　军	徐　芸	于睿寅	艾　琰	乔　雪	

张　娟	肖　莉	张文思	金海锦	邵　南	赵迎春
郭　蕾	周玉峰	郑　洁	林圆圆	陈　琛	应　岚
马梦琦	何晓燕	耿莉莉	管阳阳	罗　兰	马方兴
刘　娜	胡毅秉	陈　玲	胡　真	马海东	闫　超
万　宇	方　舟	鲁　萍	王　燕	顾晓岚	邓新梅
杨素娟	陆苏华				

博士生

谭晓丽	崔惠玲	李红叶	张帮印	朴恩淑	王　品
韦春晓	娄　珺	徐　浩	郭　骅	张琳敏	熊佳娟
张晓雪	康志峰	孙　瑜	李晶浩	柏　栎	

复旦大学外国语言文学学院2011届研究生毕业合影留念　2011.7

2009级校友

本科生

陆晓晴	区颖宁	李乃文	Cretu Ana	Cosmina	姚以娜
王碧瑶	董婷婷	郑玉婷	陈甄婧	纪宇轩	王凌祥
吴　怡	谢　茜	徐清清	杨　帆	叶树欣	张天成
韩　阳	邢诗倩	范　洋	何晓飞	吴丝雨	陈飞家

孙梦求	刘弘毅	丁怡婷	严宣芽	蔡闻桐	沈忞蕙
法 卉	陈维佳	周阳雨	吕佑运	徐 翔	陈霄寅
周佳玲	吴蒙昊	石丹枫	黄珏心	石笑光	陆亚芸
卢飞麒	周亚云	计晨珏	朱家仪	倪彦珺	梁海涛
林姗姗	吴怡雯	胡静雯	周梦怡	刘志英	蒋 骋
徐逸舟	韩雯婷	赵诗彧	牛 蔓	吴 聪	周 圆
陈雅晴	阮汝进	崔曙仁	桑怡雯	邱之乐	吴瑞恩
黄丽霞	奚礼琛	张心怡	宋姚怡	叶育辰	陈伊纯
沈逸倩	陆思媛	石门门	陆怡融	金瑢洙	俞熙乃
吴 斌	张琬婧	季嘉翼	杨彦琦	陈希烨	钱晨霞
诸圣斐	孙 佼	马莹莹	吴碧菡	张双双	金慧媛
李霁萱	滕 浩	王彦燕	胡双骏	宋漪静	金冰洁
缪 蓬	李婧婕	施展华	施谛文	黎佳洵	杨之琳
邹佳琳	鲁嫔文	范莺秋	叶沁芸	陈润颜	孟 娜
陈 昕	王弼宇	张茫茫	周俊倩	钟朱望	潘雨菲
戴韵琪	顾芸沁	毛滋怡	福岛大希	冯 喆	郭梦云
吴震倩	金艳斐	陈孝贤	侯笑明	陈 懿	李恩智
施晓昀	陈柳明	张云飞	国本延爱	吴颖妍	何洁玲
金敏庆	陆文君	金梵坤	陈一天	李欣羚	奚冰沁
王曼茜	史翔蔚	韩 薇	陈诗意	成泒娟	张 皓
张 妮	王亦程	曹睿罗	叶艺舟	苏意达	许金迪
王若男	李宣旼	金智慧	李晓倩	顾逸尘	鲍轶伦
谈天仪	刘 琛	金紫嫣	宛冰洁	于云梦	靳 驰
张 悦	詹智超	金攸珍	彭子昱	时凯成	钱珍妮
黎 慧	李 竹	周 莹	施逢杰	潜彬思	杨仕韵
谢骁颖	邱于涵	阮 珊	杜梦夏		

复旦大学外文学院2013届本科生毕业合影

硕士生

秦文汶	朱彤吉	黄 珍	沈思依	程腾超	霍丽婕
张玉婷	许丽娜	朱 佩	彭 颖	张晓阳	邹从会
江雨斯	李 湉	李鲜艳	郭海涛	侯 杰	李 慧
杨 琪	赵政廷	曹亮亮	陈斌刚	黄 洋	林 樾
王文亚	方 圆	穆 琳	王 鸣	余淑芳	李 龙
苏璇璇	张宇淼	刘 丹	刘 洁	吴雨穹	徐效军
丁丽英	夏毕勤	冯泉清	李福莉	袁 茵	张道全
吉源源	王 婧	陈 娟	姜黎明	李海军	金 蕾
王宇涯	张 诚	王娟娟	薛 薇	郑小波	蔡燕萍
许鸣皋	龙 蔚	王琳辉	顾文洁	倪 畅	黄叶娟
张茜茹	王 娟	闫 雪	全戊珍	宋始娟	丁 咛
丁 泉	纪 玮	张 倩	刘雅琼	王 园	金垠珍
陈 曦	陆 妍	张盛丽	汪 玲	斯韩俊	张建梅
韩晓珊	干贤婧	何婧洁	孙 程	王立霞	伍伊娜
周小琳	黄星烨	刘娜娜	陈利杰	陈以侃	苏晓欣
侯云红	杨 义	王 丽	申星钰	王龙飞	

博士生

刘 迪	袁丽梅	崔贤植	金逸明	陈 琦	付 岩

刘悦明	黄甲善	幸君珺	黄秀国	曾　婷	何　玲
彭俞霞	黄　莺	强　晓			

2010 级校友

本科生

周泽怡	张姚晨	陈晰皙	郑彩玲	蔡昕骋	周立颖
戴云菲	孙　漪	卢晨帆	王丝雨	刘同尘	蔡珠文
张梦洋	忻　怡	刘倩璎	程雪寒	熊　航	杨　晶
金玟炅	邢　珂	姜　岚	孙怡枫	童适盈	陈怡言
顾　妍	刘　炘	韩　旭	周瑶群	查嘉玥	董梦菲
杨诗旻	习　璐	俞　文	范佳雯	明　晗	陈海林
张凯雯	姜慧美	李　茜	朱鸿宇	余尔琪	殷恺悦
孙丹妮	沈　岑	张天楠	施赟卓	褚婧文	丁瑜琦
江　磊	周艾琳	郝莫云	罗熙陈	林慧慧	陈依依
刘千楚	陈雪灵	华沁欣	储依婷	禹南圭	缪景景
赵志彬	陈　吟	黄恩善	杨雪梅	赵隽杨	朱思洁
戴依戈	马秋明	曾梦楠	郁　露	董天韵	吴诗洋
王旭怡	练　盈	吕　林	邵　淇	章璐莎	张辛然

时　尚	张静佳	高佳旭	朴娥英	严　思	苏凡妲
丁　佳	吴　越	陈斐缪	綦思妤	税成淼	张　培
梁智恩	李金洋	马雅婷	侯文颖	黎佳蓁	姚俊西
陈薇初	陈韦晔	金垠庭	沈　蕾	胡立群	杨　珊
陈振文	丁　宁	李胤硕	麻秋枫	寿元呈	范雅倩
周恺盈	郑文欣	苗　振	姜俐娜	陈天怡	朱敏婕
季　晨	陈可薇	程萤烛	俸良雨	神里元	柴科婷
朱祝萱	冷秋虹	林伊宁	杨怡婷	张文雯	严静雯
张雯倩	王云婷	李舒扬	钟　瑗	江业弘	胡佳竹

硕士生

袁　康	付　垚	顾玉婷	马　蓓	徐姗姗	邬竞越
励俊敏	程　曦	王　放	倪廷宝	徐璐洁	阳　光
应　明	于姝斐	徐敏怡	朱莉芝	李蓉蓉	罗林林
欧海林	王　琳	张　芮	张杭亚	卜俊杰	陈秋荣
傅　瑜	刘夏芬	葛　孜	刘俊峰	殷婷婷	石　斌
王梦迪	崔智贤	杜　薇	谢晓胥	张佳佳	王向东
钱舒敏	滕　悦	王秋月	陈　泠	李智文	俞晓静
王　韬	张　娜	汤海波	于海兰	徐维婕	孙诗梦

蔡和珍	陈　舒	黄明洁	缪　怡	王　娜	俞吉菁
迟　璇	方祯鑫	姜韫宁	崔允敬	刘丽霞	陈艳红
陈　菁	杨亦雨	尤启龙	张　红	庄　稼	孙　浩
赵超能	胡文燕	金善英	葛伟红	姚晓玲	鲍　英
陈月华	梅　杰	储韡骁	成　洁	郭晓彦	胡健捷
陆　骏	沈　菲	周　琼	李　轩	徐颖饶	马文静
邹　沁	周苡濛	张艳艳	沈克亿	陈　黎	

博士生

赵　静	郑皓云	包慧怡	徐　行	杜方圆	茹　静
韩香花	金昌珍	管阳阳	李晓娟	韩太花	夏　睿

复旦大学外文学院2013届研究生毕业合影

2011级校友

本科生

许诗蕴	金庭会	杨镇宇	蔡欣甫	黄莉珊	李于一
胡丝婷	韩冬萍	张楠曦	陈梦玫	王海如	翁真桢
李雅英	毛晨雨	段受立	田湘旭	阿伊卡	马逸慧
冯佩馨	康智豪	山根熙香	金欣慰	戈　蕴	史冰钰
崔雪景	郑尧丹	王　侠	仲慕涵	杨　岚	孙　嘉
马格安	阿列克	吴嘉利	殷静茹	郭思辰	王　迟

唐一文	王天颖	夏 叶	施莉妮	莱 提	哈 施
王晗玥	马彧菁	何颖文	崔 浩	陈秀秀	丁晓怡
董 益	陆 乐	蔡欣甫	解怡飞	熊艺瑾	李胜男
刘思宇	应黎婷	赵贤俊	申智现	爱坚儿	芮绮华
陈胤全	卫赛男	楼佳添	张楠曦	张 悦	林昀仟
郭丽雅	郑 道	全升河	吴有锡	张时羽	张宜佳
马如珍	安水晶	张文钊	汪思媛	胡益丹	李雅英
杨张晓	张 弛	张晓娟	杨天歌	罗思妍	沈梦婷
章海潮	杨子杰	李 畅	经 伦	毛 霓	牟钰慧
黄冬姝	陈思鹏	许倩雯	郑蕴仪	王巧倩	梁思然
余 蕉	杨思蔚	朱 枫	由娃娜	马哈木德	史孟平
叶彤雁	李于一	杨镇宇	黄俊彦	张思舟	杨黄石
李欣翼	张柳雅	冯佩馨	龙 雨	阿 比	林佳莳
柏 静	杨 晨	杜 鹏	鲛岛由佳	董康宁	张 琳
毛奕思	王保民	广中佳佑	伍佳宾	李载暻	雷婧超
黄恺莹	林海蓝	孙佳璐	郑詠心	朴秀贤	何 忞
奥 德	黄妍语	舒 淇	康智豪	卢 轶	高 贺
孙惟恒	胡 烨	朱盈婷	李敏睿	冰 村	倪楚娇
鞠民镐	陆 艺	俞戈云	何可人	马逸慧	周 俐
王俊人	柳廷旻	孟善荣	刘 雯	赵娟紃	李河恩
李灵筠	陈瑞雪	阮雯倩	沈祺瑶	潘 诚	许美英
程佳唯	诸丽俐	周乐怡	林雨思	张治中	郭 蔚
李英锡	王 璐	胡 倩	杨白蕴	粟 慧	王海如
高 科	吉敏敏	毛晨雨	郑力掷遥	龟田宏幸	马睿鸣
陈鹭璐	王 奕	陈若男	夏 梦	Chen Yu	Sheng
陆梦丹	阮逸茹	刘书文	王慧雯	蒋雯露	文绮琪
詹辰璐					

硕士生

黄　静	雷婧超	王小忠	张　昕	周茜茜	黄　丽
楼陈霁	殷广静	付一方	李琴乐	陈宁阳	张　依
夏　梦	徐　吉	陈玲斐	曾盼盼	张哲嫔	孙　芸
潘　阳	陈静文	潘婷婷	徐　洁	王　倩	史忠秋
王笑月	戴　希	沈　冲	翁青青	朱　婷	刘彦晶
熊　韵	蒋雯露	李佳颖	唐吉云	赵延慧	庄　蓉
张　鹤	聂士艳	谢晓雨	徐晓丹	俞泓珽	黄　琦
黄钟文	贾红燕	孙仁杰	薛　婧	鲍晓婉	李寒雪
潘玲玲	陈红彦	陈薇薇	陈　韦	冯　庆	蔺　飞
汤赵杰	田　申	王琦琦	王金保	张　波	路雨欣
吴　娜	何致熿	关珊珊	朱艳红	贾　晋	杜文娇
苏　丹	郝　宇	金庭会	黄钟文		

博士生

周　君	闫　超	李宏德	丁丽芬	金子荣	安秀兰
张德福	张立昌	向丁丁	李　光	王有慧	郭　夷
全明姬	毕建程	钱屏匀	赵　亘		

2012 级校友

本科生

严文斌	严栋迩	仲　仪	冯　彬	冯敏仪	凌嘉莹
刘源琦	励蔚轩	卢宝宜	卫艺璇	史小乐	叶笑圆
吕　玥	吕珮琳	吕琳伟	吴立欣	吴凯琳	吴景瞳
吴梦莹	吴　越	吴雨忻	周一航	周子瑜	周欣童
周铭浩	唐　宁	唐晟宁	夏天晖	姜冰姿	姜昕浴
姜　楠	孔维捷	孙欣祺	孙琦梦	孙　莹	孙雨彤
孙雨朦	宋　澄	尹惠玲	张一苇	张丹露	张佩柔
张　冯	张宇乾	张　梦	张　艳	张　越	彭志涵
徐泽诚	徐盛阳	方项宁	施一宽	曹　昶	曾雯雯
朱佶明	朱浐安	权玫嬉	李恩如	李润南	杜文珏
杜晓川	杨善雯	杨嘉旗	杨晓意	林廷炫	林　璐
林索菲	梁　然	毛子涵	沈儒佳	沈星成	洪　洋
洪益明	潘李媛	潘陈通	熊廷匀	牛诗予	王书涌
王嘉琪	王心怡	王铁铁	王露霖	甘海昕	白　璐
白雅萍	盛　浩	秦　立	翁依祎	翟羽佳	胡祖卉
葛敏敏	董草菲	蒋惠蓉	薛文慧	虞铱嘉	许　祝
谢逸轩	贺　丹	赵安琪	赵　容	赵　晋	赵　琪

邰伦玥	郑馨逸	金　怡	金　珊	钱思加	钱欣仪	
钱雪儿	陈予晰	陈佳旻	陈叶昊	陈诗韵	陈雯琦	
韩丽彬	韩旭鸣	顾怡婕	马怡文	马梦婷	骆佳圆	
高旸	高楚卿	高筱茹	魏羽彤	黄丽铭	黄　朝	
黄诗惠	齐思嘉	龚莲娜	吉本美樱子	吴周雨韬		

硕士生

丁小琼	于婷婷	何菲菲	侯婧思	刁文桐	刘彦茜
刘道津	刘　馨	单理扬	吕彦儒	吴一吟	吴伟红
吴　慎	吴文曦	周　尧	夏　凡	夏　青	奚玲燕
姬中龙	孙　艺	孙　雪	孟娜娜	张云飞	张吉淳
张　帅	张晓旭	张秋韵	张静静	徐初照	徐翠娥
时　倩	朱旭峰	朱榕祥	李婷婷	李思宓	李潇骁
李莹莹	李　雯	杜佳芮	汪萍萍	王俊之	王　君
王彦林	王　智	程诗浣	章赟菡	谢可可	谢逸翔
贾　茹	赵　奕	赵　蕊	郑皓天	郑　鑫	郭宁萱
陈　哲	陈梅洁	陈毅栋	陶　琳	韩梦依	马平川
马煜明	魏敏花	鲁　强	黄琬清	新垣瑞希	

博士生

刁俊春	庄　稼	张欢雨	易　鑫	王军平	王炎强
许环光	金文植	魏　薇			

2013级校友

本科生

朴真勇	粟 慧	王天颖	王 迟	孙惟恒	马睿鸣
王俊人	王慧雯	郭思辰	张怡莲	刘 莉	刘 璐
徐淡墨	林诗颖	高天轶	方晓薇	沈伊文	汪嘉宁
孙 芃	郭 歌	伍婕珲	周 敏	陈芸倩	樊沁怡
沈冬瑾	朱 迪	徐黎彤	彭华莹	杨文婷	于晗予
尹知恩	彭思宇	向敏瑄	邵依洋	崔 璨	冯 玥
赵盈轲	邵一帆	廖艺徽	许 伟	陈 悦	冯宸皓
季雅婷	卢颖嘉	施蕙心	宋元明	周 鸣	余乐涵
袁 歆	赖雨柔	常婧仪	林子涵	闫 晶	袁肇良
刘郁希	王丰一	吴 懿	曾晗昀	郑东嫣	郑 玥
周依林	蒋 宁	周玥圆	陈 芊	黄绎诺	王昱衡
蔡诗雨	陈冬妮	胡梦霞	徐 欢	余 露	邵佳囡
葛春宵	胡慧惠	罗 晨	黄潇苇	吴晟雪	程毓凝
顾璐一	周瀚阳	刘之蕴	徐 姗	郁罗丹	来夔东
刘城婧	李 婷	陆 妍	孙伊蕾	樊雪珮吟	黄 辰
陈文绮	陈玥熠	周子予	董潇洁	谢文婕	徐 萌
潘峥皓	刘津滔	曾 帅	高秀莉	韩小洁	胡波遥

金 艳	刘雪雯	刘智佳	瞿 洋	许益萌	杨光雨
郁杨洋	房小琪	龚 璇	顾路昱	过馨妍	何 炜
黄 郁	贾 诺	沈明宇	沈一茹	石晚汀	吴丹心
肖培嘉	张亦文	范依昀	方晋清	雷雨晴	黎荟慧
李宁荻	厉伊纯	徐瑜蔓	殷 雯	施若晗	张黄澜
郑凌莉	郑馨桐	程百卉	张馨元	朱子涵	陈雨霏
冯雪婷	胡 婧	毛爱佳	庞瑞琪	朱诗天	朱盈臻
梁德鸿	冯乐恒	盛润彤	袁燁晴	内田真梨	李文曼
柴田瑛美	中山竜司	藤浪红叶	朱康敏	李艺勋	徐承理
郑娥罗	金艺仁	朴世宾	朴莲荷	孙二灵	

复旦大学外文学院2017届本科生毕业合影留念
2017年6月21日

硕士生

乔雪华	于美灵	任飞飞	侯凌玮	刘可桐	刘嘉泰
刘智斌	刘春容	刘 骏	吴娟娟	吴小雨	吴梦雨
周文萍	孙小婷	孙春霞	尤敦朴	崔兰英	左玲玲
张 伟	张煜敏	张 静	施忆亭	曹 源	朴秀珍
李冬冬	李剑诗	李园园	李 娅	李 婷	李琳玉
李绍勇	杨 帆	杨蒙蒙	杨超男	毕金秋	王 丽
王国艳	王幼萍	王晓宏	王 然	王艺伦	石伟强
石艳慈	秦 墨	缪 蓬	卢画泽	范莺秋	薛璐瑶
赵 岩	逢亚萍	邵丹丹	钱 璐	阮 珊	陈 诚

顾一鸣　　高腾悦　　鲁维佳　　黄夕帆　　黄珏心　　黄秀容
黄莎莎　　长谷川依希

博士生

毛琬鑫　　袁　琳

2014 级校友

本科生

许美英	崔雪景	杨黄石	王俊人	宋月丰	孙可人
刘　田	甄　成	王凌祥	林婧垚	陆晟杰	王　瑶
雷舒宁	毛靖淅	吴雨蓉	孙　璐	朱　一	王力平
何懿洁	贺　盈	叶似彤	张佳懿	肖诗雨	胡怡莹
徐　晨	刘嘉敏	王正娴	陆晓蕾	彭　颖	常玉丹
肖　瑶	严　思	陈怡言	赵子蒙	张云睿	陈伟根
储贝颖	丁婷婷	胡雪霏	贾诗怡	严　烨	于澜英
顾恬雪	杨景升	关　欣	朱逸丹	李　昕	喻韵丰
王镓庆	应皓宇	张正庆	祁　麟	陈　晨	罗润天
董乐盈	曹誉馨	陆文君	曹文婷	俞　臻	叶丽凤
王晓雨	赖楚翘	鄢　郡	赵婧妤	纪茗元	赵梓钦
陈　娴	丁媛媛	杨茗薇	姚　兰	彭霏霏	徐璟瑶
章旦蕾	张韵可	黄卓然	邵钰清	汤茜童	刘逸亭

李　勃	王皓辰	凌婧文	陆仪沁	马嘉文	聂云非
裴珮瑶	何思琦	王雨涵	范嘉文	谢　凌	孙雨篁
杨亚坤	马苓珉	蔡元廷	仰　奕	何家萱	钱梦宇
莎　娜	谈晓雯	俞　婷	李兰馨	贾怡锐	王思凡
邹莎莎	彭梦西子	张宇琦	张晓谊	刘欣雅	刘蕴瞩
陈一心	宋博文	吴银君	董照川	唐明宇	倪　侃
王子惟	叶坤铠	张哲轩	杜宇潇	孔繁一	胡植文
陈琪晓	丁诗韵	李闻昱	李子芊	陆文悦	茅慧隽
倪逸云	沈　蕾	孙予聪	孙　悦	汪思佳	王子欣
张佳鑫	张雨兰	孙　灏	康欣怡	宋昕桐	陈雪瑶
戴佳倩	华晓盼	蒋春蔚	蒋春蔚	江　鸥	蒋　锐
李　佳	茆　霖	王嘉绮	张　铭	张小满	丁　烨
马昕忆	徐艺含	郑昕雨	周　然	黄山佳	林雅苹
吴白玫	羊夏榆	张楚欣	庄蕴菲	张麦馨	张　旭
郭　祎	许哲萌	高士琳	徐若华	朱玉茹	肖凯欣
陈瀚乔	刘悦安	董芊羽	陈忆梦	胡煜卉

硕士生

万倩芸	严　思	刘　敏	刘晓光	刘　莹	吉星霖
姚　远	孙　波	季清扬	张宇楠	朱　洁	杨文杰
柯　力	王嘉琳	王　欣	王　璇	缪琚羚	董天韵

蔡丹丹	覃丽蓉	陈　婷	陈　征	陈　斐	韩　蒙
鲁周焕	鲍铁伦	黄　羽			

博士生

张　建	周可可	邹　沁

2015 级校友

本科生

蒋雨任	潘铮铮	富诗悦	岑绰琳	董卓敏	杨一帆
郭琚文	朱　奕	高燕华	沈佳思	丁跃茗	陆　铖
张　政	薛彦姝	金心贝	唐溪若	潘　樾	邓康宁
王　非	王易茗	曹甜甜	宋雨蔚	李逸凡	张天乐
马文韬	王雨晴	王绪延	李敏华	饶书宇	陈灏元
郭紫琳	秦恺誉	严诚怡	姚佳宁	舒彦宁	李振华
朱迪妮	徐益文	钱丹妮	陈境嘉	鲁佳妮	张渝杭
顾一孺	吉思蒙	江依梵	范卉卉	杨启云	华茗仪
郑潮铭	曲　卓	李天欣	吴倩慧	黄小楠	陈紫薇
刘　悦	吴心雨	霍蔚然	钟雨桐	汪晓寒	楚　熙
夏　雪	顾凌君	杜圆媛	盛菲菲	庄俨翔	赵艺洲
孙嘉蔚	匡　昊	郭君文	周冰倩	蒋观地	苏欣芸
王慕天	黄安琪	冯俊萱	吴盈颖	李宛泽	熊志远
黄　璇	方　琪	张瑞杰	王诗琪	唐笑曦	俞天乐

鲍萱琪	孙　乐	黄　睿	崔雯清	李欣珂	陈琬滢
张诗影	刘　佳	吕艾雨	郭竞雯	胡昊中	俞　点
曾静宜	黄殷鉴	唐嘉豪	方静文	郭　萌	施雨绮
卢秋实	王沁怡	马文博	骆一琳	周若禹	王奕骐
曲　卓	林舒羽	梅子雯	喻子莹	张帆崔航	钱安诺
钱殊珊	赵一源	林虹萍	石子恒	陈佳琳	黄杨炀
林加诉	杨　臻	陶文欣	张　玥	朱紫菱	黄慧玲
徐钰冰	戴雅婷	陈朱清乐	潘婷玮	屠婕妤	郑嘉慧
周蔼霖	刘宁静	吴韵瑶	仲曦彤	蔡汾碚	王皓琦
余培培	陈星潢	刘逢缘	施雨桐	王紫柔	刘炫渊
徐心怡	李　畅	蔡沁镨	潘子依	王倩茹	黄沈懿
孙瑷倪	薛格静	孙佳怡	沈萱羽	陈墙嘉	杨诗语
詹雅心	张悦玮	李　蕊			

硕士生

董　益	黄宇航	刘文翠	王　锡	伊静轩	张　婷
顾晶晶	朱佳慧	杨　晨	许紫艳	方维芊	李亚迪
万方元	夏佩瑶	余梦威	张宜佳	郭欣赟	李　娜
柏　静	周虹宇	郝原悦	刘书文	汪蒙琪	谢　玉
张秋月	何　意	潘　诚	卢心宇	冯　珂	蒋亚梅

雷志娟	时　颖	申惠程	彭　月	田欣如	王　量
肖　萌	赵成美	庄　菲	彭楚秋	董　鑫	洪凯伦
华之韵	黄瑞昕	计莹芸	江　姗	李　檬	李　倩
李天琦	李子妍	刘　玲	陆梦娇		

博士生

李绍勇	水　晶	傅莉莉	王　娜	贾　娟	齐芳溪
朱田云	王作伟	缪　蓬	张红霞		

2016 级校友

本科生

孙武川	邱嘉予	陈冠谕	方峻喆	陆兆嘉	帅咏雪
金思捷	章　雪	裘佳妮	宋乐柔	顾瑜琇	陈梦圆
马亦安	米晓菱	齐晓蕾	林剑华	刘佳钰	张怡清
裘泽慧	宋　芊	黄佳炜	孙冬音	王婧楠	陶雪纯
宋佳仪	王屹煊	陆许婧	周翘楚	沈笑言	熊林琳
许卓群	杨　悦	严心彤	王嘉雯	徐　越	张吴翔
寿晨佳	周怡婷	王诗缘	桂　郗	曾安然	张　韵
周　田	王之煜	严　沁	王泓超	汪佳颖	朱祎萌
许钰佳	李海樱	王萱滢	方依璇	费雯茜	引张晓辰
戴俊伊	何家情	王晓晗	杨圣霖	吕思源	杨锐澜

陈欣悦	李嘉琪	姜雪娇	朱轶文	张　言	陈　果
卫　和	常舒蒙	郑灵琪	赵梦婕	万楚凌	何雪怡
许墨文	张雨禾	朱　妙	成俐莹	翁　妍	李灿然
谢　畅	刘育汝	张　烨	王　馨	张珏敏	戴雨晨
邹雪莉	崔凡荻	吴卉梦	王　诺	唐雪韬	张文静
骆君颖	韩兆霆	李思瑶	杨欣欣	马小雨	丁安怡
邢如心	吴　艳	邓佳娃	黄碧珊	陈希正	殷子聪
陆　韩	曹　晟	詹济玮	洪婉琳	袁　虔	徐　杰
李一诺	崔　律	孔繁凌	蔡安琪	孙宇轩	张凌闻
张涵章	江亦洁	袁吟欣	徐雨婷	阮俊华	柳修珉
李文茜	崔懿涵	田紫荆	曹玲娜	陈辛悦	何仕鸿
卢绮萱	谷绍宁	马文倩	闵遇浈	李敏华	李雨婷
诸　宜	金　帆	陆玥赟	顾　乔	林慧娟	李婧哲
易琳欣	简杏维	顾恬恬	陈敏杰	曲赫然	彭滢燃
张入月	邹　晗	宋家怡	杨　馨	李雪晴	施凯恩
刘建成	赵瑞琛	黄彬彬	梁　州	张宇豪	

硕士生

叶　露	许永健	金太东	赵　俊	沈星成	龚莲娜

代玉梅	曾　媛	骆佳圆	刘维佳	田小燕	谢冰冰
施莲燕	汤乃玉	卢珊珊	江歌美	刘梦蝶	胡晓思
张引一荻	代林珂	闫雪洁	于　滢	李喆兮	吴　越
王智慧	欧佳洁	何正华	许嘉栋	马佳琪	刘苏瑶
李梦文	袁雪怡	张　梦	聂　硕	段茹雪	王梦琦
黄　琦	金　怡	周婷筠	沈昕宇	黎　杨	高明妍
顾梦婷	刘文玲	宋玮婕	李　欣	程登宇	石　炜
周　羽	王芊萄	刘　珊	杨　睿	刘　双	袁　萍

博士生

褚天宇	丹波秀夫	杨建新	韩　蒙	王凡柯	吴　瑶
张　蕾	朱一飞	陈　婷	宫　昀	黄　羽	辛媛媛
于　雪					

2017 级校友

本科生

章江南	杨成利	徐　菁	郭　进	覃思悦	殷斯琦
魏　同	林　磊	朱　敏	黄梦宇	杨　洁	杨惠迪
陈文娟	江崎圣	樱孙雯	王　慧	黄恬静	全　薇
徐　清	马瑞翔	樊　冰	孙　燕	朝　霞	陈咏诗
司马静叶	高跃星	金惠智	高亨昊	张智媛	王　瑾
姚　俊	郑丹妮	姚思炜	黄靖乔	徐淑玮	潘晓琦

霍亿嘉	李 歆	王忆琚	朱 玙	蔚 洋	李 芊
唐欣然	王珉婧	沈熠韵	章佳琪	阿廖沙	伊芳娜
仙妮亚	尼基塔	王子童	洪 婧	袁千惠	范 宓
李 璐	龙吟吟	丁思赟	王瀚冰	林宇彤	毛思予
顾一琳	应 玥	邓可妍	魏昕玥	罗奕馨	黄家忆
金主荣	崔祯仁	邓嘉熠	李茗蕙	李昀露	王雪纯
潘 贤	臧 璐	但瑾瑜	刘相好	申原畯	颜佳怡
高宇晨	徐 萌	高梦晗	谢婧宜	孙 童	薛 峤
覃紫涵	代轩瑾	崔舒婷	宣诗琪	徐玮良	史天健
谢亦如	王偲绮	吕佳殷	赵易安	陈秋菜	苏安妮
刘君谦	骆晓琪	吕沁芸	顾芷曦	沈渝文	王一诺
王子煊	徐晓添	许欣好	张家慧	梁晶晶	刘敏妙
张怡欣	张子璇	李帅昕	吴杉杉	陈施羽	成 就
孙文馨	王品出	丁昕阳	苏翔宇	顾羽杰	姜智惠
周代镐	何美瑄	尹辰荣	周一凡	马明睿	问佳佳
吴可璠	李叶天	邵逸铭	许云珩	朱凌皓	朱 羽
胡佳润	杨振阳	柯心悦	罗晓敏	罗许创	张 倩
郑路潇	尤宇昂	冯雨菡	龚婧婕	韩天雪	袁 悦
尹蕊之	李洛宁	李 游	杨励杰	宋雨芮	孙刘童
万 星	王秋伊	薛菲阳	张嘉祺	程天一	朱星皓
保辛夷	施嘉禾	徐文静	张续阳	李俊浩	丁一凡
傅之君	吉雨蒙	金沁怡	李雯露	夏田恬	朱敏慧
胡仪芸	李慧婷	唐书淇	黄楚瑭	张有辰	孙玥灵
张镁文	章逍然	朱佳颖	李文欣	王雨柔	黄筱雨
煜 恒	林敬翔	黄康琦	徐誉仁	安辉源	奥住菜菜
柳正桓	郁 月	梁俊赫	金始炯	张亦弛	庄修涵

硕士生

金贤淑	朱少伟	姚昕怡	胡　悦	岳夕力	安　宁
孙　毅	刘飞凤	杜媛媛	张颉文	汤　笛	顾思颖
李　政	许　微	易新惠	卢彩燕	王晓雨	顾路昱
孔学敏	郑柄俊	王　骁	白　雪	陈　孜	陈雅岚
程毓凝	张小雨	徐淑婷	王丰一	吴子超	沈凯越
赵昕蓓	赖雨柔	刘辛未	郑馨桐	毛佳莹	吴丹心
吴林娟	毛爱佳	许益萌	朱　瑞	刘麦琪	朱子璇
周佳陵	纪子琳	冯诗雨	王雨馨	张兆含	施阿玲
龚　怡	龚　璇	綦咪咪	徐　婷	李可奕	

博士生

仲咏洁	张　琦	王天然	安　宁	朱玉英	朱　雷
程　芸	江雨斯	尹顺利	李　倩	崔　莲	白珮婷

2018 级校友

本科生

李灿宇	赵佳萱	千禧雪	徐　嵌	王子豪	王丽婷
刘昱初	蔡则卿	齐　楚	张点点	黄秀燕	葛铭禹
谢异呈	程伊泽	张君慧	陈俊宏	罗筱楠	陈安琪
邱辰君	徐辰伊	潘晓琦	穆浩坤	洪樵风	李雨涵
张子彤	刘　杨	陈灏奕	陈思悦	万欣怡	赵姝玮

姜金豪	傅鹤辰	刘东昇	丁逸心	赵　哲	褚陶珠
杨涵琪	杜郑蓉	徐诗轶	石心然	张千一	淮　贞
刘　菁	李璐瑶	郑仟仟	吴睿思	黄可琰	冯清琳
朱　逸	陈媛宛若	吴祖昊	李珂萱	沈逸菁	任子仪
安　琪	吴嫣然	徐泽安	龚盈上	朱依帆	管　欣
曹　俣	徐子璇	周　忆	丁乐怡	王菲羽	徐心怡
姚永卿	洪圆融	陈冬儿	李　珣	陈子一	张黎熠
王雨萱	汤　越	汪子希	刘维淼	郑子屹	黄迎佳
疏玉凝	马　芸	丁逸凡	陈如奕	王春荣	郑雅焜
张颢瑾	冯麟钧	朱雨丰	黄子欣	孙镭耘	覃夏宜
李润婷	林祯婧	王　洮	黎珑郁	陈朋芃	黄睿彤
刘昱祺	贾柔嘉	徐子涵	魏　萌	洪舒新	张凌怡
吴　灵	裘　实	王仲凝	鲁依棋	何　淼	江默柔
金莹明	林曾汇	蒋彦芳	程文曦	刘辰雨	徐岳渊
赖甜甜	舒　明	韦家宝	金箫笙	欧阳姝琪	王雅舒

刘青箱	李诗羽	李陈诺	赵一璇	冯　慧	毕泽佳	
袁誉铭	刘悦桐	吴信瑶	赵心怡	彭久玲	卢慧姬	
蒋凌晖	吴嘉颖	王小荷				

硕士生

刘　露	马雪敏	刘颖杰	杨　帆	徐璟瑶	杨燕芳
蒋宝芳	陆茉妍	夏国建	陈王冬	陈超颖	屈碧连
陈晓萌	张　铭	郭　彤	蔡含露	金唯一	盛思雨
许蒙菲	董　鹿	陈亦欣	史亚洁	雷舒宁	朱可争
胡建君	陈　依	李梦瑶	史慎敏	杨　旻	李　爽
戴佳倩	宋明惠	王缜虹	冯　琪	项盛恺	方冬颖
李　雨	孙晨阳	杨熹娴	刘秦君	黄　哲	孙　悦
钟　沁	贾怡锐	金志伟	傅春燕	刘桉佟	孙　元
章　吉	秦青蓝	李安贝	谈晓雯	梁进杰	王　紫
王宇嘉	何　雯	刘静怡	王　蔚	邹莎莎	沈　荣
李晨曦	王正娴	王天琦	张程涵	赵　越	胡思雨
刘思琪	王子璇	卞玥瑜	袁文君		

博士生

丁　婕	于文雍	顾一鸣	张蕊佳	郭晓彤	周峥东
金太东	连　旭	连小英	刘志平	王云婷	许永健
叶烜辰					

2019 级校友

本科生

晋大圣	金荣详	朴炳建	金世仁	薛　峤	周代镐
李俊澔	梁俊赫	安辉源	姜智惠	尹辰荣	金始炯
JION KIM	郁　月	淮　贞	张凌怡	刘东昇	吴　炅
李璐瑶	黎珑郁	王仲凝	赖甜甜	陈俊宏	韦家宝
袁誉铭	杜郑蓉	朱依帆	王靖惟	姜旼奭	马真我
金志润	朴昭玟	陈艺率	米桝正辉	傅修齐	许　可
姚周芸	郑安淇	陈星宇	陆澄画	周怡航	陈邦媛
王南燕	潘韵西	罗琬婷	夏　霈	廖涵羽	张　黛
金晗潇	肖成川	杜卓航	陈思睿	陈蕴文	黄怡韵
沈知渊	俞欣怡	倪心怡	冉梦迪	沈益田	杜雨璇
黎芷妍	周晏清	王汤诗恩	李蕴琦	马旭春	孙悦怡
王逸睿	沈凡力	宋昱欣	张旻昊	乔　阳	孙奕霏

王云依	温　淳	黄晓琦	张鑫怡	刘境开	向莉婧
杨　哲	计一舟	林师帅	范　鑫	钱　净	孙佳贤
周魏怡	王　玗	朱天怡	洪新阳	关怿书	郑安南
刘展延	杜思雨	王怡宸	陈曦芸	鞠思劼	丘润瑄
王欣宁	宋一凡	徐逸雯	宋诗辰	叶佩滢	王彦睿
杨媛媛	陈慧滢	李锐婷	袁　星	陶俊宇	桂　野
李　锐	龚崇霄	方　芫	黄一夏	李陈晨	刘高远
刘思远	马千紫	苗馨宁	莫天琪	任奕蕾	陶思柠
陶怡然	王嘉茵	王　深	谢婧妍	徐也清	薛舒心
严雨泓	姚　悦	张斐然	张　晗	张力文	张晓澜
张溢妍	郑亦文	周丁彦	周智芸	竺清蕾	成　成
柴茜雯	丁蕊芯	李慧颖	李　雯	张奕舒	朱静宜
黄韦玮	黄芷琪	楼　泠	梅一晨	童　欣	杨　睿
詹静芳	诸宁柠	朱文卿	常旭晖	杨雯丽	柳雨时
孙梦莹	廖静怡	王星懿	李雨桐	冯婉莹	陈文骏
沈意琪	李智熙	李美林	罗然才	徐璐娜	傅安琪
冯景禧	铃木秀子	罗柔泳	陈爱伦	李卓恩	张小燕
王梦杨	肖淋爽				

硕士生

周冰倩　　巴力哈西哈山　　张学芬　　张瑞杰　　徐国恩

徐心怡	李慧娴	王仪诗	王家娴	王清卓	王筱珊
班乐君	胡 赢	谭润琦	阚 莉	黄 云	黄 睿
孙瑷倪	黄艳玲	周芳颜	徐嘉蔚	曹艳秋	朱晓微
刘妍彤	张 政	杨黄石	贺嘉韵	贺成伟	李潇雯
杨小雨	胡昊中	张慧洁	张萌婷	欧金笋	金允贞
陆惠欣	陈 文	谭芷芊	邓柯彤	钟巧婧	丁静雯
仇韵舒	吴艳芸	周冰倩	张佳霖	方呈祥	李俊杰
李昊天	李晓琳	李 浩	杨昕玥	梅 斌	楚薇薇
王思雯	王 月	范 芮	董劫铭	谢 娟	贾钰菁
邱孺欣	郭柔杉	郭 靖	严诚怡	彭宇姝	田 婧
申洪天	蔡 琦				

2020级校友

本科生

姜升贤	柳正桓	申原晙	王润旸	赵 越	具本赫
金俊民	朴成烈	尹铭萱	蒋卫秋	申雅婷	刘 涵
李林汇睿	陈孜铭	宋惜辰	杨玉冰	张露申	唐伟杰
陆禹文	王欣蓓	唐尔琪	蒋佳霓	洪 琲	吴飞洋
李 怡	王心鸣	翟晓瑄	李亦诚	谢振德	李艺洁
张一可	陈乐凡	窦元珩	李孝慧	刘欣悦	梁皓雪
陈颖诗	金恩慧	朴霞荣	俞秀静	晋睿闔	尚开文
王戈雅	杉原珠	华杨卿	覃畅宇	陈紫薇	田惠泽
顾 芃	夏子馨	疏芙佳	傅楚添	孔格若	吴 可
何珮轩	石笑萱	卢 璐	廖雨潇	潘一蕴	鲁柔含
林婧楠	杨 腾	董睿哲	杨子贤	李晨玥	周 悦
孙锦芸	周洁蕾	陈瑾柔	陈怡丹	常 成	潘思怡
邓 奇	吴安迅	王知临	冯曹澂	孙逸瑶	朱涵洁
田子琪	季姝含	刘 璐	华桑楠	李之端	倪夏骏

叶浩翔	金子韫	张晨怡	王梓宁	夏 梦	肖 棋
陈芷玥	林子钧	陈祺名	高 健	马凌炜	王 逸
袁 亮	李震阳	武以宁	虞昀怡	李宜诺	张允檬
杨蕙兰	陈 珏	彭瑾仪	杨泖琳	刘奕萱	邓泽西
姜 炀	石望舒	杨慕云	董卓郡	王蕴沄	张 末
张培昕	马 睿	周梓漪	黄钰茹	贺金月	练洁敏
莫静莹	幸 楠	曾 欢	冯心宇	廖欣源	袁 筝
陈钦浩	王逸群	恽凯淳	张凌云	周世旸	严匀弈
沈周茂	陈蓓悦	陈梦泽	陈紫安	封 飏	高陆蕙
郭欣怡	黄依琳	刘立坤	陆顺婕	卢怡文	缪珺蕾
沈书涵	唐伊阳	陶 玥	吴 双	张天怡	朱思源
付雨晨	杨嘉琦	丁 祎	韩冰仪	缪昀容	沙雨萌
史茹文	吴 璠	曾志雯	张蔚嘉	宋佳琪	徐任平
徐予唯	杨 晨	易涵琪	俞佳菲	周昕怡	巫 璨
闫雨泽	贾卉栩	方 舒	郭家瑜	曾奇英	吴美莹
王 钰	朱仲薇	洪淳命	金依辰	郑智润	中山杏奈
赵民骏	马潮业	藤崎坚一	申湧源	吴自怡	林珍荣
吴惠珊	林惜虹	许劳娜	林妍虹	郑楒婷	廉伦注
王成川	蔡丽恩	谢以诚	杨云舒		

研究生

傅祖秋	曾雯琪	李一诺	李逸竹	杜思贤	杨娜娜
江颂贤	潘佳妮	王思雨	罗 元	范凌与	谢舒婷
谭宏彬	赵 琪	赵馨蕾	阮俊华	韩知行	马彤菲
宋佳仪	张雯婧	芦雨昕	周 爽	张真真	董坤倩
陈媛媛	张姝妍	徐思瑶	沙青颐	王 馨	阮琳榕
陈良波	李嘉欣	石 博	张续雯	戴俊伊	李俊汐
侯云帆	侯泽南	刘 奕	刘彦青	季辰旸	屠 寅
张知航	张艺馨	李大鹏	杜 爽	杨 捷	汪 倩
潘 珏	王一航	程南茜	管懿德	缪钰明	翟思远
范梓淇	金 婕	陈哲铭	魏文卓	黄淑洁	刘浣沙
卞舒婷	周正阳	寿晨佳	徐蕾英	方博洽	王依曾
王安琪	苏思演	陈雨涵	CHIZUKO SHIMAZAKI		桂 郗
唐溪若	张凌闻				

博士生

郝玉梅	黄珏心	李亚棋	闵瑞琪	宁 东	乔 宇
邵慧婷	施阿玲	张春晓	张晓雯	朱 峰	敖 爽
高毓苑	公艳芬	华英楠	黄雪莲	李享俊	邱译曦
申嘉辰	徐佳朋	朱芸影			

2021 级校友

硕士生

侯云帆	侯泽南	刘　奕	刘彦青	季辰踢	屠　寅
张知航	张艺馨	李大鹏	杜　爽	杨　捷	汪　倩
潘　珏	王一航	程南茜	管懿德	缪钰明	翟思远
范梓淇	金　婕	陈哲铭	魏文卓	黄淑洁	刘浣沙
卞舒婷	周正阳	寿晨佳	徐蕾英	方博洽	王依曾
王安琪	苏思演	陈雨涵

复旦大学与澳大利亚悉尼大学合作培养英语语言教学硕士项目名单

第一期（2003 年入学）

蔡丽娜	蔡　亮	曹钦琦	陈爱民	陈斌梅	陈　荔
陈晓燕	陈　怡	陈振东	程　硕	冯春洋	龚珍蕾
郭　宁	胡菲菲	蒋海燕	李凤萍	李乃刚	梁颂华
刘　蓉	刘建新	刘宁宁	马　芫	莫焕然	沈　骑
石兴良	汪文秋	王秀银	王　岩	王蕴颖	吴晓龙
吴泽扬	杨　洁	杨　蕾	杨少娟	袁　森	袁轶锋
张　丹	张　波	张　玲	张梅娟	张兴奎	赵　星
周启加	左　琳

第二期(2004年入学)

TAM,Robert	曹 蕴	查叶娟	陈美华	陈雪雷
陈艳艳	丁 鹏	高 伟	顾 莹	何 佳	黄 治
江晶晶	柯 平	李 涛	李晓艳	李欣钰	刘继华
刘 文	刘 梅	马晓云	彭剑娥	钱树人	田 安
涂伶俐	王 洁	汪露秋	王淑琼	谢雯静	徐星海
许 骏	宣 枫	宣 泠	杨 丹	叶晗修	张永波
张长岚	章 刚	郑 静	周 芸	周莞尔

第三期(2005年入学)

陈 莹	段秋实	范林红	方 红	甘治昕	龚 黎
李 林	李明慧	刘 萍	马 琳	毛成铁	邱政政
施 玲	宋 颖	孙 楠	王凌霄	汪 亮	王 鑫
向 莎	徐川亲	殷月洪	余 凡	张笑雪	蒋维红
吴 艳	宋春待	钱昕燕	张自云	张 煦	沈 瑾

第四期(2006年入学)

常晓梅	陈嘉恩	陈 立	陈雪翎	韩 玲	贺 莹
贾茜文	李荣菊	李玉燕	李 智	林洁颖	林 燕
刘 瑶	刘 颖	刘 振	陆兮涛	陆懿媛	孙庆祥
万静然	温 泉	吴贵富	肖冬平	应卓禾	翟语佳
张 玫	张 璇	张 杨	赵玉杰	赵子华	周异以

第五期(2007年入学)

安道明	陈 倩	河 天	黄 蔚	姜少华	景 慧
李晓菲	李晓明	李 英	刘 兵	刘 阳	刘 宇
梅松竹	潘 彧	钱路莹	孙 倩	孙淑霞	王丽丽
肖 贝	邢 星	徐 虹	杨惺莹	朱夕丽

第六期(2008年入学)

杜瑜皎	金 慧	李 莉	刘玉婷	潘 娟	潘炜倩

饶 彬　　史 强　　王 禾　　严立东　　杨怡君　　袁 静
张 婧

第七期(2009年入学)

陈旭如　　刘 蕾　　寿明珠　　邢晓莉　　杨 颖　　张 苏
朱 润　　张温静

外文学院博士后名单

姓 名	进站时间	姓 名	进站时间
王振华	2004年6月	侯 涛	2011年11月
赵翠莲	2005年6月	刘敏霞	2011年7月
唐青叶	2006年7月	杨 蕾	2011年7月
王文斌	2006年9月	唐树华	2011年9月
姜 孟	2007年11月	许庆红	2012年1月
陈莉萍	2007年12月	王 玮	2012年10月
曹 波	2007年6月	陈 琳	2012年12月
李丛禾	2007年7月	胡文飞	2012年2月
徐尔清	2007年9月	任荣政	2012年7月
赵德全	2008年11月	张大群	2012年7月
冷 慧	2008年3月	程 微	2012年9月
黄碧蓉	2009年12月	赵 硕	2012年9月
朱 燕	2009年3月	周 洲	2013年4月
孙 毅	2009年6月	赵勇刚	2013年5月
邱佳岭	2009年6月	张军平	2014年10月
黄 洁	2009年8月	王 蕾	2014年3月
宋秀平	2010年1月	邓 景	2014年3月
罗思明	2010年7月	许霄羽	2014年6月

(续表)

姓　名	进站时间	姓　名	进站时间
李　岑	2014 年 7 月	蔺　静	2020 年 9 月
张　雯	2014 年 9 月	黄　婷	2021 年 4 月
李　丹	2015 年 10 月	闫丹辉	2021 年 4 月
姚　琴	2015 年 11 月	张　铃	2021 年 4 月
李　捷	2015 年 12 月	汤超骏	2022 年 11 月
陈俊松	2015 年 5 月	王思璇	2022 年 11 月
李雪梅	2015 年 7 月	陈　林	2022 年 12 月
范立珂	2015 年 7 月	徐　茜	2022 年 12 月
武　娜	2016 年 3 月	谭　华	2022 年 12 月
赵蓓蓓	2016 年 3 月	刘　莉	2023 年 12 月
解　敏	2016 年 7 月	郭佳好	2023 年 12 月
孙若圣	2017 年 9 月	杨　言	2023 年 12 月
宋武全	2018 年 11 月	钟　瑷	2023 年 5 月
郭红伟	2018 年 12 月	周　祥	2023 年 5 月
马　拯	2018 年 3 月	唐凤英	2024 年 12 月
翁　晨	2018 年 9 月	宫宇航	2024 年 12 月
黄仙姬	2019 年 3 月	郝祥建	2024 年 12 月
周晨曦	2019 年 3 月	洪新培	2024 年 12 月
戴文静	2019 年 9 月	李　阳	2024 年 12 月
李夏青	2020 年 7 月	张嘉楠	2024 年 6 月

图书在版编目(CIP)数据

复旦大学外国语言文学学院院系史:1905—2024/
复旦大学外文学院组织编写. --上海:复旦大学出版社,
2025.5. --(复旦大学院系(学科)发展史丛书).
ISBN 978-7-309-17951-4
Ⅰ.G649.285.1
中国国家版本馆CIP数据核字第2025PP9242号

复旦大学外国语言文学学院院系史(1905—2024)
复旦大学外文学院　组织编写
责任编辑/唐　敏

复旦大学出版社有限公司出版发行
上海市国权路579号　邮编:200433
网址:fupnet@fudanpress.com　http://www.fudanpress.com
门市零售:86-21-65102580　团体订购:86-21-65104505
出版部电话:86-21-65642845
上海盛通时代印刷有限公司

开本890毫米×1240毫米　1/32　印张12.25　字数296千字
2025年5月第1版
2025年5月第1版第1次印刷

ISBN 978-7-309-17951-4/G·2672
定价:88.00元

如有印装质量问题,请向复旦大学出版社有限公司出版部调换。
版权所有　侵权必究